KB058859

Testing Business Ideas

비즈니스 아이디어의 탄생

Testing Business Ideas

---> 혁신적 아이디어 설계와 테스트, 팀 디자인, 마인드셋까지 44가지 아이디어 실험법 <----------

비즈니스 아이디어의 탄생

---> 데이비드 블랜드 · 알렉산더 오스터왈더 지음 | 유정식 옮김

비즈니스북스

일러두기

* 이 책에 언급된 참고 도서 중 국내에서 번역 · 출간된 단행본은 번역서의 제목을 따랐으며 미출간 단행본은 원서명을 직역하고 원어를 병기했다.
* 이 책의 내용에 대한 쉬운 이해를 돕고 활용도를 높이기 위해 저자 데이비드 블랜드가 직접 설명한 도서 가이드 영상을 아래의 QR코드에 제시하였으며 영어 영상임을 참고 바란다.

비즈니스 아이디어의 탄생

1판 1쇄 발행 2020년 8월 26일
1판 4쇄 발행 2024년 11월 11일

지은이 | 데이비드 블랜드 · 알렉산더 오스터왈더
옮긴이 | 유정식
발행인 | 홍영태
편집인 | 김미란
발행처 | (주)비즈니스북스
등 록 | 제2000-000225호(2000년 2월 28일)
주 소 | 03991 서울시 마포구 월드컵북로6길 3 이노베이스빌딩 7층
전 화 | (02)338-9449
팩 스 | (02)338-6543
대표메일 | bb@businessbooks.co.kr
홈페이지 | http://www.businessbooks.co.kr
블로그 | http://blog.naver.com/biz_books
페이스북 | thebizbooks
ISBN 979-11-6254-162-3 03320

비즈니스북스는 독자 여러분의 소중한 아이디어와 원고 투고를 기다리고 있습니다.
원고가 있으신 분은 ms1@businessbooks.co.kr로 간단한 개요와 취지, 연락처 등을 보내 주세요.

비즈니스 모델의 가정들을 먼저 실험하지 않으면
당신의 비즈니스 계획은 그저 창의적인 생각에 불과하다.

– 스티브 블랭크 Steve Blank

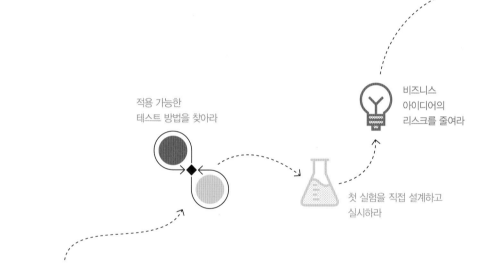

적용 가능한
테스트 방법을 찾아라

비즈니스
아이디어의
리스크를 줄여라

첫 실험을 직접 설계하고
실시하라

이 책이 당신에게
필요한 이유

비즈니스 아이디어
테스트를 시작하기 위해

비즈니스 아이디어 테스트라는 개념이 다소 생소한 사람이 있다. 이 분야의 스티브 블랭크와 에릭 리스Eric Ries가 쓴 뛰어난 책을 읽었든 읽지 않았든 당신은 새롭게 무언가를 시작하기 위해 자신의 아이디어를 테스트해보길 간절히 원할 것이다.

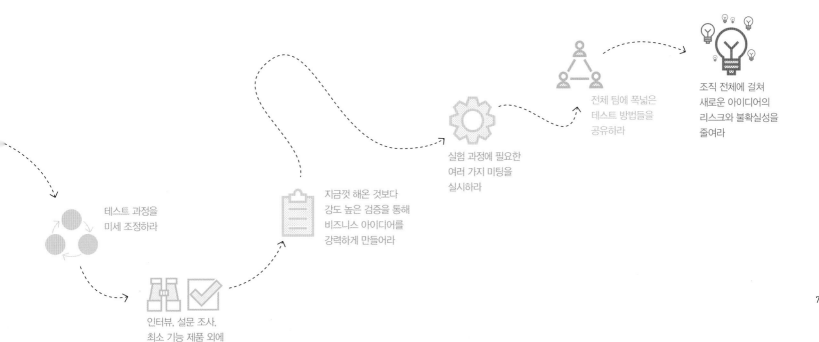

테스트 과정을
미세 조정하라

지금껏 해온 것보다
강도 높은 검증을 통해
비즈니스 아이디어를
강력하게 만들어라

실험 과정에 필요한
여러 가지 미팅을
실시하라

전체 팀에 폭넓은
테스트 방법들을
공유하라

조직 전체에 걸쳐
새로운 아이디어의
리스크와 불확실성을
줄여라

인터뷰, 설문 조사,
최소 기능 제품 외에
폭넓은 실험법을 발견하라

테스트 능력을
향상시키기 위해

비즈니스 아이디어 테스트 과정에 익숙한 사람이라면 이런 주제를
다룬 책은 모두 읽어보고 실제로 몇몇 프로젝트를 진행하며 '최소
기능 제품'minimum viable product을 구현해봤을 것이다.
더 좋은 결과물을 얻고 싶다면 테스트 능력을 더욱 향상시키자.

조직에 테스트 업무를
전수하기 위해

조직 내에서 비즈니스 아이디어 테스트 활동을 체계화하고 조정하
는 일을 맡은 사람이 있다. 이 일에 경험이 많은 사람으로서 당신은
조직 내 모든 팀에 알려줄 최신의 실용적 비즈니스 테스트 사고법이
무엇인지 찾고 있을 것이다.

이 책은
기업의 혁신가,
스타트업 기업가,
1인 기업가를 위해 쓰였다.

다음 중 당신은 어떤 사람에 가장 가까운가?

☐ 현상 유지를 거부하고 거대 조직 내의 여러 제약 조건하에서도 신규 비즈니스를 구축하려는 **기업의 혁신가**

☐ 팀원, 공동 창업자, 투자자의 시간과 에너지, 돈의 낭비가 전혀 없도록 비즈니스 모델의 구성 요소를 테스트하고 싶은 **스타트업 기업가**

☐ 부업을 하고 있거나 아직 비즈니스화되지 않은 아이디어를 가지고 있는 **1인 기업가 혹은 지망자**

다음의 여러 유형 중에 당신에게 해당하는 사항이 있는가?

☐ 나는 포커스 그룹focus group, 인터뷰, 설문 조사에 의존하기보다 새로운 실험 방법을 찾는다.

☐ 나는 새로운 성장을 원하지만 테스트 과정에서 회사의 브랜드가 의도치 않게 손상되는 일이 발생하는 것은 원하지 않는다.

☐ 나는 파괴적 혁신을 제대로 이루려면 각자가 주인의식을 갖고 일하며 나름의 증명을 해내는 데 능숙한 헌신적인 팀이 필요하다는 점을 잘 안다.

☐ 나는 충분히 준비되지 않은 회사의 규모를 키우는 일이 얼마나 위험한지 안다. 그래서 우리가 올바른 궤도로 가고 있는지 보여주는 증거 확보를 위해 비즈니스 모델을 테스트하고 싶다.

☐ 나는 한정된 자원을 현명하게 배분하고 강력한 검증을 기반으로 결정을 내려야 한다는 점을 잘 안다.

☐ 나는 우리의 스타트업 성공을 위해 가장 중요한 일들을 해내느라 치열한 하루를 보냈다는 생각과 함께 잠자리에 들고 싶다.

☐ 나는 현재와 미래의 투자 유치가 타당하다고 말하기 위해서는 발전의 증거를 제시해야 한다는 사실을 늘 유념하고 있다.

☐ 나는 기업은커녕 투자 받은 스타트업을 소유하고 있지 않다.

☐ 나는 지금까지 이런 새로운 시도들을 해보려고 하지 않았다. 이제는 밤이든 주말이든 시간을 투자해 이 일을 해내고 싶다.

☐ 나는 내가 가진 비즈니스 아이디어에 모든 시간을 쏟아붓고 싶지만 사실 너무 위험하게 느껴진다. 본격적으로 뛰어들기 위해서는 성공 가능성이 있다는 증거가 필요하다.

☐ 나는 기업가정신에 관한 몇 권의 책은 읽어봤지만 비즈니스 아이디어를 어떻게 테스트하고 어떤 종류의 실험을 진행해야 하는지 가이드가 필요하다.

좋은 아이디어를
검증된 비즈니스로 만드는 법

멋진 프레젠테이션, 수치가 딱딱 맞아 들어가는 스프레드시트, 매력적인 비즈니스 계획에 속아 너무 많은 기업가와 혁신가가 매우 성급하게 비즈니스 아이디어를 실행하곤 한다. 나중에서야 자신의 판단이 환상이었음을 깨달으면서 말이다.

고객 개발 Customer Development**과 린 스타트업**Lean Startup**을 기초로 적용**
이 책은 '고객 개발 방법론'과 린 스타트업 운동의 기초인 비즈니스 아이디어를 테스트하는 '건물에서 빠져나오기'getting out of the building 개념을 창안한 스티브 블랭크와 린 스타트업이라는 용어를 만든 에릭 리스의 연구를 토대로 한다.

증거 없이 비즈니스 아이디어를 실행에 옮기는 실수를 범하지 마라. 즉 이론적으로 아무리 대단해 보이더라도 아이디어를 철저하게 테스트하라.

아이디어   탐색 & 테스트   실행   비즈니스

"어떠한 비즈니스 계획도 고객과의 첫 만남에서 살아남지 못한다."

스티브 블랭크
고객 개발 방법론의 창안자이자
린 스타트업 운동의 대부

강력한 아이디어를 만들기 위해 이 책에 나오는 여러 실험을 수행하라

테스트란 이론상 문제없어 보이나 현실에서 효과적이지 않을 듯한 아이디어를 실행했을 때 발생하는 리스크를 줄이기 위한 활동이다. 당신이 배우고 적용하는 데 도움이 되는 실험들을 신속하게 수행함으로써 아이디어를 테스트하라.

이 책은 증거에 기반하여 아이디어를 철저히 검증하도록 돕는, 시장에서 널리 사용되는 테스트 방법들을 폭넓게 수록하고 있다. 시장에 먹히지 않을 아이디어에 시간과 에너지, 자원을 낭비하지 않으려면 철저하게 테스트하라.

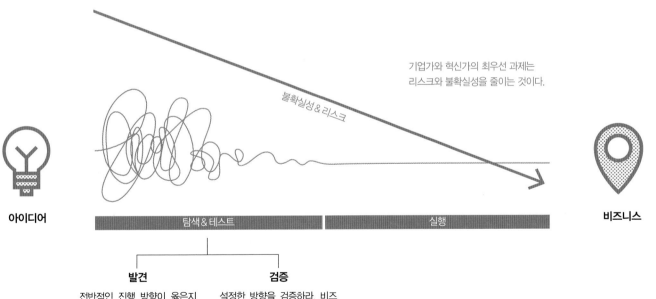

기업가와 혁신가의 최우선 과제는
리스크와 불확실성을 줄이는 것이다.

불확실성 & 리스크

아이디어

탐색 & 테스트

실행

비즈니스

발견
전반적인 진행 방향이 옳은지 판단하라. 기본 가정들을 테스트하라. 얻어낸 통찰을 통해 경로를 신속하게 수정하라.

검증
설정한 방향을 검증하라. 비즈니스 아이디어가 매우 효과적일 거라는 강력한 증거를 확보해 방향을 확정하라.

이 책에 나오는 '발견 및 검증' 단계는 스티브 블랭크의 《기업 창업가 매뉴얼》에서 다룬 내용을 기초로 한 것이다. 이 책은 그의 저작들을 많이 참조했다.

반복적
프로세스

비즈니스 콘셉트 디자인

디자인은 모호한 아이디어, 시장 인사이트, 증거를 구체적인 가치 제안과 탄탄한 비즈니스 모델로 변환하는 활동이다. 디자인이 좋으면 수익을 극대화하고 제품, 가격, 기술을 뛰어넘어 경쟁하는 강력한 비즈니스 모델을 만들 수 있다.

리스크는 비즈니스가 핵심 자원(기술, 지적자산, 브랜드 등)에 접근할 수 없거나 핵심 활동을 수행할 역량 개발이 어렵거나 가치 제안을 정립하고 펼칠 핵심 파트너를 찾을 수 없을 때를 말한다.

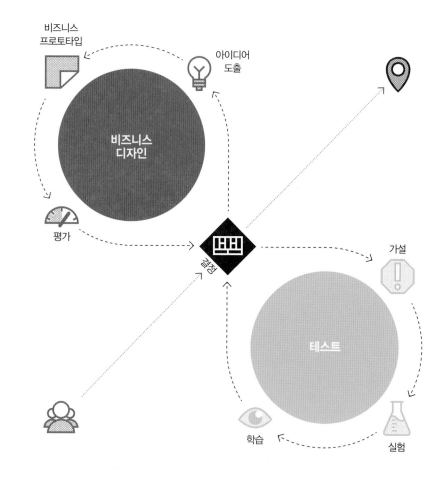

아이디어

비즈니스 모델

가치 제안

테스트와 리스크 줄이기

거대한 비즈니스 아이디어를 테스트하려면 먼저 테스트할 수 있는 여러 개의 가설로 잘게 쪼개야 한다. 이때 가설은 다음 3가지 유형의 리스크를 다룬다.

첫째 고객이 당신의 비즈니스 아이디어에 관심이 없을 가능성(수용 가능성desirability), 둘째 비즈니스 아이디어를 추진하고 실행하지 못할 가능성(실현 가능성feasibility), 셋째 아이디어로 충분한 돈을 벌지 못할 가능성(생존 가능성viability).

이어서 적절한 실험들을 통해 중요 가설들을 테스트하라. 각 실험은 학습과 결정을 위한 증거와 통찰을 제공한다. 실험한 결과, 잘못된 경로상에 있다면 관련 증거와 통찰에 근거해 아이디어를 조정해야 한다. 만약 증거가 옳은 방향으로 가고 있음을 보여준다면 아이디어의 또 다른 측면들을 계속해서 테스트해야 한다.

핵심 가설 ✛ 실험 ✛ 핵심 통찰 ═ 불확실성과 리스크 경감

수용 가능성 리스크
고객이 관심을 갖지 않는다

비즈니스가 목표로 하는 시장 규모가 너무 작거나 가치 제안을 원하는 고객수가 너무 적거나 회사가 목표 고객에 접근할 수 없어 그들을 확보·유지할 수 없을 때의 리스크를 말한다.

실현 가능성 리스크
우리는 아이디어를 실행할 수 없다

비즈니스가 핵심 자원(기술, 지적자산, 브랜드 등)에 접근할 수 없거나 핵심 활동을 수행할 역량 개발이 어렵거나 가치 제안을 정립하고 펼칠 핵심 파트너를 찾을 수 없을 때의 리스크를 말한다.

생존 가능성 리스크
우리는 충분한 돈을 벌 수 없다

비즈니스가 성공적인 수익원을 창출할 수 없거나 고객이 지불을 꺼리거나 비용 소모가 막대해 지속 가능한 수준의 이익을 내지 못할 때의 리스크를 말한다.

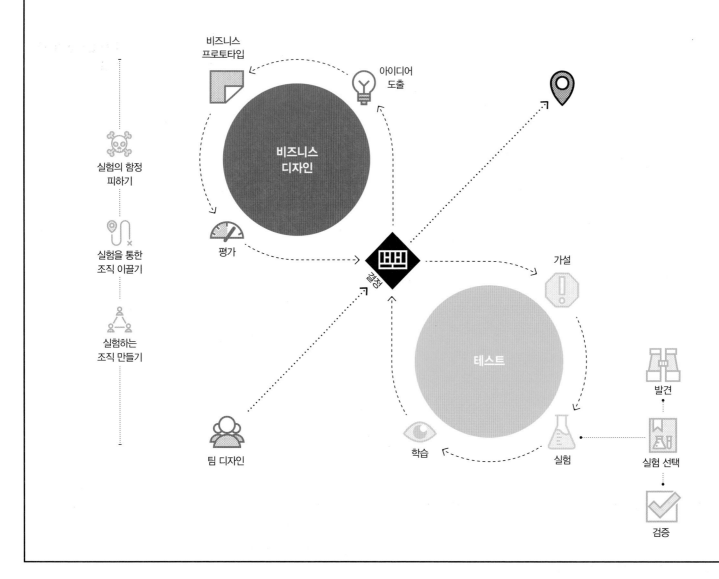

실험의 함정
피하기

실험을 통한
조직 이끌기

실험하는
조직 만들기

비즈니스
프로토타입

아이디어
도출

비즈니스
디자인

평가

초점

팀 디자인

테스트

가설

발견

학습

실험

실험 선택

검증

Design

디자인

"팀의 힘은 선수 개개인에서 나온다.
선수 개개인의 힘은 팀에서 나온다."

————————

필 잭슨Phil Jackson
전 NBA 감독

제1부 — 디자인

1.1 — 팀 디자인

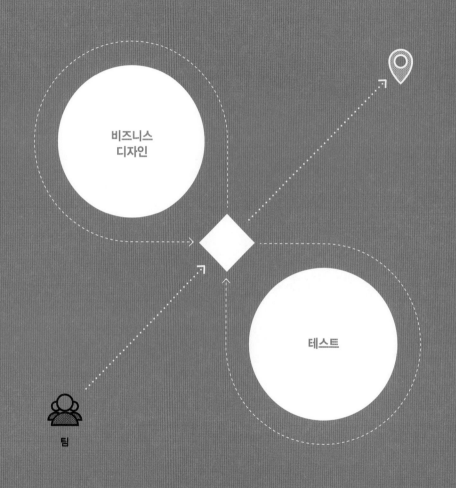

팀

행동

환경

팀 디자인

비즈니스를 창출하려면 어떤 팀이 필요한가?

전 세계의 여러 팀과 일해본 결과 신규 벤처의 성공 뒤에는 모두 훌륭한 팀이 존재한다는 사실을 알게 되었다. 스타트업에서는 창업 멤버가 조직 전체를 결속시키는 접착제 역할을 한다. 일반 기업은 새로운 비즈니스 벤처를 탄생시킬 탄탄한 팀의 등장을 원한다. 1인 기업가의 경우 구성한 팀이 사업을 발전시키거나 망가뜨릴 수 있다.

비즈니스 아이디어를 테스트하기 위해 일반적으로 요구되는 역량들

🖊	디자인	🏷	영업
📦	제품	📣	마케팅
⚙	기술	🔍	연구
🔨	법무	🥧	데이터
🗄	재무		

다기능적 스킬셋skill set

다기능팀cross-functional team은 제품을 출시하고 학습하기 위한 핵심 능력을 모두 보유한 팀을 말한다. 일반적으로 다기능팀은 디자인, 제품, 엔지니어링 등으로 구성된다.

제프 패튼Jeff Patton의 말을 인용

누락된 스킬셋을 확보하라

필요한 모든 기술을 가지고 있지 않거나 외부 멤버와 파트너십을 맺을 수 없다면 빈 곳을 채우기 위한 기술 도구들을 활용하라.

테스트 도구

매일 시장에 쏟아져 나오는 새로운 도구를 통해 당신은⋯

- 랜딩 페이지를 만들 수 있다.
- 로고를 디자인할 수 있다.
- 온라인 광고를 진행할 수 있다.
- 기타 등등

이런 일들에 전문성은 거의 필요하지 않다.

기업가적 경험

기업가적 경험을 지닌 사람들이 성공적인 비즈니스를 이끌어낸다는 점은 우연의 일치가 아니다.

많은 기업가가 여러 번의 시도 끝에 성공을 거둔다. 로비오Rovio의 히트 게임 '앵그리버드'Angry Birds는 6년간 51개의 게임이 실패한 후에 나왔다.

다양성

팀 구성원의 다양성이란 인종, 민족, 성별, 나이, 경험, 사상과 같은 여러 측면이 다르다는 것을 의미한다. 앞으로의 새로운 비즈니스는 그 어느 때보다 사람과 사회에 실질적인 영향을 끼친다. 만약 팀 구성원이 모두 같은 경험, 같은 사상, 같은 외양을 지닌다면 불확실성을 헤쳐나가기가 매우 어려워질 수 있다.

팀 구성원 각자의 경험과 관점이 다양하지 못하면 곧바로 비즈니스에 편향적 시각이 굳어지고 말 것이다. 나중으로 미루지 말고 팀을 구성할 때부터 다양성에 유념하라. 일단 경영진 구성을 다양하게 함으로써 솔선수범하는 모습을 보여라. 획일화된 팀에서 발생하는 이슈는 나중에 바로잡기가 굉장히 어렵다.

팀 행동

우리 팀은 어떻게 행동해야 할까?

팀 디자인만으로는 충분하지 않다. 기업가적 경험을 지니고 있기만 해서는 안 된다. 팀원들과 상호작용하려면 기업가적 특징을 드러낼 필요가 있다. 성공적인 팀의 행동은 옆에 제시한 바과 같이 6가지로 세분할 수 있다.

성공적인 팀의 6가지 행동

1. 데이터 중시

반드시 데이터에 기반할 필요는 없지만 데이터로부터 시사점을 얻어야 한다. 성공적인 팀은 데이터에서 도출된 통찰을 통해 앞으로 남은 과업과 전략을 결정한다.

2. 실험 기반

성공적인 팀은 기꺼이 실험하고 기꺼이 실패하려 한다. 그들은 제품 특성을 완성하는 것뿐 아니라 가장 리스크가 큰 가정들이 옳은지 판단하기 위해 실험을 세심하게 계획한다. 그들에게 있어 실험은 지속적으로 학습하려는 노력의 일환이다.

3. 고객 중심

성공적인 팀은 새로운 비즈니스 창출을 위해 업무 이면의 '왜'Why를 알고자 한다. 그렇기에 고객과 지속적으로 연결돼 있으려 한다. 이런 활동은 새로운 고객 경험에만 국한되지 않고 제품의 내적·외적 측면 모두로 확장된다.

4. 기업가적 마인드

성공적인 팀은 빠르게 움직이며 검증한다. 그들은 절박감을 가지고 실행 가능한 결과를 내기 위해 추진력을 발휘한다. 또한 속도감 있게 창의적으로 문제를 해결한다.

5. 반복적 접근

성공적인 팀은 반복되는 운영 사이클을 통해 원하는 결과를 도출하고자 한다. 반복적인 접근 방식은 해결책을 알지 못한다는 것을 전제로 하기 때문에 그들은 차별된 전술을 반복함으로써 결과물을 얻으려 한다.

6. 가정에 대한 의심

성공적인 팀은 현상 유지와 현재의 비즈니스에 기꺼이 도전한다. 그들은 안전책을 강구하기보다 커다란 성과를 이끌어낼 파괴적인 비즈니스 모델을 테스트하는 일을 두려워하지 않는다.

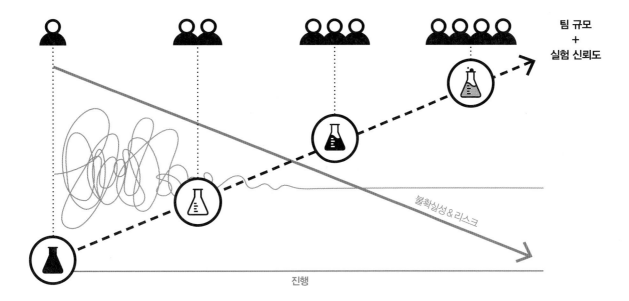

팀 규모
+
실험 신뢰도

불확실성 & 리스크

진행

팀 성장시키기

팀 없이도 비즈니스 테스트를 시작할 수 있지만 시간이 흐르면서
실험이 점점 복잡해지기 때문에 팀 규모를 늘릴 필요성이 커진다.
'제품/시장 적합성'product/market fit을 발견하고 올바른 방법과 시장 규
모를 설정해야 하므로 시간이 흐를수록 팀의 규모를 키우고 구성 또
한 변화시켜야 한다는 점을 유념하라.

개요

팀 환경

팀의 성공을 위한 환경을 어떻게 디자인할 수 있을까?

팀이 새로운 비즈니스 기회를 탐색하려면 이를 지원하는 환경이 필요하다. 실패해서는 안 된다는 압박으로 팀원들을 구속하지 말아야 한다. 물론 실패가 목표는 아니다. 진정한 목표는 경쟁자보다 빨리 배우고, 학습한 것을 행동에 신속하게 반영하는 것이다. 리더는 이런 학습 과정이 일어날 수 있는 환경을 의도적으로 디자인해야 한다. 그렇지 않으면 아무리 이상적인 팀을 구성하더라도 결국 아무것도 할 수 없는 상황에 이르러 실패하고 말 것이다.

팀에 필요한 환경은…

일에 전념할 수 있는 환경

업무에 전념하고 헌신할 수 있는 환경을 조성해야 한다. 여러 개의 프로젝트를 동시에 수행하게 하면 알게 모르게 진척이 더딜 수밖에 없다. 작은 팀이라 하더라도 업무에 집중적으로 전념하면 일에 전념하지 못하는 큰 규모의 팀보다 더 많은 일을 수행해낸다.

충분한 자금원

예산이나 자금 지원 없이 팀이 제대로 기능할 거라 기대하는 것은 어불성설이다. 현실적으로 실험에는 돈이 필요하다. 이해관계자들과 함께 벤처캐피털적인 방식으로 검토함으로써 팀에 자금을 점진적으로 지원하라.

재량권

스스로 알아서 실험과 학습을 수행하는 재량권을 부여할 필요가 있다. 진척을 더디게 만들 정도로 '마이크로매니징'micromanaging하지 마라. 그 대신 팀에 목표를 달성하기 위한 방법을 스스로 설정하고 남들에게 설명할 수 있는 권한을 부여하라.

회사가 제공해야 할 것들

지원

리더십

팀에 가장 적합한 리더는 어떤 리더십 유형을 갖춘 사람이어야 할까? 리더일지라도 해결책까지 다 알지는 못하므로 '촉진적 리더십'facilitative leadership이 이상적이다. 즉 해답이 아니라 질문으로 팀을 이끌어라. 그리고 병목 현상은 항상 병의 위쪽에서 발생한다는 점을 명심하라.

코칭

팀원들에게는 적절한 코칭이 필요한데 특히 처음으로 함께 팀으로 구성된 경우에는 더욱 그렇다. 내부자든 외부자든 코치는 팀이 계속해서 실행할 실험을 찾느라 고착 상태에 빠졌을 때 도움을 줄 수 있다. 예를 들어 팀이 지금껏 인터뷰와 설문 조사만 사용해 왔다면 광범위한 여러 다른 실험을 경험한 코치로부터 도움을 받을 수 있다.

접근 권한

고객

고객의 문제를 해결하려면 팀과 고객을 분리하는 관행을 지속해서는 안 된다. 만약 팀이 고객에게 접근할 수 있는 경로를 계속 차단 당한다면 결국 추측을 기반으로 의사결정을 내릴 수밖에 없다.

자원

팀이 성공하려면 자원에 대한 접근 권한이 주어져야 한다. 제약조건을 두는 것은 좋지만 지나친 제약은 팀이 결과를 제대로 내지 못하게 만든다. 실험을 진척시키고 증거를 확보하려면 팀에 충분한 자원이 필요하다. 이때 자원이란 새로운 비즈니스 아이디어가 무엇이냐에 따라 물리적인 것일 수도 있고 특성상 디지털적인 것일 수도 있다.

방향

전략

방향과 전략이 없으면 팀은 중심축을 유지하며 참고 인내하기가 매우 어려울 것이고 새로운 비즈니스 아이디어에 관한 결단을 내리기도 쉽지 않다. 명확하고 일관성 있는 전략이 부재하면 '진행 위한 진행'을 하는 실수를 범하고 만다.

가이드

실험이 무엇에 집중해야 하는지에 관한 가이드가 필요하다. 기존 시장에 관한 것이든 새로운 시장 창출을 위한 것이든 새로운 수익원을 발굴해내려면 어디로 가야 하는지를 일러줘야 한다.

핵심성과지표KPI

팀원 모두가 목표를 얼마나 달성하고 있는지를 파악하려면 핵심성과지표가 필요하다. 목표 달성 과정에서 이정표가 주어지지 않으면 새로운 비즈니스에 투자해야 하는지의 여부를 판단하기가 꽤 어려울지 모른다.

팀 정렬

어떻게 해야 팀원들을 한 방향으로 정렬하게 만들 수 있을까?

팀이 짜여질 때 공동의 목표가 제대로 설정되지 못하고 상황 인식과 용어 사용에 혼선이 발생하는 경우가 있다. 팀 구성과 킥오프 과정에서 이런 문제가 해소되지 않으면 훗날 매우 파괴적인 결과로 나타날 수 있다. 팀 운영 전문가 스테파노 마스트로지아코모Stefano Mastrogiacomo가 만든 팀 정렬 맵The Team Alignment Map은 생산적인 회의 진행, 토론할 주제와 내용 구성 등 팀원들에게 '전투 준비'가 가능하도록 돕는 시각적 도구다. 이 맵은 좀 더 적극적인 참여와 비즈니스 성공 가능성 제고뿐 아니라 보다 생산적인 킥오프를 가능하게 한다.

각 블록은 팀원들과 토론해야 하는 필수 정보를 나타낸다. 서로 간 인식의 차이를 일찍 규명해야 일이 잘못된 방향으로 진행된다는 것을 깨달을 수 있고 사전에 이를 막을 수 있다.

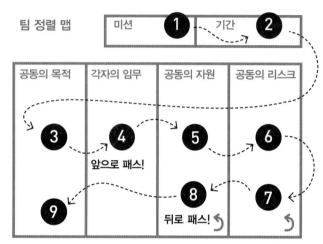

1. 미션을 정의하라.

2. 이 프로젝트의 기간을 정하라.

3. 공동의 팀 목적을 설정하라.
   공동의 목적
   우리는 무엇을 함께 달성하고자 하는가?

4. 팀원들의 임무를 정하라.
   각자의 임무
   누가 무엇을 할까?

5. 진행을 위해 필요한 공동의 자원을 서술하라.
   공동의 자원
   어떤 자원이 필요한가?

6. 발생 가능한 가장 큰 리스크를 적어라.
   공동의 리스크
   무엇이 진행을 방해할 수 있을까?

7. 새로운 목적과 임무를 통해 가장 큰 리스크를 어떻게 대처할지 기술하라.

8. 자원의 제약을 어떻게 대처할지 기술하라.

9. 공동의 일정을 수립 후 검토하라.

이 맵에 대해 더 알고 싶다면
www.teamalignment.co에 접속하라.

팀 정렬 맵 Team Alignment Map

미션: _____ 기간: _____

공동의 목적	각자의 임무	공동의 자원	공동의 리스크
우리는 무엇을 함께 달성하고자 하는가? What do we intend to achieve together?	누가 무엇을 할까? Who does what?	어떤 자원이 필요한가? What resources do we need?	무엇이 진행을 방해할 수 있는가? What can prevent us from succeeding?

29

팀 디자인

teamalignment.co

"아이디어 도출이 문제가 아니다."

—————

리타 맥그래스 Rita McGrath
콜롬비아 경영대학원 교수

제1부 ― 디자인

1.2 ― 아이디어 형성

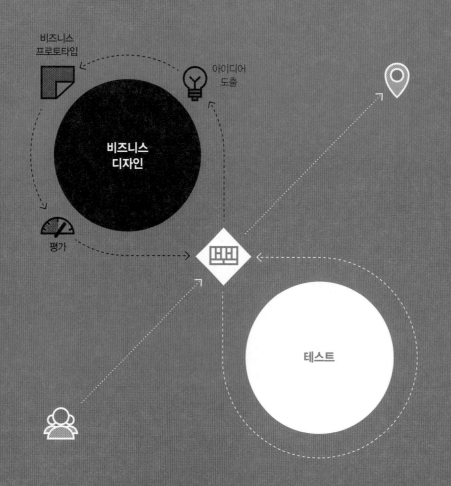

비즈니스
프로토타입

아이디어
도출

비즈니스
디자인

평가

테스트

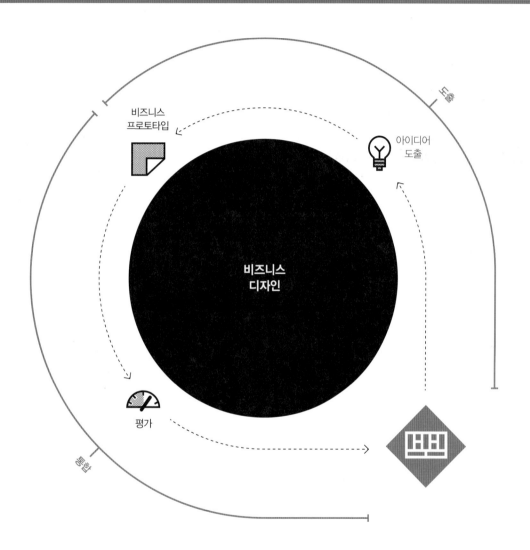

비즈니스
디자인

비즈니스 아이디어를 가장 가능성이 큰 가치 제안과 비즈니스 모델로 변환시키려면 디자인 루프를 통해 비즈니스 아이디어를 형성 및 재형성하는 과정을 거쳐야 한다. 이 루프를 처음 시작할 때는 직관과 제품 아이디어, 기술, 시장 기회 등을 시작점으로 삼는다. 그 후에 반복할 때는 테스트 루프를 통해 나온 증거와 통찰을 기반으로 삼는다.

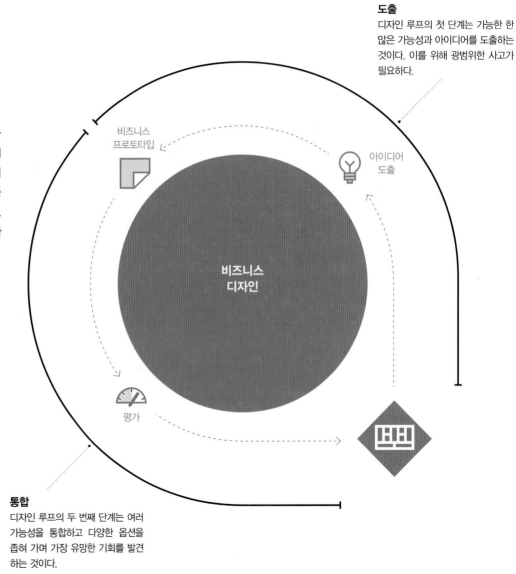

도출
디자인 루프의 첫 단계는 가능한 한 많은 가능성과 아이디어를 도출하는 것이다. 이를 위해 광범위한 사고가 필요하다.

비즈니스
프로토타입

아이디어
도출

비즈니스
디자인

평가

통합
디자인 루프의 두 번째 단계는 여러 가능성을 통합하고 다양한 옵션을 좁혀 가며 가장 유망한 기회를 발견하는 것이다.

디자인 루프의 3단계 알아보기

1단계 아이디어 도출

테스트를 통해 얻은 최초의 직관이나 통찰로 아이디어를 강력한 비즈니스로 전환하려면 가능한 한 많은 아이디어의 대안을 확보하도록 노력해야 한다. 맨 처음의 아이디어와 사랑에 빠지는 우를 범하지 마라.

2단계 비즈니스 프로토타입

두 번째 단계에서는 첫 번째 단계(아이디어 도출)에서 나온 대안들을 좁혀서 비즈니스 프로토타입을 구성한다. 처음에는 냅킨에 그린 스케치처럼 대강의 프로토타입이어도 괜찮지만 그다음에는 '가치 제안 캔버스'Value Proposition Canvas와 '비즈니스 모델 캔버스'Business Model Canvas를 사용해 아이디어를 명확하고 구체적으로 표현해라. 이 책에서는 아이디어를 테스트 가능한 가설로 나누는 데에 위의 2가지 캔버스를 사용한다. 향후 반복적인 테스트와 그로부터 얻는 통찰로 비즈니스 프로토타입을 지속적으로 개선해야 한다.

3단계 평가

디자인 루프의 마지막 단계에서는 비즈니스 프로토타입 디자인을 평가한다. 이를 위해 "이것이 고객 활동과 혜택을 충족시키고 고객의 불만을 해결하는 가장 좋은 방법인가?" "우리의 아이디어를 현금화하는 가장 좋은 방법인가?" "테스트를 통해 학습한 것을 최대한 고려한 것인가?"를 물어라. 비즈니스 프로토타입 디자인 결과에 만족한다면 곧바로 현장 테스트를 시작하고, 그렇지 않다면 다시 루프를 반복하라.

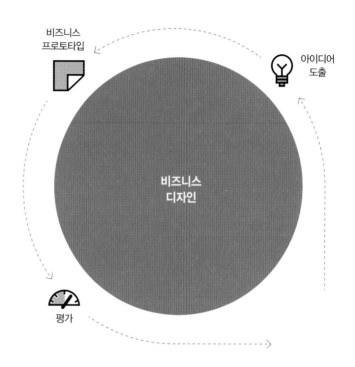

비즈니스
프로토타입

아이디어
도출

비즈니스
디자인

평가

아이디어 형성

알림!

이 책은 비즈니스 프로토타입을 테스트할 수 있는 여러 가지 실험을 제시하고 있다. 만약 비즈니스 디자인에 대해 좀 더 알고 싶다면 이 시리즈의 전작인 《비즈니스 모델의 탄생》과 《밸류 프로포지션 디자인》을 읽거나 '스트래티저' 홈페이지strategyer. com에 제공된 무상의 자료를 다운로드하기를 권한다.

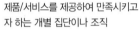

개요

비즈니스 모델 캔버스

이 책의 내용을 활용하기 위해 반드시 비즈니스 모델 캔버스의 달인이 될 필요는 없다. 하지만 아이디어를 비즈니스 모델로 전환하기 위해 비즈니스 모델 캔버스를 사용한다면 리스크를 정의하고 테스트하고 관리하기가 용이할 것이다. 이 책에서는 아이디어의 수용 가능성, 실현 가능성, 생존 가능성을 판단하는 데 비즈니스 모델 캔버스를 사용한다. 이 캔버스를 좀 더 깊이 파고들고 싶다면 《비즈니스 모델의 탄생》을 읽거나 다음의 사이트에 제공된 온라인 자료를 활용하기 바란다.

strategyzer.com/books/business-model-generation

고객 세그먼트
제품/서비스를 제공하여 만족시키고자 하는 개별 집단이나 조직

가치 제안
특정 고객 세그먼트가 필요로 하는 가치를 창출하는 제품과 서비스의 조합

채널
가치를 제안하기 위해 고객과 커뮤니케이션하고 그들에게 제품/서비스를 제공하기 위한 방법

고객 관계
특정 고객 세그먼트와 형성하는 관계의 유형

수익원
기업이 각 고객 세그먼트로부터 창출하는 현금

핵심 자원
비즈니스 모델이 작동되는 데 필요한 가장 중요한 자산

핵심 활동
비즈니스 모델을 작동시키기 위해 기업이 반드시 해야 하는 것

핵심 파트너
비즈니스 모델이 작동되는 데 기여하는 공급자와 파트너의 네트워크

비용 구조
비즈니스 모델을 운영하는 데 발생하는 모든 비용

비즈니스 모델 캔버스 The Business Model Canvas

조직명:　　　　　　　　　設계자:　　　　　　　　　일자:　　　　　버전:

핵심 파트너 🔗
Key Partners

핵심 활동 ✅
Key Activities

핵심 자원 👨‍🏭
Key Resources

가치 제안 🎁
Value Propositions

고객 관계 ❤️
Customer Relationships

채널 🚚
Channels

고객 세그먼트 🎨
Customer Segments

비용 구조 🏷️
Cost Structure

수익원 💰
Revenue Streams

Ⓒ Strategyzer

strategyzer.com

37
아이디어 형성

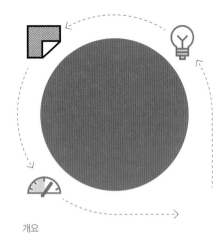

가치 제안 캔버스

가치 제안 캔버스의 목적은 비즈니스 모델 캔버스와 매우 유사하다. 이 캔버스를 능숙하게 사용하지 못하더라도 실험 틀을 잡는 데 이 캔버스를 참조할 수 있다. 특히 고객을 이해하고 제품과 서비스가 어떻게 가치를 창출하는지를 이해하는 데에 가치 제안 캔버스가 유용할 것이다.

가치 제안 캔버스에 대해 좀 더 자세히 알고 싶다면 《밸류 프로포지션 디자인》을 읽거나 다음의 사이트에 제공된 온라인 자료를 활용하기 바란다.

strategyzer.com/books/value-proposition-design

가치 맵 value map

비즈니스 모델에 담긴 특정 가치 제안의 특징을 체계적이고 자세한 방식으로 서술

고객 프로파일 customer profile

비즈니스 모델상의 고객 세그먼트를 체계적이고 자세한 방식으로 서술

제품과 서비스

가치 제안의 수단이 되는 제품과 서비스

고객 활동

고객이 자신의 일과 삶 속에서 행하는 활동들

혜택 창출 방안

제품과 서비스를 통해 고객의 혜택을 창출하는 방법

혜택

고객이 달성하고자 하는 결과물이나 그들이 추구하는 실질적인 혜택들

불만 해소 방안

제품과 서비스를 통해 고객의 불만을 경감시키는 방법

불만

고객 활동과 관련한 불만족스러운 결과물, 리스크, 장애물

가치 제안 캔버스 The Value Proposition Canvas

가치 제안

고객 세그먼트

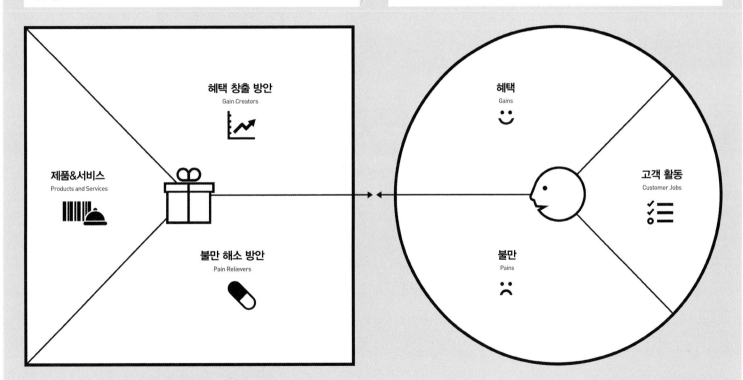

혜택 창출 방안
Gain Creators

제품&서비스
Products and Services

불만 해소 방안
Pain Relievers

혜택
Gains

고객 활동
Customer Jobs

불만
Pains

⊕Strategyzer
strategyzer.com

테스트

"스타트업의 창립 비전은 과학적 가설과 비슷하다."

_____

라시미 신하Rashmi Sinha
슬라이드셰어Slideshare 창립자

제2부 — 테스트

2.1 — 가설

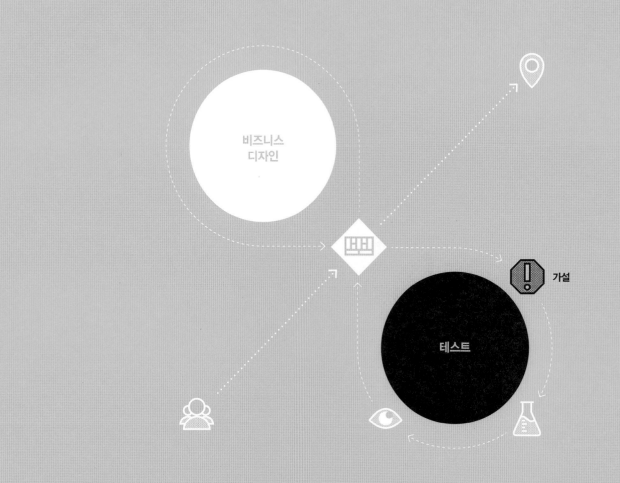

비즈니스
디자인

테스트

가설

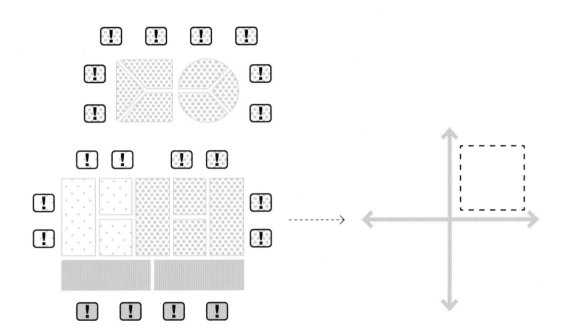

1. 아이디어의 기저에 깔린 가설들을 규명하라

비즈니스 아이디어를 테스트하려면 먼저 그 아이디어가 효과적이지 않을 수도 있는 모든 리스크를 명확히 밝혀야 한다. 아이디어의 기저에 깔린 가정들을 테스트 가능한 가설로 분명하게 전환시켜야 한다.

2. 가장 중요한 가설이 무엇인지 우선순위를 정하라

제일 먼저 테스트할 주요 핵심 가설을 규명하려면 다음의 2가지 질문을 던져야 한다. "내 아이디어가 효과가 있음을 증명하기 위해 가장 중요한 가설은 무엇인가?", "구체적인 현장 증거가 부족한 가설은 무엇인가?"

가설

가설이란 말은 고대 문명에 그 뿌리를 두고 있다. 영어 단어 *hypothesis*는 '추측하다'라는 뜻의 그리스어 *hupothesis*에서 왔다. 혹자는 가설을 '경험에서 우러난 추측'이라고 정의하기도 한다. 가설은 가정을 증명하거나 부정하는 데 사용하는 수단이다.

이 책의 목적상 여기에서는 다음과 같은 비즈니스 가설에 초점을 맞춘다.

• 가치 제안, 비즈니스 모델 혹은 전략과 관련된 가정
• 비즈니스 아이디어가 효과적인지를 파악하기 위해 규명할 필요가 있는 것들

좋은 비즈니스 가설 수립하기

당신의 비즈니스 아이디어가 옳다고 가정하는 가설을 수립하고자 한다면 "우리는 (   )을 믿는다."라는 문장으로 가설을 기술하라.

"우리는 밀레니얼 부모들이 자녀들을 위해 매달 과학 공작 키트를 구독할 것이라고 믿는다."

"우리는 (   )을 믿는다."라는 문장으로 모든 가설을 수립하다 보면 자칫 '확증편향'confirmation bias의 함정에 빠질 수 있음에 유의하라. 흔히 확증편향에 빠지면 사람들은 믿는 것을 증명하려 하고 그것을 반증하려고 하지 않는다. 이를 예방하려면 가정을 반증하는 가설 몇 개를 동시에 수립하라.
"우리는 밀레니얼 부모들이 자녀들을 위해 매달 과학 공작 키트를 구독하지 않을 것이라고 믿는다."
이런 상반되는 가설을 동시에 테스트할 수 있어야 한다. 특히 팀원들이 가설에 동의하지 않을 때 이런 방법이 유용하다.

좋은 가설의 특징

비즈니스 가설을 잘 수립하려면 당신이 조사하고 싶은 것을 테스트 가능하고 정교하며 개별적인 것으로 기술해야 한다.

예를 들어 '교육용 과학 공작 키트 구독 비즈니스'에 관한 가설을 다음과 같이 개선하는 것이 좋다.

	✗	✓
테스트 가능한 Testable 증거(그리고 축적된 경험)에 기반하여 참인지(입증) 거짓인지(반증)를 증명할 수 있어야 그 가설은 '테스트 가능하다'고 말할 수 있다.	- 우리는 밀레니얼 부모들이 과학 공작 키트를 좋아할 것이라고 믿는다.	▢ 우리는 밀레니얼 부모들이 자녀의 교육 수준에 걸맞은 공작 키트를 좋아할 것이라고 믿는다.
정교한Precise 구체적인 모습이 정확히 기술되어야 그 가설은 '정교하다'고 말할 수 있다. 정교한 가설은 가정의 'what', 'who', 'when'을 상세하게 기술한다.	- 우리는 밀레니얼 세대가 과학 공작 키트에 시간을 많이 쓸 거라고 믿는다.	▢ 우리는 5~9세의 자녀를 가진 밀레니얼 부모들이 자녀의 교육 수준에 걸맞은 과학 공작 키트에 매달 15달러를 지출할 것이라고 믿는다.
개별적인Discrete 뚜렷하고 테스트 가능하며 정교한 조사 대상을 오직 하나만 기술해야 그 가설은 '개별적이다'라고 말할 수 있다.	- 우리는 과학 공작 키트를 구입해 배달하면서도 이익을 남길 수 있다고 믿는다.	▢ 우리는 키트 하나에 3달러 미만의 도매가로 과학 공작 재료를 구매할 수 있다고 믿는다. ▢ 우리는 키트 하나에 5달러 미만으로 과학 공작 재료를 국내에 배달할 수 있다고 믿는다.

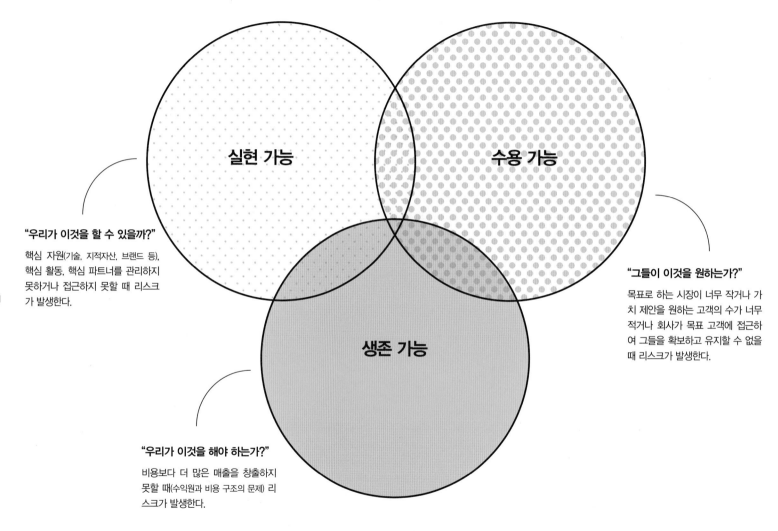

"우리가 이것을 할 수 있을까?"

핵심 자원(기술, 지적자산, 브랜드 등),
핵심 활동, 핵심 파트너를 관리하지
못하거나 접근하지 못할 때 리스크
가 발생한다.

실현 가능

수용 가능

"그들이 이것을 원하는가?"

목표로 하는 시장이 너무 작거나 가
치 제안을 원하는 고객의 수가 너무
적거나 회사가 목표 고객에 접근하
여 그들을 확보하고 유지할 수 없을
때 리스크가 발생한다.

생존 가능

"우리가 이것을 해야 하는가?"

비용보다 더 많은 매출을 창출하지
못할 때(수익원과 비용 구조의 문제) 리
스크가 발생한다.

가설의 유형

래리 킬리Larry Keeley, 도블린 그룹Doblin Group 및 IDEO로부터 참고함.

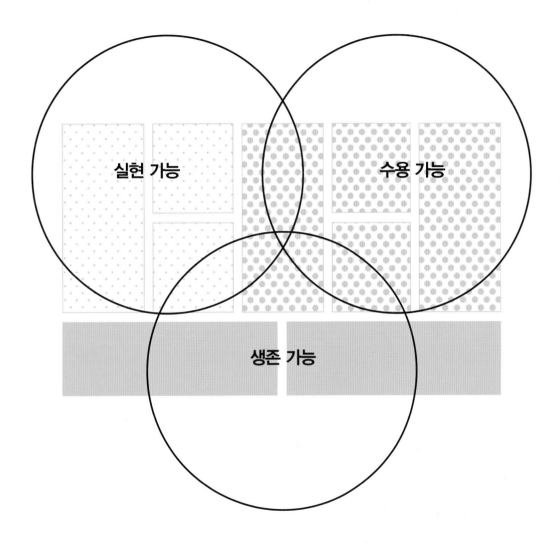

비즈니스 모델 캔버스와 가설의 유형

수용 가능성 가설

첫 번째로 수립할 가설

가치 제안 캔버스의 가치 맵과 고객 프로파일에 '시장 리스크'가 포함되어 있다. 아래의 가이드에 따라 수용 가능성 가설을 수립하라.

비즈니스 모델 캔버스의 가치 제안, 고객 세그먼트, 채널, 고객 관계 블록에 '시장 리스크'가 포함되어 있다. 아래의 가이드에 따라 수용 가능성 가설을 수립하라.

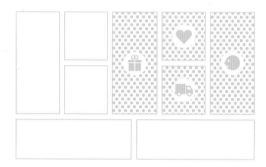

고객 프로파일
우리는 우리가 …(라)고 믿는다.
- 고객에게 진정으로 중요한 활동을 다루고 있다
- 고객에게 진정으로 중요한 불만에 집중하고 있다
- 고객에게 진정으로 중요한 혜택에 집중하고 있다

가치 맵
우리는 …(라)고 믿는다.
- 우리의 제품과 서비스가 높은 가치의 고객 활동을 진정으로 해결한다
- 우리의 제품과 서비스가 제일 큰 고객 불만을 해소한다
- 우리의 제품과 서비스가 고객에게 중요한 혜택을 창출한다

고객 세그먼트
우리는 …(라)고 믿는다.
- 올바른 고객 세그먼트를 목표로 하고 있다
- 우리가 목표로 하는 세그먼트가 실제로 존재한다
- 우리가 목표로 하는 세그먼트가 충분히 크다

가치 제안
우리는 …(라)고 믿는다.
- 우리가 목표로 하는 고객 세그먼트에 올바른 가치를 제안하고 있다
- 우리의 가치 제안은 모방하고 싶을 정도로 충분히 독특하다

채널
우리는 …(라)고 믿는다.
- 우리의 고객에게 접근하고 고객을 확보하기 위한 올바른 채널을 보유하고 있다
- 우리가 가치를 전달하는 채널을 제어할 수 있다

고객 관계
우리는 …(라)고 믿는다.
- 우리가 고객과 올바른 관계를 구축할 수 있다
- 고객이 경쟁사의 제품으로 바꿔 사용하기가 어렵다
- 우리가 고객을 유지할 수 있다

실현 가능성 가설

두 번째로 수립할 가설

비즈니스 모델 캔버스의 핵심 파트너, 핵심 활동, 핵심 자원 블록에 '인프라 리스크'가 포함되어 있다. 아래의 가이드에 따라 실현 가능성 가설을 수립하라.

핵심 활동

우리는 우리가 …(라)고 믿는다.

• 비즈니스 모델 구축에 필요한 모든 활동을 올바른 품질 수준으로 수행할 수 있다

핵심 자원

우리는 우리가 …(라)고 믿는다.

• 지적자산, 인적자산, 재무적 자산 등 비즈니스 모델 구축에 필요한 모든 기술과 자원을 확보·관리할 수 있다

핵심 파트너

우리는 우리가 …(라)고 믿는다.

• 비즈니스 구축에 필요한 파트너십을 만들 수 있다

생존 가능성 가설

세 번째로 수립할 가설

비즈니스 모델 캔버스의 수익원, 비용 구조 블록에 '재무 리스크'가 포함되어 있다. 아래의 가이드에 따라 생존 가능성 가설을 수립하라.

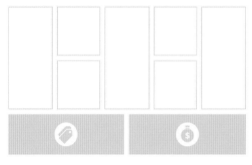

수익원

우리는 우리가 …(라)고 믿는다.

• 우리의 가치 제안에 고객이 특정 가격을 지불할 수 있도록 만들 수 있다
• 충분한 매출을 창출할 수 있다

비용 구조

우리는 우리가 …(라)고 믿는다.

• 인프라에 드는 비용을 관리하고 통제할 수 있다

이익

우리는 우리가 …(라)고 믿는다.

• 이익을 만들기 위해 비용보다 더 많은 매출을 창출할 수 있다

정의

가정 매핑하기

수용 가능성, 생존 가능성, 실현 가능성을 명백
히 밝히고 중요성과 증거에 따라 우선순위를 정
하기 위한 팀 활동을 말한다.

근본적으로 새로운 아이디어, 제품, 서비스, 가치 제
안, 비즈니스 모델, 전략은 모두 일종의 '맹신'을 필요
로 한다. 만약 거짓으로 판명 나면 아이디어의 여러 측
면 중에서 중요하지만 아직 증명되지 않은 측면이 비
즈니스를 흥하게 하지만 무너뜨릴 수 있다.
가설의 형태로 모든 리스크를 명백히 밝히는 데 도움
이 되는 가정 매핑하기assumptions mapping 활동은 리스크
의 우선순위를 정하고 실험에 집중할 수 있도록 해
준다.

핵심팀 Core team

핵심팀은 신규 비즈니스를 성공시키는 데 헌신할 개
인들로 구성된다. 이 팀은 서로 다른 직무를 수행하
는 개인들로 꾸려진 '다기능팀'이어야 한다. 즉 진정
한 고객이 존재하는 시장을 빠르게 학습하여 대응하
는 데 필요한 제품 스킬, 디자인 스킬, 기술 스킬을 지
녀야 한다. 핵심팀은 최소한 비즈니스 모델 캔버스로
부터 가정을 매핑하는 활동을 수행할 수 있어야 한다.

지원팀 Supporting team

지원팀은 비즈니스 수행에 직접적인 관련은 없지만
비즈니스의 성공을 이루기 위해 필요한 개인들로 구
성된다. 핵심팀에는 없는, 특정 지식과 노하우가 요구
되는 가정을 테스트해야 할 때 법무, 안전, 감사, 마케
팅, 사용자 리서치 등의 업무를 수행할 직원들이 필요
하다. 지원팀의 헌신적 도움이 없으면 핵심팀 멤버들
은 중요한 사안임에도 불구하고 충분한 정보와 근거
없이 결정을 내릴 위험이 있다.

52 테스트

제프 고델프Jeff Gothelf와 조시 세이던Josh Seiden이 쓴 《린 UX》에
서 발췌

가설 규명하기

1단계

포스트잇에 다음의 가설을 각각 적어라.

- 수용 가능성 가설을 써서 캔버스 위에 붙인다.
- 실현 가능성 가설을 써서 캔버스 위에 붙인다.
- 생존 가능성 가설을 써서 캔버스 위에 붙인다.

가장 좋은 실천 방법

- 수용 가능성, 실현 가능성, 생존 가능성 가설에 각각 다른 색깔의 포스트잇을 사용하라.
- 현재 알고 있는 지식을 최대한 반영해 가능한 한 각 가설을 구체적으로 써라.
- 1장의 포스트잇에는 오직 하나의 가설만 써야 한다. 그래야 가설의 우선순위를 정하기가 쉬워진다.
- 간단명료하게 가설을 써라. 장황하게 설명하지 마라.
- 팀원들과 토론 및 합의 후에 가설을 포스트잇에 기입하라.

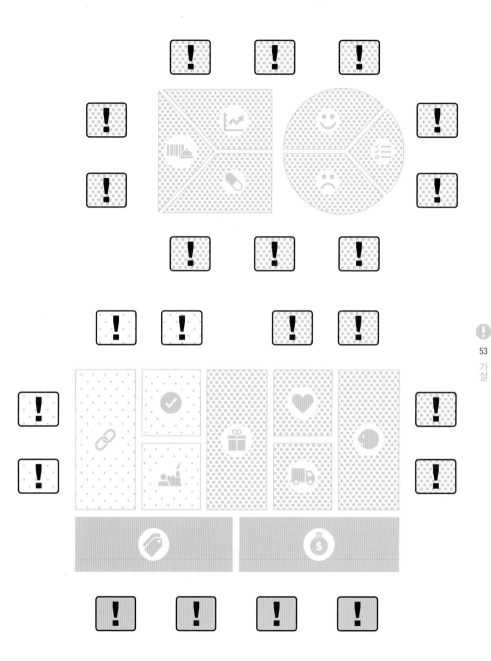

가설의 우선순위 정하기

2단계

오른쪽에 주어진 가정 맵을 사용하여 각각 중요성과 증거의 존재 유무에 따라 모든 가설의 우선순위를 정하라.

X축: 증거

특정 가설을 지지하거나 반박하는 데 필요한 증거를 현재 얼마나 많이 가지고 있는지 판단하라. 가설을 지지하는, 적절하고 관찰 가능한 최신의 증거가 존재한다면 해당 가설을 X축의 왼쪽에 위치시켜라. 한편 확보된 증거가 없어서 앞으로 찾아내야 한다면 해당 가설을 X축의 오른쪽에 위치시켜라.

Y축: 중요성

각 가설의 중요성을 판단하라. 해당 가설이 비즈니스 아이디어를 성공시키는 데 절대적으로 중요하다면 Y축의 위쪽에 위치시켜라. 즉 해당 가설이 '거짓'으로 판명날 경우 비즈니스 아이디어의 실패가 분명해지고 다른 모든 가설이 무의미해진다면 Y축의 위쪽에 위치시켜라. 반면 우선적으로 테스트할 가설이 아니라면 Y축의 아래쪽에 붙여라.

좌상단
공유

현재의 증거를 가지고 이곳에 위치한 가설들을 확인한 다음, 그 결과를 팀원들과 공유하라. 이 가설들은 각각 지지해주는 관찰 가능한 증거를 실제로 갖고 있는가? 충분히 좋은 증거인지 의문을 제기하고 검토하라. 계획을 추진하는 동안 이 가설들을 계속해서 추적하라.

우상단
실험

가장 먼저 테스트할 가설을 규명하려면 우상단에 위치한 가설들을 집중적으로 살펴라. 향후 비즈니스에서 발생할 높은 리스크에 대응하려면 어떤 실험이 필요한지 선정하라.

중요함

증거 있음 / 증거 없음

중요하지 않음

리스크가 가장 큰 가설 규명하기

3단계

이 책의 목적상 우리가 집중해야 할 질문은 '가정 맵의 우상단에 위치한 가설들을 어떻게 테스트하는가?'다. 즉 중요하지만 증거가 미약한 가설들을 실험하는 것이다. 우상단에 위치한 가설들이 '거짓'으로 판명 나면 비즈니스 실패의 원인이 된다.

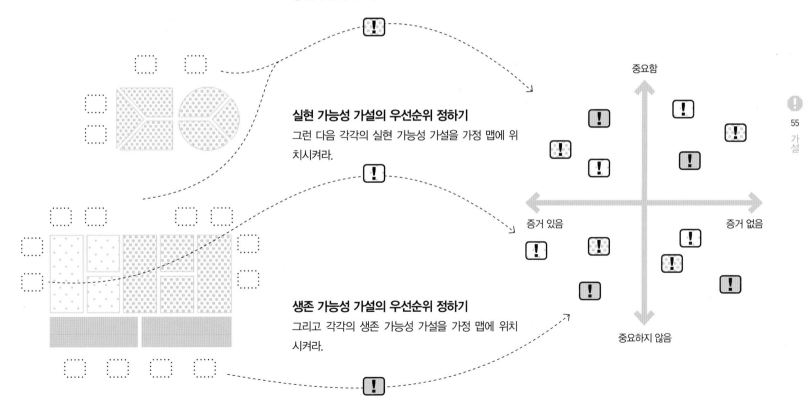

수용 가능성 가설의 우선순위 정하기
팀원들과 토론을 통해 각각의 수용 가능성 가설을 가정 맵에 위치시켜라.

실현 가능성 가설의 우선순위 정하기
그런 다음 각각의 실현 가능성 가설을 가정 맵에 위치시켜라.

생존 가능성 가설의 우선순위 정하기
그리고 각각의 생존 가능성 가설을 가정 맵에 위치시켜라.

중요함

증거 있음

증거 없음

중요하지 않음

"당신의 이론이 얼마나 아름다운가는 중요치 않다.
당신이 얼마나 똑똑한가는 중요치 않다.
실험에 부합하지 않는다면 틀린 것일 뿐이다."

———

리처드 파인만Richard Feynman
미국의 이론물리학자

2.2 — 실험

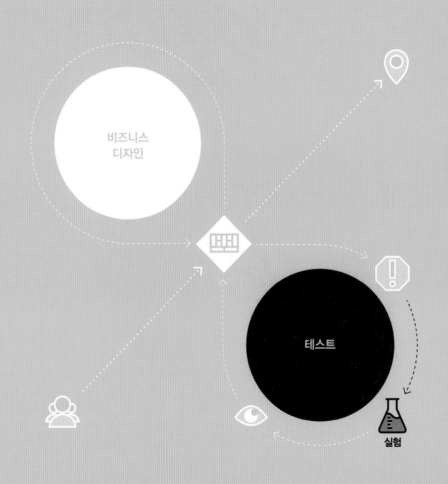

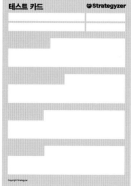

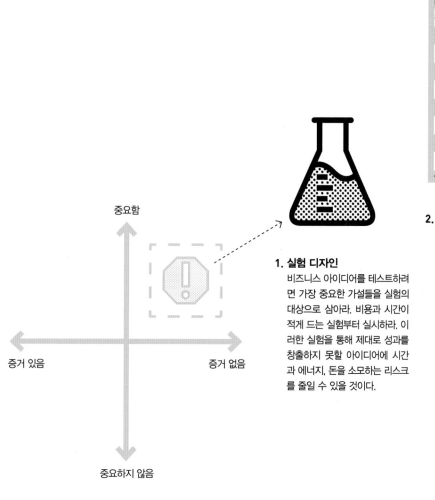

중요함

증거 있음   증거 없음

중요하지 않음

1. 실험 디자인

비즈니스 아이디어를 테스트하려면 가장 중요한 가설들을 실험의 대상으로 삼아라. 비용과 시간이 적게 드는 실험부터 실시하라. 이러한 실험을 통해 제대로 성과를 창출하지 못할 아이디어에 시간과 에너지, 돈을 소모하는 리스크를 줄일 수 있을 것이다.

2. 실험 진행

충분한 증거를 수집하기 위한 소요시간은 실험마다 다르다. 과학자의 마인드로 실험을 진행해야 증거가 명확하고 오해의 소지가 없다는 점을 명심하라.

실험

실험은 비즈니스 아이디어의 리스크와 불확실성을 줄이기 위한 수단이다.

실험은 과학적 방법론의 정수다. 가설과 마찬가지로 실험의 기원을 따져보면 시각을 감지하는 눈의 작동 방식부터 시간을 측정하는 데 이르기까지 모든 것의 역사로 거슬러 올라갈 수 있다.

과학적 방법이 통찰을 이끌어내는 데 매우 가치 있는 방법이라는 사실은 시간이 흘러도 여전히 유효하다.

실험을 반복하며 문제를 해결해나가는 행위는 아이들에게는 자연스러운 성장 과정이다. 하지만 전통적인 학교 수업을 받기 시작하는 순간부터 과학 수업말고는 실험을 경험할 기회가 점점 줄어든다. 높은 점수를 얻고 좋은 평가를 받으려면 오직 하나의 정답만을 찾아야 하기 때문이다. 알다시피 삶과 비즈니스 속에서 오직 하나의 정답은 거의 존재하지 않는다. 그럼에도 사람들은 틀리면 벌을 받는 것에 익숙해서 진정으로 문제를 해결하기보다는 맞다 틀리다에 지나친 관심을 쏟는다.

이런 교육 시스템 속에서 자라온 아이들이 잘못된 아이디어 때문에 곤경을 겪는 어른이 된다는 것은 그리 놀랄 일이 아니다. 정답을 말한 사람에게 보상하고 오답을 말한 사람에게 벌을 주는 문화는 비즈니스 세계에서도 그대로 이어지고 이 때문에 사람들은 오직 하나의 정답을 찾도록 '조건화'되어 버렸다.

이 책을 읽고 비즈니스 아이디어를 테스트하는 법을 배우면 하나가 아니라 여러 개의 경로가 존재함을 알게 될 것이다.

실험하기에 앞서, 유치원에 다닐 때 둥근 구멍에 네모난 나무 조각을 집어넣으려고 시도했던 기억을 회상해보라. 그때의 감정이 어땠는가? 실험은 구조화된 창의력에 관한 것이다. 팀원들과 함께 당신 안에 내재된 그때의 에너지를 다시금 건드려 보라.

이 책의 목적상 우리가 초점을 맞추는 것은 다음과 같은 비즈니스 실험들이다.

- 비즈니스 아이디어의 리스크와 불확실성을 줄이기 위한 실험
- 가설의 참/거짓을 증명하는 실험
- 진행하는 데 시간과 비용이 적게 드는 실험

좋은 실험이란 무엇인가?

팀원들이 그대로 따라 할 수 있고 비교 가능하며 사용 가능한 데이터를 도출할 수 있도록 명확하게 기술된 실험이 좋은 실험이다.

- '누구'who(피실험자)를 명확하게 정의하라.
- '어디'where(테스트 상황)를 명확하게 정의하라.
- '무엇'what(테스트 요소)을 명확하게 정의하라.

실험의 구성 요소는 무엇인가?

잘 짜인 비즈니스 실험은 다음 4개의 요소로 구성된다.

1. 가설
   가정 맵의 우상단에 위치한 가장 중요한 가설

2. 실험
   가설의 참/거짓 여부를 증명할 실험에 대한 설명

3. 척도
   실험의 결과로 측정할 데이터

4. 판단 기준
   참이라는 것을 판단할 수 있는 척도의 값

'콜 투 액션'call-to-action 실험

피실험자가 관찰 가능한 행동을 보이도록 촉발하는 실험 유형을 말한다. 하나 이상의 가설을 테스트하는 실험에서 사용된다.

하나의 가설을 여러 개의 실험으로 테스트하기

지금껏 오직 한 번의 실험만으로 핵심 돌파구를 찾아내고 이를 통해 수십억 달러의 비즈니스를 일궈냈다는 조직을 본 적이 없다. 비즈니스의 성공 가능성을 판단하기 위해서는 여러 실험을 진행해야 한다. 비즈니스 가설을 올바르게 테스트하려면 다음과 같이 여러 개의 실험을 잘 짜야 한다.

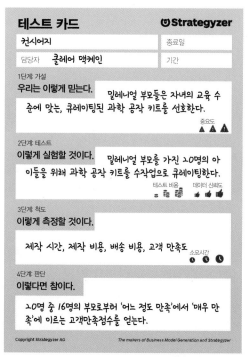

테스트 카드 ⚙ Strategyzer

| 고객 인터뷰 | | 종료일 |
| 담당자 | 그레이스 그랜트 | 기간 |

1단계: 가설
우리는 이렇게 믿는다.
밀레니얼 부모들은 자녀의 교육 수준에 맞는, 큐레이팅된 과학 공작 키트를 선호한다.
중요도 ⚠⚠⚠

2단계: 테스트
이렇게 실험할 것이다.
자녀의 과학 공작 키트에 대한 니즈를 묻기 위해 20명의 밀레니얼 부모들과 인터뷰를 한다.
테스트 비용 데이터 신뢰도

3단계: 척도
이렇게 측정할 것이다.
현재의 솔루션으로 최상위의 고객 활동, 혜택, 불만들을 얼마나 만족시키는가?
소요시간

4단계: 판단
이렇다면 참이다.
고객 활동, 불만, 혜택을 만족시키는 데 있어 우리는 80% 수준이다.

Copyright Strategyzer AG   *The makers of Business Model Generation and Strategyzer*

테스트 카드 ⚙ Strategyzer

| 검색 트렌드 분석 | | 종료일 |
| 담당자 | 밥 게일 | 기간 |

1단계: 가설
우리는 이렇게 믿는다.
밀레니얼 부모들은 자녀의 교육 수준에 맞는, 큐레이팅된 과학 공작 키트를 선호한다.
중요도 ⚠⚠⚠

2단계: 테스트
이렇게 실험할 것이다.
밀레니얼 부모들이 자녀를 위한 과학 공작 키트 관련 정보를 온라인에서 얼마나 검색하는지 그 트렌드를 분석한다.
테스트 비용 데이터 신뢰도

3단계: 척도
이렇게 측정할 것이다.
국내의 검색량
소요시간

4단계: 판단
이렇다면 참이다.
검색량이 국내 기준으로 한 달에 1만 건을 초과한다.

Copyright Strategyzer AG   *The makers of Business Model Generation and Strategyzer*

테스트 카드 ⚙ Strategyzer

| 컨시어지 | | 종료일 |
| 담당자 | 클레어 맥케인 | 기간 |

1단계: 가설
우리는 이렇게 믿는다.
밀레니얼 부모들은 자녀의 교육 수준에 맞는, 큐레이팅된 과학 공작 키트를 선호한다.
중요도 ⚠⚠⚠

2단계: 테스트
이렇게 실험할 것이다.
밀레니얼 부모를 가진 20명의 아이들을 위해 과학 공작 키트를 수작업으로 큐레이팅한다.
테스트 비용 데이터 신뢰도

3단계: 척도
이렇게 측정할 것이다.
제작 시간, 제작 비용, 배송 비용, 고객 만족도
소요시간

4단계: 판단
이렇다면 참이다.
20명 중 16명의 부모로부터 '어느 정도 만족'에서 '매우 만족'에 이르는 고객만족점수를 얻는다.

Copyright Strategyzer AG   *The makers of Business Model Generation and Strategyzer*

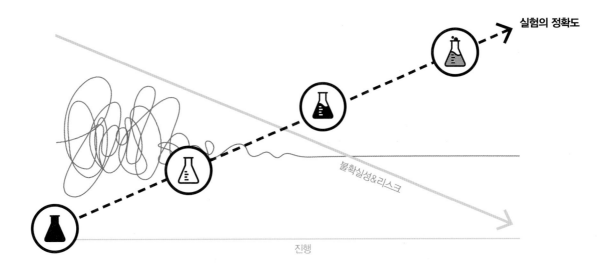

실험의 정확도

불확실성&리스크

진행

실험은 불확실성이라는 리스크를 줄인다

이 책을 다 읽고 나면 당신은 불확실성이라는 리스크를 신속하게 줄이는 데 실험이 얼마나 도움을 줄 수 있는지 이해하게 될 것이다. 고객이 없는 영역에서 더 이상 서성이지 말고 리스크를 점차 줄일 수 있는 방법을 학습하기 바란다. 이를 통해 꼭 필요한 시기에, 딱 맞는 정확도로 비즈니스를 구축할 수 있을 것이다.

"작년에 자신이 어떤 사람이었는지 깨닫고 당황하지 않는 사람이 있다면
그는 충분히 배우지 않은 사람일 것이다."

———

알랭 드 보통 Alain de Botton
철학자

제2부 — 테스트

2.3 — 학습

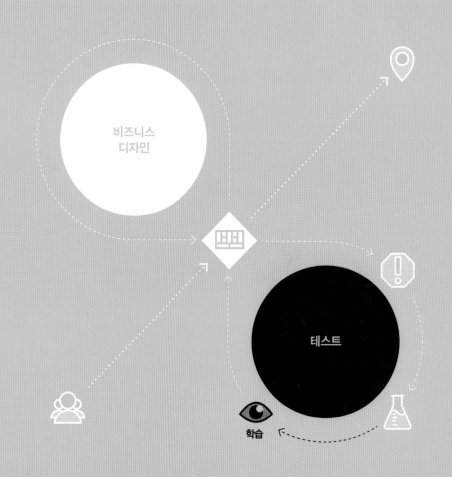

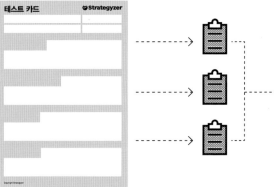

테스트 카드 ⓦ**Strategyzer**

학습 카드 ⓦ**Strategyzer**

1. 증거 분석하기

증거는 스스로 어떤 사실을 말해 주지 않는다. 하나의 특정 가설을 증명하기 위해 진행된 여러 실험으로부터 증거를 수집하고 그것을 분석하라. 강력한 증거와 미약한 증거를 확실히 구별하라.

2. 통찰 얻기

통찰이란 데이터를 분석함으로써 얻는 핵심 지식을 말한다. 통찰을 통해 가설의 참/거짓 여부를 판단할 수 있다. 통찰은 당신의 아이디어가 얼마나 효과가 있을지 이해하는 데 도움이 된다.

증거의 강도 strength of evidence

증거의 강도는 해당 증거가 얼마나 확실하게 가설의 참/거짓 여부를 판단하는 데 도움이 되는가를 말한다. 아래와 같은 4가지 영역을 확인함으로써 증거의 강도를 판단할 수 있다.

증거

증거란 무엇인가?

증거는 가설의 참/거짓 여부를 판단하는 데 사용되는 사실을 말한다. 증거는 연구나 비즈니스 실험을 통해 얻는 데이터를 뜻하며 미약한 것부터 강력한 것에 이르기까지 다양한 형태로 나타난다.

이 책의 목적상 우리는 다음과 같은 비즈니스 실험 증거에 초점을 맞춘다.

- 실험을 통해 도출하거나 현장에서 수집한 데이터
- 가설의 참/거짓 여부를 일러주는 사실
- 여러 가지 특성들(예: 인용, 행동, 전환율, 주문, 구매 등)

미약한 증거	강력한 증거
1. **의견(믿음)** "나는 그렇게 할 것 같다." "나는 그것이 중요하다고 생각한다." "나는 그렇게 믿는다." 등으로 말하는 것들	**사실(사건)** "지난주에 나는…." "그런 상황에 나는 보통…." 혹은 "나는 ( )을 하는 데 돈을 썼다." 등으로 말하는 것들
2. **사람들의 말** 인터뷰나 설문 조사 때 나온 사람들의 답변은 현실에서 진짜로 행하거나 미래에 행할 것이 아닐 수도 있다.	**사람들의 행동** 일반적으로 관찰 가능한 행동은 사람들이 어떻게 행동하고 미래에 무엇을 할지에 관한 좋은 예측변수다.
3. **실험 상황** 무언가를 테스트한다는 것을 사람들이 알면 그들은 현실과 다르게 행동할 수도 있다.	**현실 상황** 앞으로의 행동에 가장 신뢰할 만한 예측변수는 자신이 테스트 받고 있다는 것을 알지 못할 때 사람들이 보이는 행동이다.
4. **적은 관여** 곧 있을 제품 출시를 알려 달라며 고객이 자신의 이메일을 등록하는 것이 적은 관여의 예인데, 이런 것들은 고객의 관심을 판단하는 데에 비교적 미약한 증거다.	**큰 관여** 고객이 제품을 예약 주문하거나 자신의 직업적 평판을 걸고 솔직하게 말하는 것은 진정한 관심을 드러내는 강한 증거이자 큰 관여다.

실험마다 강도가 다른 증거가 나온다.

고객 인터뷰

테스트 카드 ⦿ Strategyzer

고객 인터뷰		종료일
담당자	그레이스 그랜트	기간

1단계: 가설
우리는 이렇게 믿는다. 밀레니얼 부모들은 자녀의 교육 수준에 맞는, 큐레이팅된 과학 공작 키트를 선호한다.

중요도 ▲ ▲ ⚠

2단계: 테스트
이렇게 실험할 것이다. 자녀들의 과학 공작 키트에 대한 니즈를 묻기 위해 20명의 밀레니얼 부모들과 인터뷰를 한다.

테스트 비용 / 데이터 신뢰도

3단계: 척도
이렇게 측정할 것이다.

현재의 솔루션으로 최상위의 고객 활동, 혜택, 불만들을 얼마나 만족시키는가?

소요시간

4단계: 판단
이렇다면 참이다.

고객 활동, 불만, 혜택을 만족시키는 데 있어 우리는 80% 수준이다.

Copyright Strategyzer AG   The makers of Business Model Generation and Strategyzer

구술 기록&인용
 ⚖ ●○○○○
증거의 강도

"나는 내 아이에게 다른 아이들의 것과 다른, 뛰어나면서도 독창적인 과학 공작 키트를 주고 싶다."

"과학 공작 키트는 아이의 학년 수준에 적합한 것이어야 한다. 예전에 2학년 대상의 키트를 받아 본 적이 있는데 너무 어려워했다."

"온라인상에서 무료로 배포하는 키트가 많지만 설명서가 없어서 부실하다."

"나는 필요한 모든 것들이 하나의 상자에 담긴 과학 공작 키트를 구입할 것이다."

검색 트렌드 분석

테스트 카드 ⦿ Strategyzer

검색 트렌드 분석		종료일
담당자	밥 게일	기간

1단계: 가설
우리는 이렇게 믿는다. 밀레니얼 부모들은 자녀의 교육 수준에 맞는, 큐레이팅된 과학 공작 키트를 선호한다.

중요도 ▲ ▲ ⚠

2단계: 테스트
이렇게 실험할 것이다. 밀레니얼 부모들이 자녀를 위한 과학 공작 키트 관련 정보를 온라인에서 얼마나 검색하는지 그 트렌드를 분석한다.

테스트 비용 / 데이터 신뢰도

3단계: 척도
이렇게 측정할 것이다.

국내의 검색량

소요시간

4단계: 판단
이렇다면 참이다.

검색량이 국내 기준으로 한 달에 1만 건을 초과한다.

Copyright Strategyzer AG   The makers of Business Model Generation and Strategyzer

검색량 데이터
⚖ ●●●○○
증거의 강도

2월 한 달간 검색량:

"과학 교육 정보" = 5천 ~ 1만 건

"유치원 과학 교육 정보" = 1만 ~ 1만 5천 건

"1학년 과학 교육 정보" = 1천 ~ 5천 건

"2학년 과학 교육 정보" = 1천 건 미만

"3학년 과학 교육 정보" = 1천 건 미만

컨시어지

테스트 카드 ⦿ Strategyzer

컨시어지		종료일
담당자	클레어 맥케인	기간

1단계: 가설
우리는 이렇게 믿는다. 밀레니얼 부모들은 자녀의 교육 수준에 맞는, 큐레이팅된 과학 공작 키트를 선호한다.

중요도 ▲ ▲ ⚠

2단계: 테스트
이렇게 실험할 것이다. 밀레니얼 부모를 가진 20명의 아이들을 위해 과학 공작 키트를 수작업으로 큐레이팅한다.

테스트 비용 / 데이터 신뢰도

3단계: 척도
이렇게 측정할 것이다.

제작 시간, 제작 비용, 배송 비용, 고객 만족도

소요시간

4단계: 판단
이렇다면 참이다.

20명 중 16명의 부모로부터 '어느 정도 만족'에서 '매우 만족'에 이르는 고객만족점수를 얻는다.

Copyright Strategyzer AG   The makers of Business Model Generation and Strategyzer

컨시어지 데이터
⚖ ●●●●●
증거의 강도

제작 시간 = 키트당 2시간

제작 비용 = 10~15달러

배송 비용 = 5~8달러

고객만족도 점수 = '어느 정도 만족'

69

학습

정의

통찰

통찰이란 무엇인가?

단순히 무언가를 보는 것과 무언가를 찾아내는 것은
서로 다른 차원의 행위다. 증거는 그 자체로 비즈니스
아이디어의 리스크를 줄이는 데 도움이 되지 못한다.
그렇기 때문에 실험을 통해 얻은 증거로부터 통찰을
이끌어내야 한다.
이 책의 목적상 비즈니스 통찰은 다음과 같이 정의
된다.

- 증거를 분석함으로써 알게 된 것
- 가설의 타당성과 관련된 지식과 새로운 방향에 대
  한 잠재적 발견
- 합리적인 비즈니스 결정과 조치의 기반

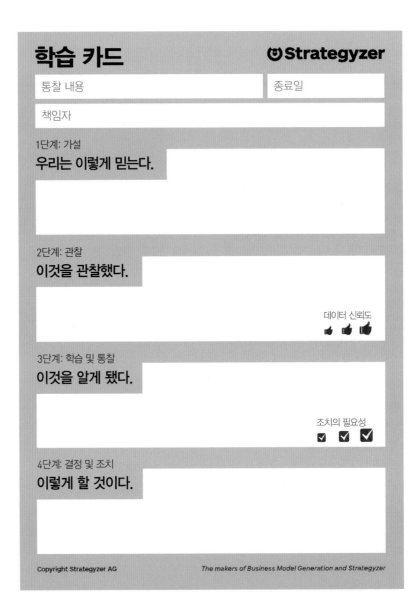

학습 카드   ⊕ **Strategyzer**

통찰 내용   종료일

책임자

1단계: 가설
우리는 이렇게 믿는다.

2단계: 관찰
이것을 관찰했다.

데이터 신뢰도

3단계: 학습 및 통찰
이것을 알게 됐다.

조치의 필요성

4단계: 결정 및 조치
이렇게 할 것이다.

Copyright Strategyzer AG   *The makers of Business Model Generation and Strategyzer*

고객 인터뷰

구술 기록 & 인용

검색 트렌드 분석

검색량 데이터

컨시어지

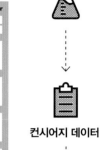

컨시어지 데이터

학습 카드 ☺Strategyzer

고객 인터뷰	종료일

담당자　그레이스 그랜트

1단계: 가설
우리는 이렇게 믿는다.　밀레니얼 부모들은 자녀의 교육 수준에 맞는, 큐레이팅된 과학 공작 키트를 선호한다.

2단계: 관찰
이것을 관찰했다.　밀레니얼 부모들은 자녀의 능력에 맞는 알기 쉬운 설명서가 동봉된 독특한 과학 공작 키트를 자녀에게 주고 싶어 한다.
데이터 신뢰도

3단계: 학습 및 통찰
이것을 알게 됐다.　독특함은 우리가 예전에는 별로 신경 쓰지 않았던 고객의 최고 관심사항이다.
조치의 필요성 ☑☐☑

4단계: 결정 및 조치
이렇게 할 것이다.　고객이 독특하게 느끼는 언어로 앞으로 개설할 홈페이지를 구축하고 이를 홈페이지의 가치 제안으로 삼는다.

Copyright Strategyzer AG　　The makers of Business Model Generation and Strategyzer

---

학습 카드 ☺Strategyzer

검색 트렌드 분석	종료일

담당자　밥 게일

1단계: 가설
우리는 이렇게 믿는다.　밀레니얼 부모들은 자녀의 교육 수준에 맞는, 큐레이팅된 과학 공작 키트를 선호한다.

2단계: 관찰
이것을 관찰했다.　밀레니얼 부모들은 온라인으로 과학 교육 아이디어를 검색한다.
데이터 신뢰도

3단계: 학습 및 통찰
이것을 알게 됐다.　유치원생을 둔 부모들이 가장 많은 검색 비율로 나타났다.
조치의 필요성 ☑☐☑

4단계: 결정 및 조치
이렇게 할 것이다.　니즈를 좀 더 잘 파악하기 위해 유치원생 부모들을 좀 더 깊이 분석한다.

Copyright Strategyzer AG　　The makers of Business Model Generation and Strategyzer

---

학습 카드 ☺Strategyzer

컨시어지	종료일

담당자　클레어 맥케인

1단계: 가설
우리는 이렇게 믿는다.　밀레니얼 부모들은 자녀의 교육 수준에 맞는, 큐레이팅된 과학 공작 키트를 선호한다.

2단계: 관찰
이것을 관찰했다.　전반적인 피드백은 긍정적이었지만 키트를 제작하는 시간과 비용은 우리의 목표가격을 초과했다.
데이터 신뢰도

3단계: 학습 및 통찰
이것을 알게 됐다.　부모들은 만족스러워했지만 키트 제작에 시간과 비용을 줄일 수 있는 방법을 찾아야 한다.
조치의 필요성 ☑☐☑

4단계: 결정 및 조치
이렇게 할 것이다.　도매 공급자를 물색하고 키트를 조립하기 위한 최적의 방법을 찾는다.

Copyright Strategyzer AG　　The makers of Business Model Generation and Strategyzer

신뢰 수준을 결정하는 데 도움이 되는 3가지 차원이 있다.

정의

신뢰 수준

신뢰 수준이란 증거가 특정 가설의 참/거짓 여부를 증명하는 데 충분히 강력한 증거임을 얼마만큼 믿을 수 있는가를 가리킨다.

모든 증거와 통찰이 똑같은 힘을 갖는 것은 아니다. 특정 가설에 대해 점점 더 강력한 증거를 내놓는 몇 개의 실험을 진행함으로써 이미 얻은 통찰에 대해 더욱더 확신을 가져야 한다. 예를 들어 고객 활동, 불만, 혜택에 관한 통찰을 얻기 위해 일단 인터뷰를 진행했다면 그다음에는 인터뷰에서 얻은 통찰을 좀 더 많은 고객을 대상으로 테스트하기 위해 설문 조사를 실시하는 것이 좋다. 최종적으로 고객의 관심에 대한 가장 강력한 유형의 증거를 도출하기 위해서는 '가상 판매'simulated sale도 좋은 방법이 될 수 있다.

1. 증거의 유형과 강도

증거의 유형에 따라 강도가 다르다. 인터뷰에서 얻은 응답은 고객의 향후 행동을 파악하는 데 비교적 약한 지표다. 한편 가상 판매에서 이뤄진 구매 패턴은 미래의 행동에 대한 매우 강력한 지표다. 특정 가설을 위해 수집한 증거의 유형은 당신이 얻은 통찰에 대한 신뢰도를 얼마나 확신할 수 있을지에 영향을 미친다.

2. 실험별 데이터 수집 규모

데이터 수집 규모는 클수록 좋다. 5명의 고객에게서 얻은 의견은 100명에게서 얻은 의견보다 약할 수밖에 없다. 그러나 누군지 정확히 확인된 5명 고객의 의견이 불특정한 100명의 고객을 대상으로 한 설문 조사보다 정확할 수도 있다.

테스트 유형	증거의 강도	데이터 수집 규모	결과적 증거의 질
고객 인터뷰	●○○○○	10명	나쁨
설문 조사	●●○○○	500명	나쁨
가상 판매	●●●●○	250명	매우 좋음

72
테스트

가설의 신뢰 수준

여러 실험, 증거, 통찰에 근거하여 특정 가설의 참/거짓 여부를 얼마나 확신할 수 있는가?

매우 신뢰함

몇 개의 실험을 진행한 후 그중 적어도 하나의 현장 실험에서 매우 강력한 증거가 도출됐다면 매우 신뢰할 수 있는 수준이다.

어느 정도 신뢰함

몇 개의 실험에서 강력한 증거가 나오거나 현장 실험에서 약간 강력한 증거가 도출됐다면 어느 정도 신뢰할 수 있는 수준이다.

신뢰하기 곤란함

인터뷰나 설문 조사만 진행했다면 더 많은 실험과 더 강력한 실험을 진행할 필요가 있다. 현실에서 실제로 고객은 다르게 행동할 수 있기 때문이다.

전혀 신뢰 못 함

인터뷰나 설문 조사 등 단 한 번의 실험만 수행했고, 그 결과 약한 증거가 나왔다면 더 많은 실험을 진행해야 한다.

3. 동일 가설에 대해 진행한 실험 횟수와 유형

동일 가설을 테스트하기 위해 실시한 실험 횟수가 많을수록 신뢰 수준은 높아진다. 즉 세 번 연속으로 실시한 인터뷰가 한 번의 인터뷰보다 낫다. 동일 가설을 테스트하기 위해 인터뷰, 설문 조사, 가상 판매를 진행하면 더욱 좋다. 증거의 강도가 높아지고 좀 더 많은 것을 알아내는 실험을 여러 번 수행해야 최고의 결과를 얻을 수 있다.

"오로지 행동에 집중하라.
그리고 어떤 일이 벌어질지 보라.
당신은 그 거대한 계획을 작은 단계들로 나눌 수 있고
즉각 첫발을 뗄 수 있다."

———————

인디라 간디 Indira Gandhi
인도의 전 총리

2.4 — 결정

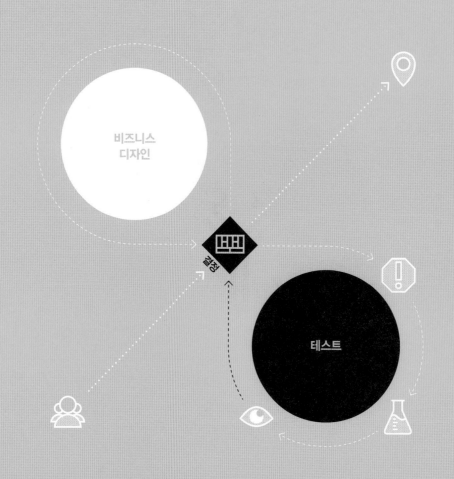

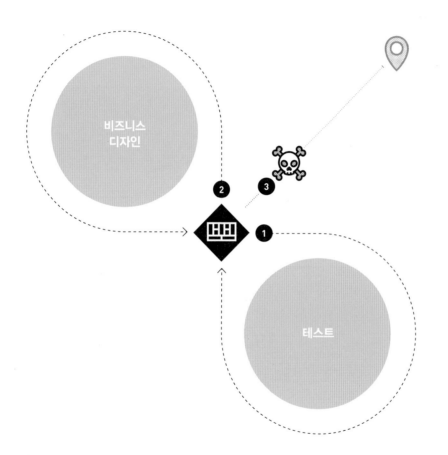

비즈니스 디자인

테스트

1 **계속 실험**

증거와 통찰에 근거해 아이디어를 계속 테스트하겠다는 결정. 더 강력한 실험을 통해 동일 가설을 더 심도 있게 테스트하거나 다른 중요 가설을 테스트하는 실험으로 넘어간다.

2 **방향 조정**

아이디어, 가치 제안, 비즈니스 모델 중 하나 이상의 요소에 큰 변화를 가하자는 결정. 방향을 조정한다는 것은 초기에 얻은 증거가 새롭게 설정한 경로와 상관없음을 의미한다. 방향을 조정하려면 보통 이미 테스트한 비즈니스 모델의 요소들을 다시 테스트할 필요가 있다.

3 **폐기**

증거와 통찰에 근거해 아이디어를 폐기하자는 결정. 아이디어가 현실에서 잘 작동하지 않거나 이익 창출의 잠재력이 불충분하다는 증거가 나오면 아이디어를 폐기한다.

정의

결정

통찰을 행동(조치)으로 전환하기

다른 사람들보다 빠르게 학습하는 것만으로는 절대 충분하지 않다. 학습한 것을 행동으로 옮겨야 한다. 당신이 학습한 것은 유효기간이 있기 때문이다. 그 유효기간은 역사상 어느 때보다 짧아지고 있다. 오늘날의 사람들은 1900년대 초의 사람들이 평생 경험한 것보다 1년 동안 더 많은 정보량에 노출된다. 시장과 기술 모두 너무 빠르게 변하기 때문에 당신이 습득한 통찰은 몇 개월, 몇 주 혹은 단지 며칠 안에 수명을 다할 수 있다.

이 책의 목적상 행동은 다음과 같이 정의한다.

- 테스트 결과를 비즈니스 아이디어에 반영하기 위해 다음 단계를 밟는 것
- 수집한 통찰에 근거해 합의적 결정을 내리는 것
- 비즈니스 아이디어의 폐기, 테스트의 변화와 계속 진행 여부를 결정하는 것

학습 카드   ◉ Strategyzer

통찰 내용	종료일

책임자

1단계: 가설
우리는 이렇게 믿는다.

가설

2단계: 관찰
이것을 관찰했다.

증거

데이터 신뢰도
👍 👍 👍

3단계: 학습 및 통찰
이것을 알게 됐다.

통찰

조치의 필요성
☑ ☑ ☑

4단계: 결정 및 조치
이렇게 할 것이다.

행동

The makers of Business Model Generation and Strategyzer

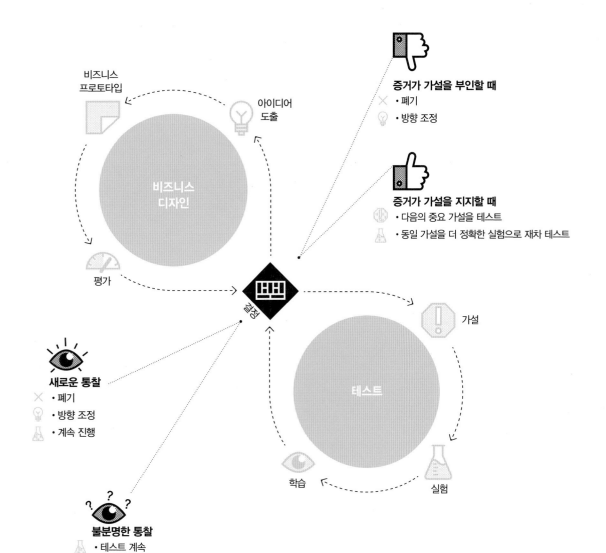

증거가 가설을 부인할 때
× • 폐기
💡 • 방향 조정

증거가 가설을 지지할 때
⚙ • 다음의 중요 가설을 테스트
⚗ • 동일 가설을 더 정확한 실험으로 재차 테스트

비즈니스
프로토타입

아이디어
도출

비즈니스
디자인

평가

새로운 통찰
× • 폐기
💡 • 방향 조정
⚗ • 계속 진행

불분명한 통찰
⚗ • 테스트 계속

결정

가설

테스트

학습

실험

"의사소통의 가장 큰, 단 하나의 문제는
그것이 잘된다고 착각하는 것이다"

————

조지 버나드쇼 George BernardShaw
아일랜드 극작가 및 정치운동가

제2부 — 테스트

2.5 — 관리

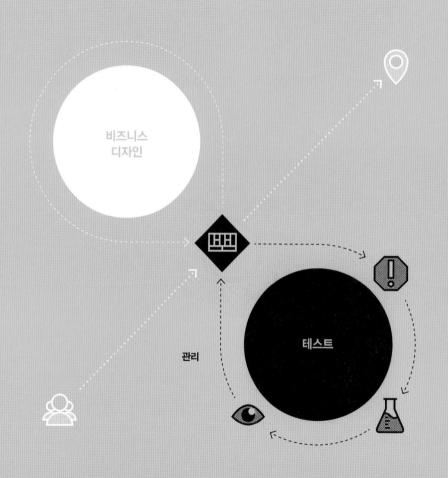

비즈니스
디자인

테스트

관리

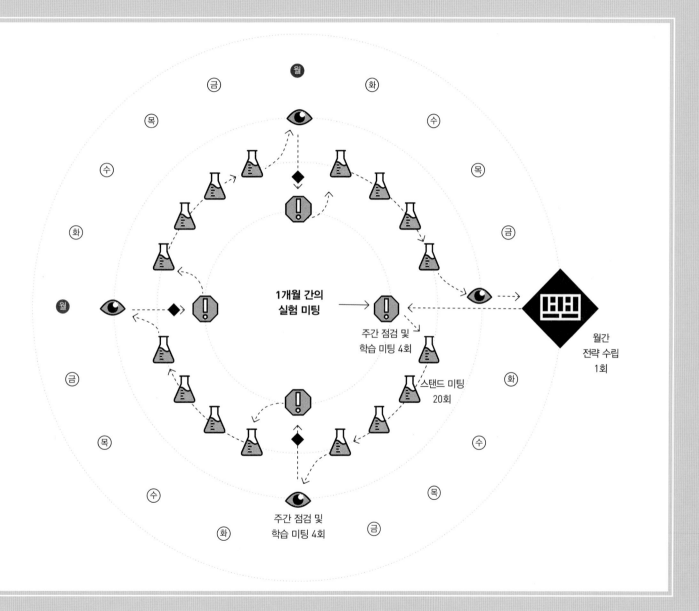

1개월 간의
실험 미팅

주간 점검 및
학습 미팅 4회

스탠드 미팅
20회

월간
전략 수립
1회

주간 점검 및
학습 미팅 4회

실험 미팅 일정

미팅은 협업을 촉진하기 위한 과정으로서 실험을 진행할 때 없어서는 안 되는 중요한 일정이다. 당신의 목표가 성공적인 신규 비즈니스를 창조하는 것이라면 그 방법을 찾기 위해 한 가지 이상의 실험을 진행해야 한다. 이것이 바로 비즈니스 실험을 반복 가능한 프로세스로 정착시키기 위해 일련의 미팅을 권고하는 이유다. 각각의 미팅은 서로 밀접하게 연관되어 하나의 시스템을 이룬다.

여기에 나온 일련의 실험 미팅들은 비즈니스 실험을 반복 가능한 프로세스로 만든 팀들과 함께 여러 해 동안 협업하여 만든 결과물이다. 우리는 '애자일 디자인 씽킹'Agile Design Thinking과 '린 방법론' Lean Methodology으로부터 영감을 얻었다.

미팅 유형	시간	참석자	의제
계획 미팅	매주 60분	● 핵심팀	• 학습 목표 • 우선순위 • 과업
스탠드 미팅	매일 15분	● 핵심팀	• 학습 목표 • 애로사항 • 지원사항
학습 미팅	매주 60분	○ 확장팀 ● 핵심팀	• 증거 종합 • 통찰 • 행동 및 조치
점검 미팅	격주 30분	● 핵심팀	• 점검 • 수정사항 • 시도할 사항
결정 미팅	매월 60분	◎ 이해관계자 ○ 확장팀 ● 핵심팀	• 학습한 결과 • 애로사항 • 의사결정

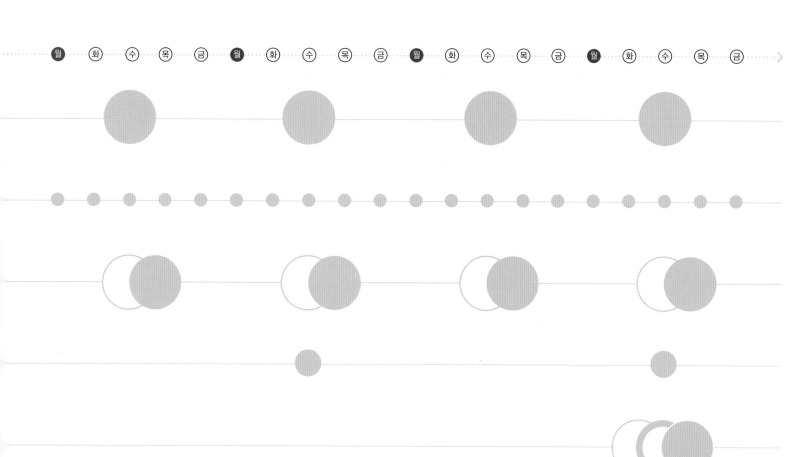

팀은 같은 공간에 있어야 할까?

업무 기술이 빠르게 진화하는 요즘 세상에서 효과적으로 일하기 위해 팀원들이 같은 장소에 앉아 있어야 한다는 것은 더 이상 전제조건이 아니다. 같은 장소에 있든 서로 다른 장소에 분산돼 있든 우리는 여러 팀이 새로운 비즈니스 아이디어를 추진하기 위해 실험 미팅 일정을 운영하고 있음을 발견했다.

같은 장소에 있는 팀

이런 팀에게 우리는 '준 전용'semiprivate 공간을 확보할 것을 권장한다. 미팅을 진행하기 위해 매번 회의실을 확보한다는 것이 어려울 수 있기 때문이고 산출물을 프린트하여 매번 회의실로 가져가는 것이 성가신 일일 수 있기 때문이다.

우리가 코칭한 많은 팀은 팀원들이 신속하게 협업한 다음 각자의 업무로 돌아갈 수 있도록 한쪽 벽을 전용으로 활용하거나 업무 공간 사이에 작은 회의 공간을 마련해 사용한다.

분산되어 있는 팀

이런 팀에게 우리는 가능한 화상 채팅을 활용할 것을 강력하게 권한다. 팀원들과 직접 연결되어 그들의 보디랭귀지를 관찰하는 것이 중요하기 때문이다. 다행히도 선택할 수 있는 화상 채팅 시스템이 풍부하게 존재한다.

산출물을 검토하거나 여러 가지 방법을 연습하고자 한다면 사람들이 실시간으로 편집하고 움직이는 모습을 보여주는 소프트웨어를 활용하라. 그러면 팀원들의 혼동을 줄이고 이중작업을 막을 수 있다.

미팅 참여 시간

주 40시간(일 8시간) 업무 일정상 미팅 시간이 부담스럽게 느껴질
수 있다. 하지만 실제로 실험을 수행하는 데에 있어 외부자(확장팀,
이해관계자 등)에게 가해지는 부담은 그리 크지 않다. 핵심팀이 적절
하게 분담하면 된다.

핵심팀 **15.25시간**(업무 시간의 9%)

확장팀 **5시간**(업무 시간의 3%)

이해관계자 **1시간**(업무 시간의 0.6%)

주간 계획 미팅

차주에 실행할 실험과 과업을 결정하라. 나중에 변경되더라도 계획 수립은 꼭 필요한 가치 있는 활동이다.

의제

1. 테스트할 가설

테스트할 가설을 규명하고 재논의하라. 여러 개의 중요 가설 중에 차주에 테스트할 가설을 적어도 하나 이상 선정하라.

2. 실험의 우선순위

테스트할 가설이 결정되면 가설의 참/거짓 여부를 증명하는 데 필요한 실험들의 우선순위를 결정하라. 어떤 실험이 수용 가능성, 생존 가능성, 실현 가능성을 테스트하는 데 가장 적합한지 판단하라.

3. 실험 과업

실험의 우선순위가 결정되면 차주에 실행하기로 선택된 중요 실험들의 과업과 일정을 계획하라. 복잡한 실험일수록 시간이 오래 걸리고 선행 과업들이 종종 필요하다는 점을 기억하라.

기업팀

기업팀의 핵심 멤버들

확장팀의 전문성이 차주에 필요할 것이라고 예상된다면 확장팀의
참석은 선택사항이 아니다. 이때는 확장팀의 참석을 권장한다.

스타트업팀

스타트업팀의 핵심 멤버들

팀의 총인원이 2명이라 하더라도 머릿속에서 이리저리 궁리하는 것
을 상대방에게 설명하는 버릇을 들이기 바란다. 그래야 가장 중요한
업무를 우선적으로 수행할 수 있다.

차주에 외부 전문가들의 전문성이 필요할 것이라고 예상된다면 그
들의 참석은 선택사항이 아니다. 이때는 외부 전문가들의 참석을
권장한다.

1인 기업가

1인 기업가들은 외부 전문가들과 함께 이야기하지 못하더라도 주
간 계획 과정을 진행할 필요가 있다. 업무 계획을 매주 수립하는 과
정을 통해 긴장감을 유지하고 성취감을 고취할 수 있기 때문이다.

외부 전문가들의 참석이 가능할 경우 차주에 그들의 전문성이 필요
할 것으로 예상된다면 그들을 참석시킬 것을 권한다.

일일 스탠드 미팅

매일의 업무를 계획하고 조정함으로써 일관성을 유지하라. 실험이 이뤄지려면 일련의 과업들을 완료해야 하는데 스탠드 미팅은 그날의 업무를 조율하는 데 도움이 된다.

의제

1. '오늘의 목표'는 무엇인가?
일일 목표를 수립하라. 당신의 목표가 실험을 완료하는 것이라면 그 목표를 달성하기 위해 여러 과업을 조정하는 것이 중요하다. 전체적인 비즈니스를 위해 일일 목표가 그보다 크고 야심적인 목표와 일관성을 유지해야 한다는 점을 기억하라.

2. 그 목표를 어떻게 달성할 것인가?
일일 목표를 달성하는 데 필요한 과업을 규명하고 하루를 계획하라.

3. 방해되는 것은 무엇인가?
오늘의 실험 과업을 완수하고 일일 목표를 달성하는 데 방해되는 애로사항을 규명하라. 몇몇 애로사항들은 스탠드 미팅을 하는 동안 바로 해결되기도 하는데, 만약 그렇지 못하다면 스탠드 미팅 후에 따로 미팅을 열어 그 문제를 다루도록 하라.

기업팀

기업팀의 핵심 멤버들

한 장소에 모여 일일 스탠드 미팅을 실시함으로써 당신이 하루를 어떻게 계획했는지 다른 사람들에게 보여줘라. 이것은 당신의 프로세스를 다른 사람들과 조화를 이루게 하는 아주 좋은 방법이다.

스타트업팀

스타트업팀의 핵심 멤버들

스타트업팀이라 해도 일일 스탠드 미팅이 도움이 될 것이다. 스타트업 기업은 빠르게 움직이기 때문에 자칫 그 속도를 따라가기 어려울 수 있다. 스탠드 미팅은 당신의 목표와 일관성을 유지하고 그 목표에 집중하는 데 도움이 될 것이다.

1인 기업가

1인 기업가라 할지라도 일일 업무를 계획할 필요가 있다. 비록 외부 전문가들과 함께 논의하지 못한다 하더라도 매일의 스탠드 미팅은 체계적인 상태를 유지하고 좀 더 큰 목표와 일관성을 유지하는 데 도움이 된다.

시간
30~60분
주 1회
주간 계획 미팅 전

참석자
확장팀
핵심팀

주간 학습 미팅

증거를 해석하고 그 내용을 행동(조치)으로 옮기기 위한 대화를 진행하라. 실험으로부터 학습한 것들이 전체적인 전략에 반영되어야 함을 명심하라.

의제

1. 증거를 취합하라
실험에서 도출한 각종 증거를 취합하라. 정량적이든 정성적이든 모든 증거를 모아라.

2. 통찰을 도출하라
증거로부터 패턴과 통찰을 파악하라. 정성적인 증거라 하더라도 '연관성 분류'Affinity Sorting와 같은 기술을 써서 빠르게 의미를 뽑아낼 수 있다. 열린 마음을 유지하도록 노력하라. 그러면 매출을 창출하기 위한 새로운 경로로 이끌어주는 뜻밖의 통찰을 얻을 수 있다.

3. 전략을 재검토하라
새롭게 얻은 통찰을 가지고 비즈니스 모델, 가치 제안 캔버스, 가정 맵을 재검토하라. 새로이 업데이트된 것이 있으면 무엇이든 반영할 필요가 있다. 학습한 것을 전략에 반영하는 단계는 매우 중요한 일이다. 이 일이 불편하게 느껴진다 해도 걱정하지 마라. 기업가가 되어 가는 정상적인 과정이다.

기업팀

확장팀의 참석은 선택사항이지만 학습한 결과(증거)를 통합하는 데 그들의 전문성이 필요하다고 예상된다면 그들을 참여시킬 것을 권장한다.

스타트업팀

외부 전문가의 참석은 선택사항이지만 학습한 결과(증거)를 통합하는 데 그들의 전문성이 필요하다고 예상된다면 그들을 참여시킬 것을 권장한다.

1인 기업가

외부 전문가와 함께 일한다면 그들의 참석은 선택사항이지만 학습한 결과(증거)를 통합하는 데 그들의 전문성이 필요할 경우에는 그들을 참여시킬 것을 권장한다.

시간
30〜60분
격주 1회
주간 학습 미팅 후/
주간 계획 미팅 전

참석자
핵심팀

격주 점검 미팅

한발 물러서서 현재의 일하는 방식을 어떻게 개선할 수 있을지를 논의하라. 우리가 생각하기에 이 미팅이 가장 중요한 이벤트다. 점검과 반성을 멈추면 학습과 개선 역시 중단된다.

의제

1. 잘하고 있는 것은 무엇인가?

테스트할 가설을 규명하고 재논의하라. 여러 개의 중요 가설 중에 잘 진행되는 것들을 5분 동안 차분하게 써보라. 참가자들에게 팀원들과 함께 일하는 상황을 긍정적으로 말하게 하면 점검 미팅을 부드러운 분위기 속에서 시작할 수 있다.

2. 개선이 필요한 것은 무엇인가?

개선이 필요한 것들 역시 5분 동안 차분하게 써보라. 잘 진행되지 않는 것이나 좀 더 잘할 수 있는 것들을 적는다. 그것들을 팀원들에 대한 개인적인 공격이 아니라 개선의 기회로 받아들이는 것이 중요하다.

3. 이어서 시도해야 할 것은 무엇인가?

시도하고 싶은 것 3가지를 제안하라. 전에 토론했던 아이템이어도 좋고 완전히 새로운 것이어도 좋다. 이를 통해 단순히 개선하는 데 그치지 않고 새로운 작업 방식을 시험하는 기회를 가질 수 있다.

Tip
'스피드보트'speed boat, '시작-멈춤-유지'start-stop-keep, '유지-폐기-추가'keep-drop-add와 같은 여러 가지 점검 방식이 있다. 당신에게 가장 효과적인 방식이 무엇인지 찾으려면 몇 가지 포맷을 시험해보라.

기업팀

기업팀의 핵심 멤버들

기업팀의 경우 팀 내에서 통제할 수 있는 것과 조직 내에서 당신의 영향권 밖에 있는 것을 상세히 구분하는 것이 중요하다. 점검 미팅이 종료되면 외부 이슈들에 대한 도움을 얻기 위해 윗선과 소통하는 전담 팀원을 임명하라. 외부 이슈들을 해결할 수 없다면 그 문제들이 팀에 미치는 충격을 완화하는 창의적인 방법을 찾아라.

스타트업팀

스타트업팀의 핵심 멤버들

스타트업팀의 경우 일하는 방식을 개선할수록 당신의 스타트업이 원하는 조직 문화를 구축할 수 있음을 명심하라. 공동 창업자들이 자신들의 일하는 방식을 기꺼이 점검하고 조정하려는 모습을 보일 때 직원들 역시 그렇게 일할 것이다.

1인 기업가

1인 기업가의 경우 때때로 고독감을 경험할 수 있다. 비록 혼자일지라도 현재의 일하는 방식을 반성하기 위한 시간을 가져라. 목표로 한 결과에 도달할 수 없다면 돌파구를 열기 위한 새로운 일의 방식을 시도하라. 외부 전문가와 함께 일한다면 그들과 같이 논의하며 협업 방식을 개선하는 것도 좋다.

월간 이해관계자 검토 미팅

이해관계자들에게 아이디어의 '방향 전환', '계속 진행', '폐기'의 이유를 지속적으로 알려라.

의제

1. 학습한 것은 무엇인가?

지난달에 학습한 것에 관한 개요서를 이해관계자들에게 제공하라. 개요서에는 주간 학습 목표와 실험에서 도출된 추가적인 통찰들이 포함된다. 모든 실험을 너무 상세히 설명해서 참석자들에게 부담을 주진 않는지 주의하기 바란다. 필요하다면 자세한 내용은 부록으로 담아라.

2. 무엇이 프로세스를 방해하는가?

해당 미팅은 이해관계자들이 업무 진행 과정 중 제거하는 일에 도움을 주어야 할 장애 요소가 무엇인지 파악하기 위한 시간이다. 장애 요소는 점검 미팅 때 도출된 당신의 영향력이나 통제에 미치지 못하는 아이템일 수 있다. 장애 요소가 무엇인지 분명하게 소통하고 지원 요청 역시 명확하게 전달해야 한다.

3. '방향 전환/계속 진행/폐기' 결정

'방향 전환', '계속 진행', '폐기' 중 새로운 비즈니스 아이디어를 어떻게 할 것인지 이해관계자들에게 설명하라. 그에 대한 이유는 지금껏 학습한 결과뿐 아니라 향후의 전략 방향을 근거로 해야 한다.

Tip

방향 전환은 고객, 문제, 솔루션 중 어느 것의 방향을 전환하는가에 따라 3가지 유형으로 구분된다. 고객은 그대로 유지하며 문제를 전환할 수 있고, 문제를 그대로 유지한 채 고객을 전환할 수도 있다. 또 고객과 문제를 그대로 고수한 채 솔루션을 전환할 수도 있다.

기업팀

기업팀의 핵심 멤버와 이해관계자

기업팀의 경우 학습의 진전 결과를 이해관계자들과 지속적으로 소통하라. 다르게 일하는 방식을 보여주는 것과 진전을 이뤄내는 것 사이에 균형을 유지하라.

만약 이해관계자들이 투자 위원회의 형태를 취하고 있다면 이 미팅에서 향후의 노력에 투자할 것인지가 결정될 것이다.

스타트업팀

스타트업팀의 핵심 멤버와 이해관계자

스타트업팀의 경우 비록 고군분투하는 모습을 보여주는 것이라 해도 현재 어떻게 진전을 이루고 있는지를 투자자들에게 지속적으로 알리고 싶을 것이다. 훌륭한 투자자라면 성공으로 가는 길이 직선이 아님을 알고 있다(발라지 스리니바잔Balaji Srinivasan은 이를 '아이디어의 미로'Idea Maze라고 멋있게 표현한 바 있다).

만약 투자자들이 물리적으로 가까이에 있지 않다면 이메일이나 동영상을 통해 소통하는 것도 방법이다.

1인 기업가

1인 기업가와 어드바이저

어드바이저와 화상 통화를 나누거나 함께 커피를 마시며 그동안 학습한 것과 당신이 원하는 것을 공유하라. 어드바이저가 투자자는 아닐지라도 전략에 대해 외부 의견을 청취하는 것은 언제나 도움이 된다.

'아이디어의 미로'에 대해 더 자세한 내용을 알고 싶다면 아래의 주소를 방문해 자료를 다운로드 받아라.
spark-public.s3.amazonaws.com/startup/lecture_slides/lecture5-market-wireframing-design.pdf

실험 흐름의 원칙

한 번의 실험이 훌륭하게 진행됐다고 해서 비즈니스의 불확실성을 줄이겠다는 목표가 달성된 것은 아니다. 다시 말해 이 말은 시간을 투자해 실험을 여러 번 진행해야 한다는 뜻이다. 합리적인 투자 의사결정에 필요한 증거를 도출하려면 실험 프로세스가 원활하게 돌아가야 한다.

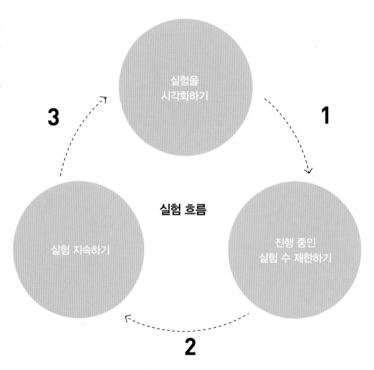

실험 흐름

실험을
시각화하기

1

진행 중인
실험 수 제한하기

2

실험 지속하기

3

실험을 시각화하라

팀원들에게 당신의 업무를 시각화하여 제시하라.

우리는 린Lean 방식과 칸반Kanban 시스템으로부터 이 원칙에 대한 영감을 얻었다. 만약 모든 업무를 당신의 머릿속에만 넣어 둔다면 실험을 제대로 진행할 수 없다. 팀원들이 당신의 생각을 읽을 수 없을 뿐 아니라 당신의 업무를 시각화하느라 애를 먹을 것이다.

1. 실험의 이름을 써라

1장의 포스트잇에 하나의 실험명만 기입하라. 여러 개의 실험을 나열할 필요는 없다. 다음 주에 진행하고 싶은 실험만 기입하라.

2. 간단한 실험 진행표를 그려라

위의 표가 가장 간단하게 만들 수 있는 실험 진행표 양식이다. 우리는 이 양식을 현장에서 여러 번 사용했는데 원래 에릭 리스가 제안한 린 방식의 표에서는 '학습 중'이 아니라 '검증 중'이라고 표시되어 있다. 이를 '학습 중'으로 바꾼 이유는 팀원들이 가설의 기준을 너무 낮게 잡고 거짓으로 가설을 검증한 후에 다음 단계로 넘어가 버릴까 염려했기 때문이다. 따라서 '검증 중'이라는 말 대신 '학습 중'이라는 말을 썼다.

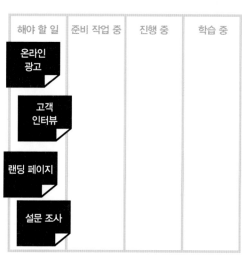

3. 실험들을 '해야 할 일' 란에 넣어라

진행 순서에 따라 실험들을 위에서 아래의 방향으로 붙여라. 실험이 진행되면 각각을 '준비 작업 중', '진행 중', '학습 중' 칸으로 옮겨 붙인다.

동시에 진행할 실험 수를 제한하라

너무 많은 실험을 한꺼번에 진행하면 문제가 발생할 수 있다.

팀원들은 본질적으로 실험을 진행하는 데 필요한 업무량을 과소평가하는 경향이 있다. 특히 전에 진행해본 적 없는 실험일 때는 더욱 그렇다. 그래서 모든 실험을 동시에 시작해서 병행하려고 한다. 그러나 한 번에 모든 실험을 진행하면 전체 프로세스의 속도가 저하되고 만다. 또한 이전에 진행하는 실험에서 도출한 통찰을 그다음 실험에 반영하기가 어려워진다.

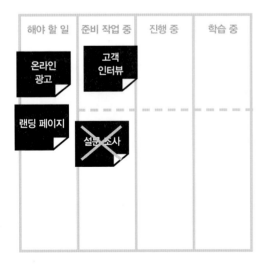

해야 할 일	준비 작업 중	진행 중	학습 중
온라인 광고	고객 인터뷰		
랜딩 페이지	설문 조사		

동시에 진행할 실험 수를 설정하라

'준비 작업 중', '진행 중', '학습 중' 칸에 각각 하나씩의 실험만 위치시켜라. 그러면 첫 번째 실험이 다음 칸으로 이동하지 않았는데도 두 번째 실험을 밀어붙이는 오류를 막을 수 있다. 제시된 예시는 설문 조사 전에 고객 인터뷰를 먼저 진행하겠다는 것을 보여준다. 두 실험을 동시에 수행하면 진행 속도는 저하되고 만다. 앞의 실험에서 학습한 것을 그다음의 실험에 반영할 수 있도록 각각의 실험이 착착 진행되게 하라.

해야 할 일	준비 작업 중	진행 중	학습 중
랜딩 페이지	온라인 광고	설문 조사	고객 인터뷰

실험을 연속적으로 진행하라

실험을 늘 지속하라.

마지막 원칙은 역시 린 방식과 칸반 시스템에 뿌리를 두고 있는 '연속 실험'continuous experimentation이라는 개념이다. 실험 진행표에 붙여진 실험들이 모두 진행되면 그것으로 마무리 지으려 할지 모른다. 실험 진행표가 오히려 팀의 성장과 성숙을 제한하기를 바라지 않는다면 '실험 미팅' 섹션(84페이지 이후 참조)에서 언급했듯이 격주 단위로 점검하라. 이런 과정을 실험 흐름에 적용하면 개선을 위한 시사점을 얻을 수 있다.

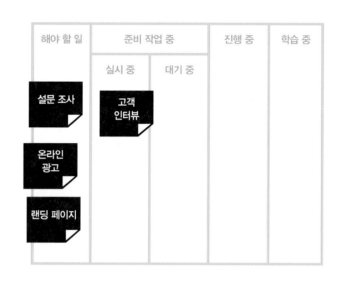

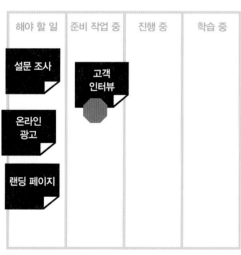

● = 중단됨

중단된 실험을 시각화하라

예를 들어 팀이 고객 인터뷰를 계획하려 하는데 연구 부서에 반대한다고 가정해보자. 고객과 직접 대화하는 것이 회사의 정책에 위배된다는 이유로 말이다. 이렇게 실험 진행이 난항에 빠지면 '중단된' 실험이라고 표시하라.

중단된 실험을 밝혀내고 시각화하면 이해관계자들에게 '왜 일이 지연되는가?'와 같이 실험의 진행 상황을 소통하는 데 도움이 된다. 실험 진행이 중단되면 원활한 실험 흐름을 기대하기가 어렵다.

'실시 중'과 '대기 중'으로 칸을 구분하라

처음에 만든 실험 진행표로 팀이 행하는 실험들을 표시하기 어렵고 '준비 작업 중'이라는 말로는 각 실험의 구체적인 상황을 설명하기에 부족한 경우가 있다.

'준비 작업 중' 칸에 있는 실험에 대해 준비 작업을 실시해야 하는데 팀이 다른 일 때문에 여력이 없다면 그 실험은 준비 작업을 실시하기까지 오래 대기해야 한다. 이런 경우 준비 작업을 실시하고 있는지 아니면 준비 작업을 대기하고 있는지를 구분하여 보여주는 것이 좋다.

실험 윤리

고객과 함께 실험하는가, 아니면 그들에 대해 실험하는가?

이 책은 비즈니스 아이디어가 수용 가능하고 생존 가능하며 실현 가능한지를 판단하는 데 도움을 주기 위해 쓰였다. 사람들을 속여 돈을 갈취하는 방법에 관한 책이 아니다. 베이퍼웨어Vaporware(고객들을 떠볼 생각으로 아직 실용화 전이거나 존재하지 않지만 이야기되고 광고도 하는 소프트웨어 또는 하드웨어─옮긴이)는 1980년대 말부터 1990년대까지 널리 쓰이던 용어였다. 베이퍼웨어는 '출시되지 않았지만 그렇다고 출시가 취소되지는 않은 제품'을 말한다. 그런 제품들은 사람들을 조바심 나게 만들었고 비현실적인 기대감을 갖도록 했다. 심한 경우 베이퍼웨어라는 미끼로 사기를 쳐서 사람들의 돈을 빼앗는 일도 발생했다. 우리가 행하는 실험의 목표는 1990년대에 성행했던 베이퍼웨어를 만들자는 게 아니다. '가짜 뉴스'가 판치는 요즘 시대에는 기술이 모든 국가에 영향을 미치는 선전 도구로 악용될 수 있다. 실험이 비즈니스의 리스크를 줄이기 위한 것이라는 취지를 중요시하라. 하지만 그렇다고 해서 '악마'가 되지는 마라.

실험 가이드라인

의사소통이 원활하지 못하면 어떤 실험이든 제대로 종지부를 찍을 수가 없다. 실험의 상세사항과 실험 이면에 존재하는 '이유'를 명확하게 소통해야 한다. 이를 반복적으로 실천하는 팀은 자신들도 모르게 습관으로 자리 잡을 것이다. 일을 좀 더 효율적으로 하려면 팀 외부와 소통하는 데 도움이 되는 가이드라인을 수립해야 한다. 특히 가이드라인은 법무, 안전, 감사 부서와 함께 일할 때 효과를 발휘한다.

실험 가이드라인의 예시

1. 우리의 고객 세그먼트는 _____ 이다.

2. 우리의 실험과 관련된 고객의 규모는 총 _____ 으로 추정된다.

3. 우리의 실험은 _____ 부터 _____ 까지 진행될 것이다.

4. 우리가 수집하는 정보는 _____ 이다.

5. 실험에서 사용할 브랜딩은 _____ 이다.

6. 실험의 재무적 부담은 _____ 이다.

7. 우리는 _____ 을 사용하여 실험을 중단시킬 수 있다.

Experiments

실험

"첫 음을 적지 않으면 문제가 발생한다.
그냥 시작하라!"

———————

허비 행콕Herbie Hancock
재즈 뮤지션, 작곡가 겸 배우

제3부 — 실험

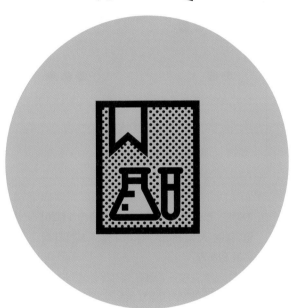

3.1 — 실험 선택

실험 선택

다음의 3가지 질문을 통해 적합한 실험을 선택하라.

1. 가설의 유형: 어떤 유형의 가설을 테스트하고자 하는가?

당신이 설정한 주된 학습 목적에 근거하여 실험을 선택하라. 어떤 실험은 수용 가능성에 대해 또 어떤 실험은 실현 가능성 혹은 생존 가능성에 대해 더 나은 증거를 도출해내기 때문이다.

2. 불확실성 수준: (특정 가설에 대해) 현재 얼마나 많은 증거를 가지고 있는가?

아는 것이 별로 없을수록 시간, 에너지, 돈을 적게 사용해야 한다. 아는 것이 거의 없을 때 유일한 목표는 아이디어를 실행하기 위해 올바른 방향으로 이끌어줄 증거를 확보하는 것이다. 신속하고 저렴한 실험은 보통 강도가 약한 증거를 내놓긴 하지만 방향을 잡기 위한 목표에는 가장 적합하다. 한편 아는 것이 많을수록 증거는 더 강력해져야 한다. 강력한 증거가 나오려면 보통은 좀 더 비용이 많이 들고 시간이 오래 걸리는 실험을 진행해야 한다.

3. 긴급도: 주요 의사결정 시점 전 혹은 자금이 떨어지는 시점 전까지 얼마나 많은 시간적 여유가 있는가?

적합한 실험 선택은 가용한 시간과 돈에 따라 좌우된다. 향후에 의사결정자 혹은 투자자와 중요한 미팅을 가져야 한다면 당신이 가진 아이디어의 여러 측면에 대해 빠르게 증거를 도출할 수 있는 신속하고 저렴한 실험을 진행해야 할 것이다. 지금이 줄어들고 있다면 투자 확대를 위해 의사결정자와 투자자를 설득할 수 있는 적합한 실험을 선택해야 한다.

실험 목적/개요

실험명

실험 설명

비용 ●●●●○

증거의 강도 ●●○○○

준비 시간 ●●○○○

진행 시간 ●●●○○

수용 가능성 · 실현 가능성 · 생존 가능성

_____ 을 하는 데 이상적인 방법이다.

_____ 을 하는 데 이상적이지 않은 방법이다.

필요 역량 디자인/제품/기술/법무/재무/영업/마케팅/연구/데이터

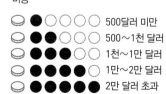

준비/진행 시간

●○○○○ 1~3시간
●●○○○ 1~3일
●●●○○ 1~3주
●●●●○ 1~3개월
●●●●● 3개월 이상

비용

●○○○○ 500달러 미만
●●○○○ 500~1천 달러
●●●○○ 1천~1만 달러
●●●●○ 1만~2만 달러
●●●●● 2만 달러 초과

경험 법칙

1. 초기엔 비용과 시간이 적게 드는 실험을 행하라

보통 처음에는 아는 것이 별로 없다. 올바른 방향을 정확히 짚어내려면 비용과 시간이 적게 드는 실험에 집중하라. 나중에 추가로 테스트하면 되기 때문에 일단은 강도가 낮은 증거로 시작해도 된다. 이상적인 상황이라면 비용과 시간은 적게 들면서도 강도가 높은 증거를 도출하는 실험을 선택할 수도 있다.

2. 하나의 가설에 대해 여러 개의 실험을 진행하여 증거의 강도를 높여라

가설의 참/거짓 여부를 증명하려면 여러 개의 실험을 진행하라. 가능한 한 신속하게 가설에 대해 학습하려고 노력하라. 그런 다음 확신을 갖기 위해 더욱 강력한 증거를 도출하는 실험을 더 진행하라. 단 한 번의 실험이나 강도가 약한 증거에 기반해 중요한 결정을 내리지 마라.

3. 항상 제약 조건하에서 가장 강력한 증거를 도출하는 실험을 선택하라

상황을 고려하되 가능한 한 가장 강력한 실험을 선택하고 디자인하라. 불확실성이 높으면 신속하고 돈이 적게 드는 실험을 진행해야 하는데 그렇다고 해서 강력한 증거를 도출하지 못하는 것은 아니다.

4. 무언가를 만들기 전에 가능한 한 불확실성을 줄여라

사람들은 종종 아이디어를 테스트하려면 무언가를 만들 필요가 있다고 생각한다. 무언가를 만드는 비용이 클수록 여러 유형의 실험을 진행해야 한다. 고객의 실제 혜택과 불만, 활동이 무엇인지 밝혀내려면 말이다.

발견 및 검증 단계에서 제시하는 실험들은 스티브 블랭크의 《깨달음을 위한 4가지 단계》The Four Steps to the Epiphany와 《기업 창업가 매뉴얼》을 많이 참조한 것들이다. 이 2권의 책을 읽어보기를 강력히 추천한다.

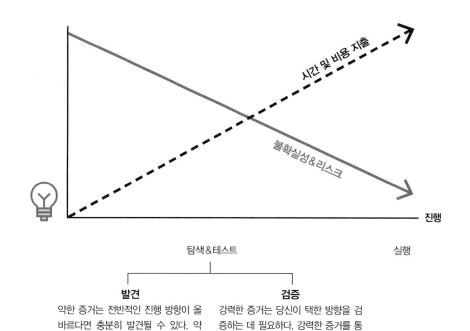

시간 및 비용 지출

불확실성 & 리스크

진행

탐색 & 테스트

실행

발견
약한 증거는 전반적인 진행 방향이 올바르다면 충분히 발견될 수 있다. 약한 증거가 나오더라도 대부분의 중요한 가설들에 대해 괜찮은 통찰을 얻을 수 있다.

검증
강력한 증거는 당신이 택한 방향을 검증하는 데 필요하다. 강력한 증거를 통해 중요한 가설들에 대한 통찰을 확신할 수 있다.

발견 실험

다음의 3가지 질문을 던져라.

1. 어떤 유형의 가설을 테스트하고자 하는가?
2. (특정 가설에 대해) 현재 얼마나 많은 증거를 가지고 있는가?
3. 주요 의사결정 시점 전 혹은 자금이 떨어지는 시점 전까지 얼마나 많은 시간적 여유가 있는가?

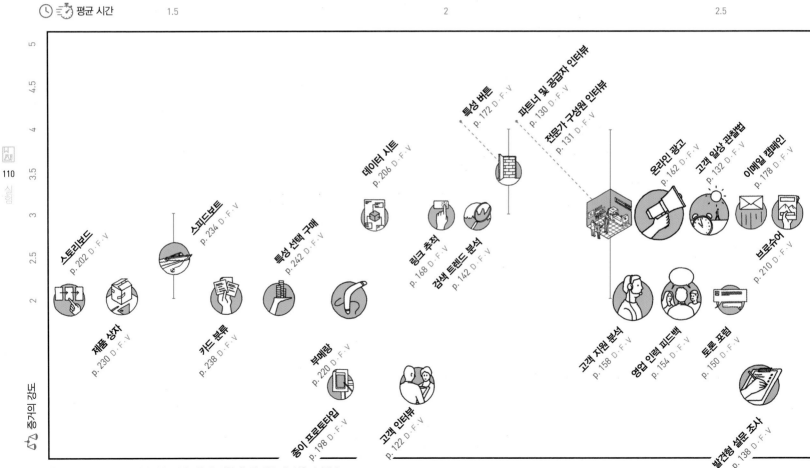

위 도표 내에 D, F, V는 각각 순서대로 수용 가능성, 실현 가능성, 생존 가능성을 나타낸다.

경험 법칙

1. 초기엔 비용과 시간이 적게 드는 실험을 행하라.

2. 하나의 가설에 대해 여러 개의 실험을 진행하여 증거의 강도를 높여라.

3. 항상 제약 조건하에서 가장 강력한 증거를 도출하는 실험을 선택하라.

4. 무언가를 만들기 전에 가능한 한 불확실성을 줄여라.

◯ 비용　●◯◯◯◯　　●●●●●

3　　　　　　　　3.5　　　　　　　　4

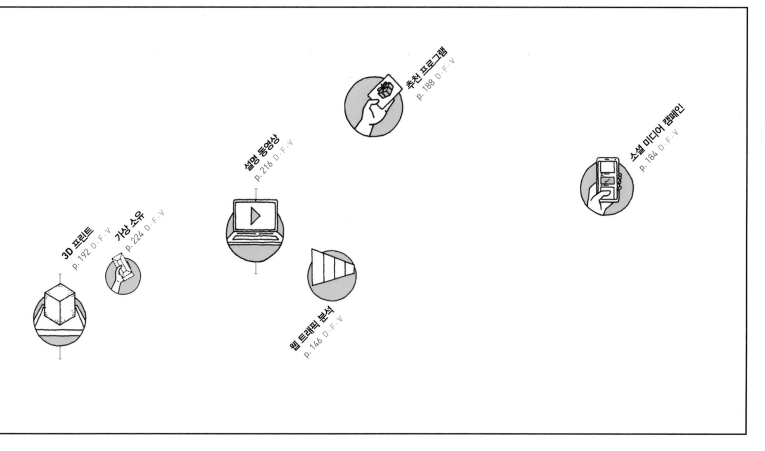

추천 프로그램 P. 188 D.F.V

소셜 미디어 캠페인 P. 184 D.F.V

설명 동영상 P. 216 D.F.V

3D 프린트 P. 192 D.F.V

가상 소유 P. 224 D.F.V

웹 트래픽 분석 P. 146 D.F.V

검증 실험

다음의 3가지 질문을 던져라.

1. 어떤 유형의 가설을 테스트하고자 하는가?
2. (특정 가설에 대해) 현재 얼마나 많은 증거를 가지고 있는가?
3. 주요 의사결정 시점 전 혹은 자금이 떨어지는 시점 전까지 얼마나 많은 시간적 여유가 있는가?

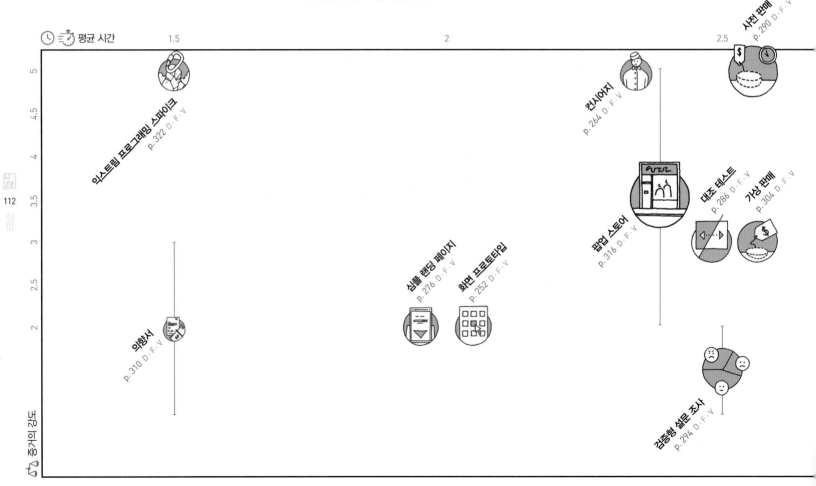

평균 시간

증거의 강도

1.5 · 2 · 2.5

익스트림 프로그래밍 스파이크 P.322 D.F.V

의향서 P.310 D.F.V

심플 랜딩 페이지 P.276 D.F.V

화면 프로토타임 P.252 D.F.V

컨시어지 P.264 D.F.V

사전 판매 P.290 D.F.V

팝업 스토어 P.316 D.F.V

대조 테스트 P.286 D.F.V

가상 판매 P.304 D.F.V

검증형 설문 조사 P.294 D.F.V

경험 법칙

1. 초기엔 비용과 시간이 적게 드는 실험을 행하라.

2. 하나의 가설에 대해 여러 개의 실험을 진행하여 증거의 강 도를 높여라.

3. 항상 제약 조건하에서 가장 강력한 증거를 도출하는 실험 을 선택하라.

4. 무언가를 만들기 전에 가능한 한 불확실성을 줄여라.

비용 ●○○○○   ●●●●●

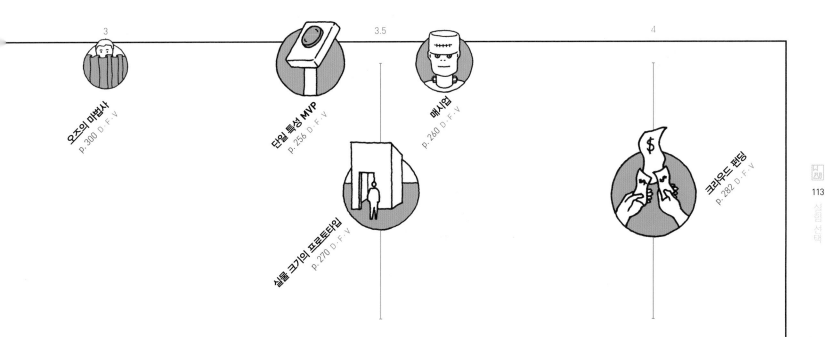

3

오즈의 마법사
P. 300 D · F · V

3.5

단일 특성 MVP
P. 256 D · F · V

매시업
P. 260 D · F · V

실물 크기의 프로토타입
P. 270 D · F · V

4

크라우드 펀딩
P. 282 D · F · V

실험 순서

실험 순서를 적절하게 설정하면 더 큰 효과를 얻을 수 있다.

통찰을 행동으로 옮기기로 했다면 곧바로 하나씩 실험을 진행하면 될까? 그렇지 않다. 먼저 할 수 있는 실험, 동시에 할 수 있는 실험, 나중에 할 수 있는 실험이 있기 마련인데 이에 따라 실험 순서를 적절하게 정해야 한다. 훌륭한 팀은 어떤 실험을 먼저 하고 나중에 할지를 올바르게 결정함으로써 모멘텀을 얻고 보다 더 강력한 증거를 확보한다.

B2B 하드웨어 기업

B2B 하드웨어 기업들은 고객이 문제 해결을 위한 자체적 방법을 사용하고 있는지에 관한 증거를 찾고자 한다. 그들은 이런 증거를 통해 고객 활동을 좀 더 잘 수행하도록 제품 디자인을 개선한다. 그런 다음 수집한 증거가 강력하면 제품의 표준 구성 요소들을 잠재 고객들에게 시험 적용하는 방법과 크라우드 펀딩 방법을 써서 신속하게 제품 디자인을 테스트한다.

○ **고객 인터뷰**
p. 122

○ **종이 프로토타입**
p. 198

○ **3D 프린트**
p. 192

○ **데이터 시트**
p. 206

○ **매시업**
p. 260

○ **의향서**
p. 310

○ **크라우드 펀딩**
p. 282

B2B 소프트웨어 기업

B2B 소프트웨어 기업들은 불가피하게 기대 이하의 소프트웨어를 사용해야 하는 사람들이 어디에 존재하는지를 찾고자 한다. 많은 B2B 소프트웨어 기업들은 결함이 존재하는 곳을 관찰하고, 현대적인 기술을 사용해 고가치의 고객 활동을 원활케 하는 고객 경험을 설계함으로써 기존의 것들을 깨뜨려 왔다.

○ **고객 인터뷰**
p. 122

○ **토론 포럼**
p. 150

○ **부메랑**
p. 220

○ **화면 프로토타입**
p. 252

○ **사전 판매**
p. 290

○ **단일 특성 MVP**
p. 256

B2B 서비스 기업

B2B 서비스 기업들은 잘못 설계된 프로세스와 서비스에 따른 비용을 조사하기 위해 이해관계자들과 종종 인터뷰한다. 그들은 고객 지원 데이터를 분석하고 그 데이터가 조직 내 다른 영역에 반영되어 있는지 살핀다. 서비스의 규모를 확대하기 이전에 개선된 사항을 소통하기 위해 브로슈어를 제작하고 일부 고객들에게 직접 서비스를 전달해보는 실험을 진행한다.

○ **전문가 구성원 인터뷰**
p. 131

○ **고객 지원 분석**
p. 158

○ **브로슈어**
p. 210

○ **사전 판매**
p. 290

○ **컨시어지**
p. 264

B2C 하드웨어 기업

소비자용 하드웨어 기업들은 그 어느 때보다 많은 선택지를 갖고 있다. 그들은 자신들의 신제품이 기존 문제를 어떻게 해결할지에 관한 설명 동영상을 제작할 수 있다. 그런 다음 신속하게 하드웨어의 표준 구성 요소를 가지고 테스트를 진행할 수 있다. 또 크라우드 펀딩을 수행하고 소매망이나 직접 판매 방식으로 고객에게 제품을 전달할 수 있다.

 고객 인터뷰
p. 122

 검색 트렌드 분석
p. 142

 종이 프로토타입
p. 198

 3D 프린트
p. 192

 설명 동영상
p. 216

 크라우드 펀딩
p. 282

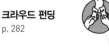 **팝업 스토어**
p. 316

B2C 소프트웨어 기업

인터넷, 오픈소스, 각종 도구의 출현으로 세계시장에 진출하는 신규 소프트웨어 기업들이 활발히 생겨났다. 영리한 기업들은 자신들의 제품에 대한 고객의 코멘트를 활용하여 전환율을 증가시킬 방법을 찾곤 한다. 그들은 제품을 제작하기 전에 신속하게 고객 경험을 시제품으로 만들고 그 가치를 직접(수작업으로) 고객에게 전달하는 테스트를 진행한다.

 고객 인터뷰
p. 122

 온라인 광고
p. 162

 심플 랜딩 페이지
p. 276

 이메일 캠페인
p. 178

 화면 프로토타입
p. 252

 가상 판매
p. 304

 오즈의 마법사
p. 300

B2C 서비스 기업

특정 지역을 기반으로 비즈니스를 시작하는 B2C 서비스 기업들은 고객의 관심을 판단하기 위해 고객과 인터뷰를 진행하고 검색량을 조사한다. 그들은 지역 고객들을 랜딩 페이지로 유도하기 위해 신속하게 광고를 진행한 다음 이메일 캠페인을 실시한다. B2C 서비스 기업들은 사전 판매를 수행하고 난 후에 바로 그 가치를 수작업을 통해 전달하는 테스트를 진행한다.

 고객 인터뷰
p. 122

 검색 트렌드 분석
p. 142

 온라인 광고
p. 162

 심플 랜딩 페이지
p. 276

 이메일 캠페인
p. 178

 사전 판매
p. 290

 컨시어지
p. 264

B2C와 협력하는 B2B2C 기업

B2B2C 기업들은 독특하게도 공급사슬을 개선하기 위한 실험을 진행한다. 우리가 함께 일한 많은 기업은 고객에게 직접 다가가 실험을 진행하고 증거를 도출한 후 그 증거를 B2B 협력 업체들과의 협상에 사용하고 있다. 증거를 얻으면 오직 의견만 가지고 대화를 되풀이하는 오류에서 벗어나 레버리지를 창출할 수 있다.

 고객 인터뷰
p. 122

 온라인 광고
p. 162

 심플 랜딩 페이지
p. 276

 설명 동영상
p. 216

 사전 판매
p. 290

 컨시어지
p. 264

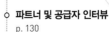 **특성 선택 구매**
p. 242

데이터 시트
p. 206

 파트너 및 공급자 인터뷰
p. 130

의향서
p. 310

 팝업 스토어
p. 316

강한 규제를 받는 기업

일반적인 선입견과 달리 강한 규제를 받는 기업들 역시 실험을 활용할 수 있다. 이들은 시스템의 제약 조건 내에서 실험을 진행해야 하고 모든 테스트 활동이 파국적이라 할 만한 리스크를 동반하지 않는다는 점을 명심할 필요가 있다. 이 기업들은 실험하기가 꺼려지는, 극도로 리스크가 큰 영역을 파고들어 실험을 진행할 수 있는 부분을 찾아내야 한다.

 고객 일상 관찰법
p. 132

 검증형 설문 조사
p. 294

고객 지원 분석
p. 158

 영업 인력 피드백
p. 154

  스토리보드
p. 202

설명 동영상
p. 216

 브로슈어
p. 210

 파트너 및 공급자 인터뷰
p. 130

 데이터 시트
p. 206

 사전 판매
p. 290

"내외부 고객을 파악하는 것은
미션 수행에 필수적이고 시간이 걸리는 일이다."

샐리 크로첵Sallie Krawcheck
엘레베스트Ellevest 창업자

3.2 — 발견

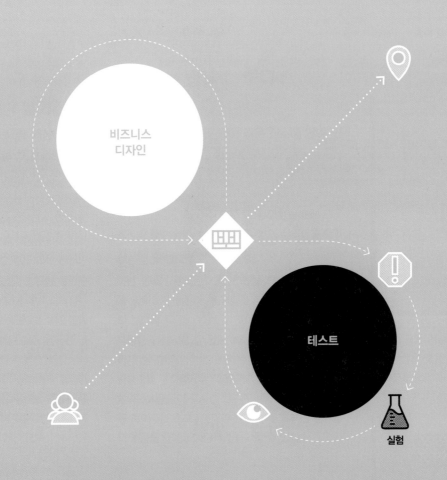

아이디어

탐색 & 테스트

실행

비즈니스

발견
전반적인 진행 방향이 옳은지를 판단하라. 기본 가설들을 테스트하라. 얻어낸 통찰을 통해 경로를 신속하게 수정하라.

검증
설정한 방향을 검증하라. 비즈니스 아이디어가 매우 효과적일 거라는 강력한 증거를 확보해 방향을 확정하라.

발견을 위한 실험들

🪙 비용	🕐 준비 시간	⏱ 진행 시간	⚖ 증거의 강도	발견 영역
●●○○○	●●○○○	●●○○○	●○○○○	수용 가능성 · 실현 가능성 · 생존 가능성
●●○○○	●●○○○	●●●○○	●●●○○	수용 가능성 · 실현 가능성 · 생존 가능성
●●○○○	●●○○○	●●●○○	●●○○○	수용 가능성 · 실현 가능성 · 생존 가능성
●●○○○	●●○○○	●●●○○	●●●○○	수용 가능성 · 실현 가능성 · 생존 가능성
●●○○○	●●○○○	●●●○○	●○○○○	수용 가능성 · 실현 가능성 · 생존 가능성
●○○○○	●●○○○	●●○○○	●●●○○	수용 가능성 · 실현 가능성 · 생존 가능성
●●○○○	●●○○○	●●●○○	●●●●○	수용 가능성 · 실현 가능성 · 생존 가능성
●○○○○	●●○○○	●●●○○	●●●◐○	수용 가능성 · 실현 가능성 · 생존 가능성
●●○○○	●●○○○	●●●○○	●●●◐○	수용 가능성 · 실현 가능성 · 생존 가능성
●●○○○	●●○○○	●●●○○	●●○○○	수용 가능성 · 실현 가능성 · 생존 가능성
●●●○○	●●○○○	●●●○○	●●●●○	수용 가능성 · 실현 가능성 · 생존 가능성
●○○○○	●○○○○	●●●○○	●●●○○	수용 가능성 · 실현 가능성 · 생존 가능성
●○○○○	●●○○○	●●○○○	●●●●◐	수용 가능성 · 실현 가능성 · 생존 가능성
●●○○○	●○○○○	●○○○○	●●●○○	수용 가능성 · 실현 가능성 · 생존 가능성
●○○○○	●●○○○	●●●○○	●●●○○	수용 가능성 · 실현 가능성 · 생존 가능성
●●○○○	●●●◐○	●●●●●	●●●●○	수용 가능성 · 실현 가능성 · 생존 가능성
●●●○○	●●○○○	●●●●●	●●●●○	수용 가능성 · 실현 가능성 · 생존 가능성
●●●○○	●●●○○	●●●○○	●●○○○	수용 가능성 · 실현 가능성 · 생존 가능성
●○○○○	●●○○○	●●○○○	●○○○○	수용 가능성 · 실현 가능성 · 생존 가능성
●●○○○	●●○○○	●○○○○	●●○○○	수용 가능성 · 실현 가능성 · 생존 가능성
●○○○○	●●○○○	●●○○○	●●●○○	수용 가능성 · 실현 가능성 · 생존 가능성
●●○○○	●●●○○	●●○○○	●●●○○	수용 가능성 · 실현 가능성 · 생존 가능성
●●●○○	●●●●○	●●●●○	●●◐○○	수용 가능성 · 실현 가능성 · 생존 가능성
●●○○○	●●○○○	●●○○○	●◐○○○	수용 가능성 · 실현 가능성 · 생존 가능성
●○○○○	●●○○○	●●●●○	●●○○○	수용 가능성 · 실현 가능성 · 생존 가능성
●●○○○	●●○○○	●○○○○	●●○○○	수용 가능성 · 실현 가능성 · 생존 가능성
●●○○○	●●○○○	●○○○○	●●◐○○	수용 가능성 · 실현 가능성 · 생존 가능성
●●○○○	●●○○○	●○○○○	●●○○○	수용 가능성 · 실현 가능성 · 생존 가능성
●●○○○	●●○○○	●○○○○	●●○○○	수용 가능성 · 실현 가능성 · 생존 가능성

발견/탐색

고객 인터뷰

고객 활동, 불만, 혜택, 지불 의향에 초점을 맞춰 인터뷰를 진행하는 방법을 말한다.

⊖ ●●○○○○
비용

⚖ ●○○○○○
증거의 강도

🕐 ●●○○○○
준비 시간

⏱ ●●○○○○
진행 시간

✂🎲🔗⚒🗄🏷📢🔍🥧
필요 역량　연구

🏢 ✉ ◈

수용 가능성·실현 가능성·생존 가능성

고객 인터뷰는 가치 제안과 고객 세그먼트 간의 적합도에 대한 정성적인 통찰을 얻는 데 이상적인 도구다. 또한 적정 가격을 테스트하기 위한 좋은 출발점이기도 하다.
고객 인터뷰는 사람들이 어떻게 행동할지를 파악하기 위한 이상적인 방법은 아니다.

준비
☐ 다음에 관한 질문지를 준비하라.
- 고객 활동, 불만, 혜택
- 고객의 지불 의향
- 제품과 솔루션 사이에 일치되지 않은 니즈

☐ 인터뷰이를 선정하라.

☐ 인터뷰 일정을 수립하라.

실행
☐ 질문지를 기초로 질문하되 필요하다면 깊이 파고드는 질문을 던져라.

☐ 답변을 가감 없이 기술하고 인터뷰이의 보디랭귀지를 살펴라.

☐ 15~20회의 인터뷰를 진행하라.

분석
☐ 인터뷰가 끝나면 내용을 잊기 전에 바로 15분 정도 시간을 들여 인터뷰 내용을 정리하라.

☐ 연관성에 따라 인터뷰 기록들을 분류하라.

☐ 답변의 빈도를 분석하라.

☐ 가치 제안 캔버스를 수정하라.

탐색

비용

인터뷰이들에게 반드시 보상을 줄 필요는 없기 때문에 비용이 비교적 적게 든다. 일반적으로 원격 화상 인터뷰는 일대일 대면 인터뷰보다 보상금을 적게 지급해도 된다. B2B 인터뷰는 통상적으로 B2C 인터뷰보다 비용이 많이 드는데 표본의 크기가 비교적 작고 인터뷰 시간을 내달라고 요청하기가 어려울 수 있기 때문이다.

준비 시간

고객 인터뷰를 위한 준비 시간은 고객이 있는 위치, 인터뷰이 확보의 난이도에 따라 아주 짧게 끝날 때도 있지만 몇 주가 걸리기도 한다. 준비 기간 동안 질문지를 만들고 인터뷰이를 선정해 인터뷰 일정을 잡아야 한다.

진행 시간

고객 인터뷰의 진행 시간은 비교적 짧다. 인터뷰이에 따라 15~30분 정도 걸린다. 각각의 인터뷰 사이에 15분의 버퍼를 설정하여 선행된 인터뷰에서 발견한 사항을 정리하고 필요하다면 질문지를 보완하는 시간을 가져야 한다.

⚖ ●○○○○

증거의 강도

고객 활동/고객 불만/고객 혜택

인터뷰 답변 중 가장 많이 나온 상위 3위 이상의 고객 활동, 불만, 혜택은 보통 80% 정도의 정확성을 가진다. 당신이 집중하는 고객 세그먼트의 정확한 모습을 알고 싶다면 상위 3위 이상의 것들에 초점을 맞춰라.

●○○○○

고객 피드백

인터뷰이가 기존의 고객 프로파일에는 없는 고객 활동, 불만, 혜택이 무엇인지를 알려준다.

●○○○○

인터뷰이 추천

고객이 다른 인터뷰이를 추천한다면 대상을 확보하는 데 드는 비용을 줄여주기 때문에 부가적인 이득이 된다.

고객 인터뷰에서 얻은 증거는 비교적 약하다. 말하는 것과 실제로 행동하는 것이 다를 수 있기 때문이다. 하지만 고객 인터뷰는 가치 제안, 고객 활동, 불만, 혜택에 대한 정성적인 통찰을 얻는 데 좋은 도구이다.

필요 역량

연구

고객 인터뷰를 훌륭하게 수행하는 것은 아주 어려울 수 있지만 그래도 연습하면 누구나 인터뷰를 진행할 수 있다. 연구 영역에서 일한 경험이 있다면 도움이 되겠지만 그렇다고 필수사항은 아니다. 질문지를 작성하고 인터뷰이를 선정하고 인터뷰를 진행하는 일은 외부기관이 훨씬 잘 수행하긴 하지만 의뢰할 수 있는 사정이 되지 않는다면 모든 인터뷰를 동영상으로 촬영하고 분석하는 것이 좋다.

필요조건

목표 고객

목표 대상target audience을 가능한 한 세부적으로 설정해야 고객 인터뷰의 효과가 커진다. 목표 고객을 염두에 두지 않으면 또 엇갈리고 또 모순되는 답변을 얻는 데 그칠 것이다. 아무나 인터뷰한 후에 목표 고객을 찾아내고 그들의 인터뷰 답변을 분석하려고 하면 시간이 엄청나게 많이 든다. 그러므로 고객 인터뷰를 진행하기 전에 목표 고객을 먼저 설정할 것을 권한다.

토론 포럼

p.150

고객들이 어떤 문제에 대한 솔루션을 찾고 있다는 증거를 토론 포럼을 통해 발견하라.

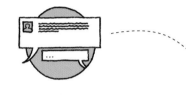

고객 일상 관찰법

p.132

고객 인터뷰에서 나온 고객의 피드백이 실제 행동과 일치하는지를 관찰하고 학습하라.

발견형 설문 조사

p.138

고객 인터뷰에서 알아낸 것을 설문조사의 질문지 설계에 반영하라.

영업 인력 피드백

p.154

영업 인력으로부터 피드백을 받아 고객들의 행동에 어떤 패턴이 있는지 발견하라.

고객 인터뷰

탐색

검색 트렌드 분석

p.142

특정 고객 활동, 불만, 혜택에 대한 온라인 검색량을 분석하라.

종이 프로토타입

p.198

고객 활동, 불만, 혜택이 이론상 어떤 모습일 수 있는지를 종이 위에 묘사하라.

질문지 작성하기

인터뷰 질문지는 효과적인 고객 인터뷰를 수행하기 위한 핵심 도구다. 질문지가 없으면 대화는 중심을 잡지 못하고 오락가락하며 시사점을 추출하기가 어렵게 된다. 비즈니스 아이디어의 리스크를 줄이고 싶다면 가치 제안 캔버스를 만들어 상위 3개의 고객 활동, 불만, 혜택을 설정한 다음 질문지를 작성하기를 권한다.

질문지 예시

1. 소개 및 상황 설명하기
"안녕하세요? 저는 [이런 아이디어]에 대해 조사를 수행 중인 [홍길동]입니다."
"제품을 구입하지 않으셔도 좋습니다."
"뭔가를 팔려고 말씀드리는 게 아닙니다."

2. 질문하기
"언제 마지막으로 [불만 또는 활동]을 경험하셨습니까?"
"당신이 [이런 행동]을 하도록 만드는 것은 무엇입니까?"
"어떻게 그것을 해결했습니까?"
"해결하지 못했다면 그 이유는 무엇입니까?"

3. 고객 활동, 불만, 혜택의 순위 매기기
상위 3개의 고객 활동, 불만, 혜택을 목록으로 만들어라.
인터뷰이는 자신의 개인적 경험을 바탕으로 순위를 매긴다.
"혹시 이것 말고 추가해야 할 것이 또 있습니까?"

4. 감사 인사 및 마무리하기
"혹시 제가 드리지 못한 질문이 있으면 말씀해주세요."
"누군가를 인터뷰로 추천해주실 수 있나요?"
"나중에 다시 연락드려도 괜찮을까요?"
"감사합니다!"

인터뷰이 찾기

B2C 세그먼트

B2C 세그먼트에 대한 가치 제안 캔버스를 만든 다음 어디(온라인과 오프라인 모두)에서 인터뷰이를 찾을 수 있을지 브레인스토밍하기를 권장한다. 어느 채널을 집중적으로 공략할지 팀 내에서 투표로 결정하라.

B2B 세그먼트

비록 인터뷰이를 어디에서 찾아야 할지 결정하기 어려울 수 있으나 B2C 세그먼트에서 인터뷰이를 찾는 것과 동일한 방법을 적용하라. 다행히 B2B에서 인터뷰이를 찾는 데 도움이 되는 온라인 및 오프라인 장소들이 제법 많이 존재한다.

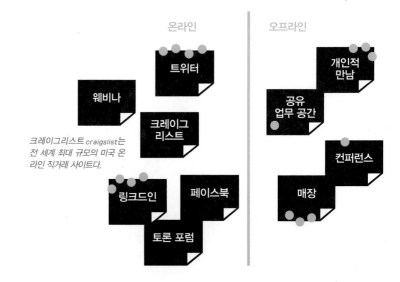

크레이그리스트 *craigslist*는 전 세계 최대 규모의 미국 온라인 직거래 사이트다.

인터뷰이 선별하기

인터뷰이 선별 과정이 완전한 안전장치는 아니지만 이를 통해 인터뷰 과정에 적합하지 않은 사람을 걸러 냄으로써 전체적으로 시간을 절약할 수 있다. 인터뷰이를 선별한다 해도 1~2명의 부적합한 인터뷰이가 늘 포함되기 마련이지만 모든 인터뷰이가 부적합한 경우보다는 낫다. 인터뷰이 선별 방법 중 하나는 인터뷰 일정을 잡기 전에 인터뷰이로 적합한지 판단할 간단한 설문을 돌리는 것이다.

크레이그리스트에서의 인터뷰이 선별

크레이그리스크는 사고팔 물건을 게시하는 웹 사이트로 유명하지만 인터뷰할 고객을 찾는 데에 금광과 같은 곳이다. 크레이그리스트의 '커뮤니티' 메뉴를 클릭하고 '자원자' 코너를 클릭한 다음 "연구를 위해 인터뷰이를 모집한다."는 내용을 공지하면 된다. 고객의 참여를 위해 상세 설명란에 설문 조사 사이트 URL을 포함시켜라. 이 설문 조사에는 인터뷰이로서 적합한지 판단할 문항을 포함시켜야 한다.

예를 들어 자전거를 소유한 사람들을 인터뷰하고 싶다면 이렇게 물어라. "자전거를 몇 대 소유하고 있습니까? – 0대, 1대, 2대, 3대 이상?" 이런 질문을 통해 자전거를 가지고 있지 않은 사람은 인터뷰에서 제외할 수 있다. 3대 이상 소유하고 있다고 대답하는 사람 역시 너무나 많은 자전거를 가지고 있으므로 인터뷰이에서 제외하는 게 낫다. 이렇게 인터뷰이로서 적합한지 판단하는 간단한 문항을 집어넣으면 서로의 시간을 절약할 수 있다.

대면할 때의 인터뷰이 선별

오프라인에서 인터뷰이를 선별할 때도 마찬가지다. 본격적인 인터뷰를 진행하기 전에 인터뷰이로서 적합한지 판단할 질문을 던지면 된다. 만약 적합하지 않은 인터뷰이라면 시간을 내어준 데 감사 인사를 전하고 다른 인터뷰이를 찾아라.

역할 및 책임

고객 인터뷰를 온라인으로 진행하든 대면으로 진행하든 모든 인터뷰를 인터뷰어 혼자서 수행하지 않기를 권장한다. 질문하기, 적극적으로 듣기, 보디랭귀지 살피기, 답변 기록하기, 후속 질문 던지기 등을 모두 혼자서 하는 것은 매우 어렵고 오랜 시간이 걸리는 일이다.

인터뷰 녹화를 허락받았다 해도 동영상을 다시 보며 집중해야 하므로 오히려 2배의 시간이 걸린다. 혼자 하는 것보다는 '서기'와 '인터뷰어'로 2명이 짝을 지어 인터뷰를 진행할 것을 권한다.

서기
• 메모하기
• 가능한 한 있는 그대로 인터뷰이의 답변 기록하기
• 인터뷰이의 보디랭귀지를 관찰하고 기록하기

인터뷰어
• 질문지에 적힌 질문 던지기
• 필요한 경우 답변의 이유를 물음으로써 깊게 파고들기
• 감사 인사를 전하고 마무리하기

인터뷰이
• 질문에 답하기

127

탐색

15분간의 정리

각각의 인터뷰가 끝나는대로 파트너와 함께 15분간의 정리시간을 가지며 인터뷰에서 알게 된 내용을 신속하게 요약하고 필요하다면 인터뷰 질문지를 수정하라.

정리 주제
- 이 인터뷰에서 잘 진행된 것은 무엇인가?
- 인터뷰이의 보디랭귀지에서 무엇을 알 수 있었나?
- 인터뷰이에게 편견을 가지고 있었나?
- 질문지를 수정할 부분이 있는가?

피드백 취합하기

15분간의 정리시간과 함께 팀원들은 각자의 인터뷰 기록을 모두 취합해 가치 제안 캔버스를 수정함으로써 전략에 반영해야 한다. 정성적 피드백들을 빠르게 분류하는 방법은 '연관성 분류'라고 부른다.

연관성 분류로 피드백 정리하기
팀원들이 각자의 인터뷰 기록을 지참하여 30~60분 정도 진행한다.

- 넓고 빈 벽면이 있는 회의 장소를 잡는다.
- 포스트잇 1장에 고객 피드백을 하나씩 적는다.
- 포스트잇 1장에 통찰을 하나씩 적는다.
- 포스트잇 밑부분에 인터뷰이의 이름이나 이니셜을 적는다.
- 모든 포스트잇을 벽에 붙인다.
- 유사한 내용을 담은 포스트잇끼리 분류한다.

발견

128

실험

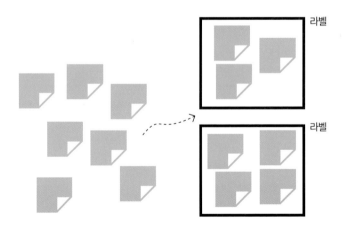

순위 분석하기

순위 정하기는 완벽하진 않지만 고객 프로파일 내의 순위에 당신이 얼마나 근접하게 접근해 있는지를 알려준다. 인터뷰이 개개인이 말하는 순위에만 의존한다면 인터뷰이가 다른 이들과 비교하여 자신의 활동, 불만, 혜택을 얼마나 크게 느끼고 있는지를 알 수가 없다. 그렇기 때문에 추가적인 질문을 던지고 인터뷰이의 보디랭귀지를 관찰하는 것이 중요하다.

고객 프로파일에 맞는 10명의 고객과 인터뷰를 진행했다면 고객 프로파일 내의 고객 활동, 불만, 혜택의 순위를 정하라. 그렇게 하면 80% 이상의 정확도를 기대할 수 있다.

캔버스 수정하기

고객 인터뷰를 진행한 후 인터뷰이들의 정성적 피드백을 취합하고 순위 분석까지 끝마쳤다면 가치 제안 캔버스를 들여다보며 필요한 부분을 수정하라. 인터뷰 결과를 전략에 반영하려면 이 과정이 아주 중요하다.

- ☐ 인터뷰 녹음(혹은 녹화)에 대해 양해를 구한다.
- ☐ 인터뷰이를 선별함으로써 쓸데없는 시간 낭비를 줄인다.
- ☐ 초심자의 마인드로 접근한다.
- ☐ 말하기보다 듣는다.
- ☐ 의견 수집이 아니라 사실 파악에 집중한다.
- ☐ '왜'를 질문함으로써 고객의 진정한 동기가 무엇인지 파악한다.
- ☐ 후속 인터뷰가 있을 수 있음을 알리고 양해를 구한다.
- ☐ 인터뷰이로 적합한 사람을 추천해 달라고 요청한다.
- ☐ 인터뷰이에게 궁금한데 물어보지 못한 부분이 있는지 묻는다.

- ☐ 듣기보다 말을 많이 한다.
- ☐ 바로 솔루션을 제시한다.
- ☐ 답변을 경청하기보다 다음에 질문할 내용을 생각한다.
- ☐ 인터뷰이가 말하는 동안 고개를 끄덕이거나 가로젓는다.
- ☐ 객관식 질문closed-ended question만 던진다.
- ☐ 인터뷰 일정을 연속적으로 잡음으로써 정리할 시간을 확보하지 않는다.
- ☐ 인터뷰 결과를 가치 제안 캔버스에 반영하는 것을 누락한다.

탐색

발견/탐색

파트너 및 공급자 인터뷰

파트너 및 공급자 인터뷰는 고객 인터뷰와 유사하지만 이 인터뷰를 통해 비즈니스가 실현 가능한지 파악하는 데 초점을 맞출 수 있다. 핵심 파트너란 당신이 하지 못하거나 내부에서 하길 원하지 않는 핵심 활동과 핵심 자원을 제공하는 사람을 말한다.

수용 가능성·실현 가능성·생존 가능성

 ● ● ○ ○ ○
비용

 ● ● ○ ○ ○
준비 시간

 ● ● ● ○ ○
진행 시간

⚖️ ● ● ● ○ ○

증거의 강도

● ● ● ● ○
핵심 파트너의 입찰수
응답률＝핵심 파트너와의 인터뷰 횟수/핵심 파트너의 입찰수
계약이 체결되기 전에 많은 상세 조항이 합의되어야 하지만 핵심 파트너의 입찰은 그의 관심을 보여주는 강력한 증거다.

● ● ○ ○ ○
핵심 파트너의 피드백
인터뷰에서 나오는 핵심 파트너의 언급과 피드백을 말한다. 핵심 파트너가 자신이 제공할 수 있는 것을 언급한다면 그 말은 실제로 확인된 후에야 비교적 강력한 증거라고 볼 수 있다.

발견/탐색

전문가 구성원 인터뷰

전문가 구성원 인터뷰는 고객 인터뷰와 유사하지만 조직 내 핵심 구성원들을 동참시키기 위한 목적으로 행한다.

수용 가능성 · 실현 가능성 · 생존 가능성

131

탐색

증거의 강도
전문가 구성원의 피드백

인터뷰에서 나온 전문가 구성원의 언급과 피드백을 말한다. 구성원이 계획의 특정 부분을 전략적으로 검토해야 한다고 의견을 낸다면 그 피드백은 어느 정도 강한 증거라고 말할 수 있다. 좀 더 강한 증거가 되려면 구성원이 행동으로 자신의 말을 뒷받침해야 한다.

○ ●●○○○
비용

○ ●●○○○
준비 시간

○ ●●●○○
진행 시간

발견/탐색

고객 일상 관찰법

고객 활동, 불만, 혜택을 좀 더 잘 이해하기 위해 민족지학적Ethnography 방법을 적용하는 정성
적인 연구 방법을 말한다.

⬭ ●●○○○
비용

⚖ ●●●○○
증거의 강도

🖽 ▨ ◔

수용 가능성 · 실현 가능성 · 생존 가능성

🕐 ●●○○○
준비 시간

⏱ ●●●○○
진행 시간

고객 일상 관찰법은 비교적 비용이 적게 든다. 어떤 사람이 하루종일 어떻게 생활하는지
곁에서 계속 관찰하기로 한다면 관찰 대상자에게 시간을 내어준 것에 대해 사례하는 경
우도 있다.

✂ 📦 ⚙ ⚒ 🗄 ✎ 📢 🔍 📊
필요 역량   연구

1. 준비하기

□ 2~3명씩 팀을 이뤄 어디에서 어떻게 관찰할지 계획을 수립하라. 충분히 관찰할 시간을 확보하기 위해 다른 일정들을 정리하라. 기록하는 방법을 정하고 관찰 대상자들에게 편견을 갖지 않으려면 어떤 기본 원칙을 준수해야 하는지 결정하라.

2. 허락받기

□ 관찰하고자 하는 대상에게 허락을 구하라. 요청하는 이유를 설명하라.

3. 관찰하기

□ 고객 일상 관찰법의 워크시트를 사용해 대상자의 시간, 행동, 활동, 불만, 혜택을 꼼꼼히 기록하고 당신의 생각을 메모하라. 관찰하는 동안에는 인터뷰하거나 개입하지 마라.

4. 분석하기

□ 관찰 세션이 끝나면 바로 팀원들과 만나서 기록을 분류하라. 최신의 발견 사항을 가치 제안 캔버스에 적용하고 향후 실험에 반영하라.

비용

고객 일상 관찰법은 비교적 비용이 적게 든다. 하루 종일 어떻게 생활하는지 곁에서 계속 관찰하려면 시간을 내어준 것에 대해 관찰 대상자에게 사례할 수도 있다.

준비 시간

준비 시간은 비교적 짧다. 어떤 대상자를 관찰할지 설정하고 그들에게 허락을 구하는 시간이면 충분하다.

진행 시간

진행 시간은 다른 방법들에 비해 조금 긴 편이다. 매일 몇 시간씩 고객의 행동을 관찰해야 하기 때문이다. 관찰 대상자의 수에 따라 며칠 혹은 몇 주가 걸리기도 한다.

증거의 강도

●●●○○

고객 활동/고객 불만/고객 혜택

관찰 대상자가 하루종일 경험하는 고객 활동, 불만, 혜택을 꼼꼼히 기록한 다음에 그것을 분류하고 순위를 매겨라. 이렇게 해서 얻은 결과물은 고객이 실제 생활에서 드러내는 행동을 관찰할 수 있기 때문에 증거의 강도는 연구실로 초대해 인터뷰하는 경우보다는 강하지만 전체적으로 볼 때 중간 정도라고 할 수 있다.

●●●○○

고객의 언급

고객 활동, 불만, 혜택에만 국한하지 말고 대상자의 추가적인 언급들을 모두 기록하라.
고객의 언급은 비교적 강도가 약하지만 향후에 진행할 실험에 정성적인 통찰을 준다는 점에서 도움이 된다.

필요 역량

연구

누구나 이 실험을 진행할 수 있다. 연구 능력이 있다면 데이터를 적절하게 수집하고 기록할 수 있기에 도움이 될 것이다. 서로 기록을 비교해보려면 2인 1조가 되어 진행하는 것이 좋다.

필요조건

고객의 허락

이 방법을 사용하려면 관찰 대상자의 허락이 필수적이다. 또한 관찰하길 원하는 장소의 관리자와 보안 담당자들의 협조를 얻어야 한다. 예를 들어 고객이 상점에서 어떤 행동 패턴을 보이는지 관찰하려면 상점 매니저로부터 허락을 구해야 한다. 만약 현장에서 상품을 구매하는 사람을 관찰하고 싶다면 그 전에 허락을 구해야 한다. 그렇지 않으면 불미스러운 상황이 생기고 보안 담당자(경비원)에게 쫓겨날 수도 있다.

고객 지원 분석
p.158
고객 지원 데이터를 사용하여 실생활
에서 무엇을 관찰할지 결정하라.

웹 트래픽 분석
p.146
관찰을 통해 알게 된 사실과 웹 사이트
에서의 고객 행동을 서로 비교해보라.

토론 포럼
p.150
토론 포럼들을 살펴봄으로써 고객 니
즈를 만족시키지 못하는 점들이 무엇
인지 규명하고 그 문제가 실제로 발
생하는지 관찰하라.

고객 일상 관찰법

소셜 미디어 캠페인
p.184
많은 사람이 동일한 행동 패턴을 보
이는지 판단하려면 소셜 미디어를 활
용하라.

검색 트렌드 분석
p.142
사람들이 온라인에서 검색하는 것이
매일 일상적으로 사용되는 것인지 살
펴보라.

스토리보드
p.202
관찰 결과를 바탕으로 솔루션들의 우
선순위를 테스트하라.

135

탐색

고객 일상 관찰법

언행 불일치 줄이기

인튜이트Intuit의 '집까지 따라가기' 프로그램

인튜이트는 Turbo Tax, Quick-Books, Mint. com과 같은 재무, 회계, 세무 솔루션을 소기업, 회계사, 개인에게 제공한다. 실리콘밸리의 중심(캘리포니아 마운틴뷰)에 위치한 인튜이트는 고객 중심의 문제 해결을 추구하는 기업으로 잘 알려져 있다.

인튜이트에서 실시한 '집까지 따라가기' 프로그램을 간단히 설명하자면요?

'집까지 따라가기'는 '기쁨을 주는 디자인'Design for Delight이라는 인튜이트의 또 다른 프로그램에서 나온 하나의 기법입니다. 기쁨을 주는 디자인은 고객에게 멋진 제품을 창조하는 데 필요한 스킬을 직원들에게 가르치는 프로그램이죠. 여기에는 3가지 핵심 원칙이 있습니다. 바로 '고객과 깊이 공감하기', '한 곳에 집중하려면 넓게 바라보기', '고객과 신속하게 실험하기'죠. 집까지 따라가기는 고객과 깊이 공감하기라는 원칙에 입각한 가장 강력한 기법입니다. 고객이 언제, 어디에서 불만과 문제를 실질적으로 경험하는지 관찰하는 데에 이보다 더 효과적인 방법은 없습니다.

우리는 회사의 모든 직원에게 집까지 따라가기 기법을 가르칩니다. 인튜이트에 새로 들어온 직원들은 입사 교육의 일부로 이 기법을 배워야 하죠. 실제로 신규 직원들은 부서와 직급 상관없이 입사 후 몇 주 동안 집까지 따라가기 프로그램을 최소 2번 정도 수행합니다. 신입 엔지니어, 경력 많은 HR 담당자, 프로덕트 매니저, 고위 경영자 할 것 없이 모두 이 기법을 학습해야 합니다.

처음에 어떻게 시작하게 됐나요?

인튜이트의 창업자 스콧 쿡Scott Cook은 도요타에서 비슷한 기법을 사용하는 것을 보고 깊은 인상을 받았다고 합니다. 초창기에 스콧은 이 기법으로 과연 인튜이트의 제품을 개선할 수 있을지 의심했다고 해요.

그래서 그는 Quicken, Quick-Books와 같은 초창기 제품을 개발할 때 집까지 따라가기 기법을 테스트 삼아 적용했습니다. 당시 컴퓨터에 소프트웨어를 설치하려면 플로피 디스크를 사용해야 했는데 스콧과 제품개발팀은 구매 고객들에게 회사의 소프트웨어 제품을 설치하는 모습을 관찰해도 되는지 허락을 구했습니다.

이런 관찰을 통해 제품개발팀은 고객이 실생활에서 소프트웨어를 사용하는 방식에 관한 매우 새롭고 놀라운 통찰을 발견했죠. 이런 통찰은 제품의 개선으로 이어졌고 집까지 따라가기 원칙은 이후 문서화되어 직원들에게 공유되었습니다. 이 기법은 여러 번에 걸쳐 갱신되었지만 그 정신은 변하지 않았습니다. 바로 고객이 불만이나 문제를 경험하는 곳으로 직접 달려가 고객을 관찰한다는 정신은 여전히 유효합니다.

프로그램에서 당신의 역할은 무엇이었나요?

우리 팀의 직속 상사는 최고 제품 및 디자인 책임자인 디에고 로드리게즈입니다. 우리 팀의 미션은 기쁨을 주는 디자인과 같은 프로그램, 혁신 촉진 코치들과의 네트워크, 효과적인 교육을 통해 인튜이트의 혁신 문화를 육성하는 것입니다. 집까지 따라가기 프로그램처럼 매우 효과적인 혁신 스킬을 학습하고 일상업무에 적용하는 기회를 모든 직원에게 제공하는 것 그리고 세상의 변화에 맞춰 그런 스킬을 지속적으로 개선하는 것이 우리의 임무입니다.

우리는 HR팀, 연수팀과 같은 다른 부서들과 협력하고 있지만 우리 팀의 최우선 임무는 인튜이트에서 언제나 혁신의 불꽃이 활활 타오르게 만드는 것입니다. 저는 이런 목표에 헌신하는 팀원들과 함께 일하고 있습니다. 그래서 저의 임무는 한 팀으로서 학습과 개선을 멈추지 않는 것입니다. 더 좋게 만들 수 있는 방법은 언제나 있는 법이죠.

기법을 직원들에게 훈련시킬 때 가장 힘든 점은 무엇입니까?
집까지 따라가기와 같은 기법들은 누구나 훈련 받을 수 있지만 새로운 스킬을 배울 때면 늘 그렇듯 능숙해지기 위해 구준한 연습이 필요합니다. 학습 초기 단계에서 직원들은 집까지 따라가기를 실행하는 세부 방법을 종종 오해하곤 합니다. 우수한 기법이 제2의 천성으로 자리 잡으려면 절대적인 시간이 필요한 법이죠.
예를 들어 집까지 따라가기 기법의 매우 중요한 특징은 전통적인 인터뷰와 달리 대화가 아니라 관찰에 집중한다는 점입니다. 우리는 직원들에게 대략 상황을 상상하거나 질문을 던지기보다는 고객이 실제 상황에서 행동하는 것을 관찰하라고 가르칩니다. 관찰이 끝나고 나서야 인터뷰 때와 같은 질문을 던질 수 있는데 그 질문은 추측이나 의견이 아니라 관찰한 행동의 이유를 묻는 것이어야 합니다. 집까지 따라가기 기법을 처음 배울 때 직원들은 보통 굉장히 많은 질문을 던지지만 관찰한 행동에 초점을 맞추지 못하곤 하죠. 이것은 하나의 예일 뿐입니다.
또한 회사 밖으로 나가서 완전히 모르는 사람들과 이야기하는 것을 불편해 하는 직원들이 있습니다. 처음

몇 번 집까지 따라가기를 시도하려면 어느 정도 용기가 필요합니다. 그렇기에 주저하는 마음을 극복하게 하고 실천을 독려하는 것이 우리가 집중하는 부분입니다. 다행히도 대다수의 직원은 집까지 따라가기 프로그램이 혁신적임을 인정하고 있습니다. 자체적으로 이 프로그램을 진행하는 직원도 제법 많죠. 이 기법의 효과를 인정하는 셈입니다.

이와 같은 프로그램들을 앞으로 어떻게 변화시켜야 한다고 봅니까?
우리는 이미 집까지 따라가기 프로그램을 수년에 걸쳐 개선해왔습니다. 그리고 세상의 변화에 맞춰 앞으로도 계속 개선해갈 겁니다. 일례로 인튜이트는 고객의 수를 전 세계적으로 증가시켜 왔는데요. 집까지 따라가기 기법을 비디오 카메라와 화상 공유 기술을 사용하여 원격으로 수행할 수 있도록 했습니다. 그리고 각 지역의 문화와 전통을 존중하는 차원으로 접근 방식을 수정하기도 했죠. 세계는 점점 평평해지고 기술은 변화하기 때문에 우리는 우리의 접근 방식을 계속 적응시켜 나갈 생각입니다. 하지만 '직접 찾아가서 관찰하라' 정신은 변치 않을 겁니다.

이 기법을 자신의 조직에 적용해볼 것을 고려하는 독자들에게 조언을 건넨다면요?
그냥 "시작하라."고 말씀드리고 싶네요. 몇몇 프로젝트에 우선 소소하게 적용해보면 지금의 조직 상황에서 무엇이 효과적이고, 무엇이 효과적이지 않은지 배울 수 있을 겁니다. 이것을 토대로 회사 전체의 정

규 프로그램으로 확대하거나 아니면 자체적으로 실험을 계속하면 되겠죠. 그렇게 하면 소속된 조직에서 가장 유능한 직원이 될지 모릅니다.
이 책을 읽는 사람이라면 혁신의 우수 사례에 익숙할 텐데요. 그렇기 때문에 저는 집까지 따라가기라는 우수 사례를 마치 새로운 기법인 것처럼 적용할 것을 제안하는 겁니다. 단 이 프로그램은 유능한 혁신가에게 요구되는 많은 스킬의 하나라는 점을 기억하기 바랍니다. 단순히 집까지 따라가기만 수행한다고 해서 성공할 수는 없습니다. 이 기법을 수용하는 문화와 지원 프로그램들을 육성할 필요가 있을 겁니다. 그래도 다행인 것은 집까지 따라가기와 관련 스킬들은 실행하기에 아주 빠르고 유연한 성질이라는 점뿐 아니라 실행에 따른 비용이 제품 실패에 따른 비용보다 아주 적다는 특징이 있다는 점입니다. 자, 회사 밖으로 나가서 지금 바로 시도해보세요.

— 베네트 블랭크Bennett Blank (인튜이트의 혁신 담당 리더)

발견/탐색

발견형 설문 조사

개방형 질문을 통해 표본 고객들로부터 정보를 수집하기 위한 방법이다.

⬤⬤⬤◯◯◯ 비용	⚖ ⬤◯◯◯◯ 증거의 강도
🕐 ⬤⬤⬤◯◯ 준비 시간	⏱ ⬤⬤⬤◯◯ 진행 시간

✂ ⬡ ⬚ ⚒ 🗄 ✒ 📢 🔍 📊

필요 역량   제품/마케팅/연구

🏢 ◹ ◔

수용 가능성 · 실현 가능성 · 생존 가능성

발견형 설문 조사는 가치 제안 및 고객의 활동, 불만, 혜택을 발견하는 데 이상적인 방법이다.

발견형 설문 조사로는 사람들이 '실제로 할 행동'이 아닌 '하겠다고 말하는 것'만 파악할 수 있다.

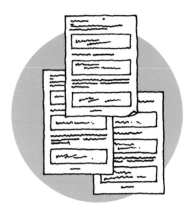

설문 문항 예시

• [이런 상황]을 언제 마지막으로 경험하셨습니까?

• 어떤 일이 발생했고 그 일이 어떤 영향을 끼쳤는지 설명해주십시오.

• 고려했던 다른 옵션들은 무엇이었습니까? 그 이유는 무엇입니까?

• 마술지팡이가 있다면 어떤 일이 벌어지면 좋겠습니까?

• 저희가 귀하에게 해야 할 질문이 있다면 말씀해주십시오.

준비하기

☐ 설문 조사의 목표와 알고자 하는 바를 정의하라.

☐ 설문 조사의 목표 대상을 선정하라.

☐ 응답률을 10~20%로 가정하고 몇 명에게 응답을 요청할지 계산하라.

☐ 설문 조사의 시작일과 종료일을 정하라.

☐ 설문지를 만들어라.

실행하기

☐ 설문지를 고객에게 발송하라.

분석하기

☐ 연관성 분류법을 써서 답변을 주제별로 분류하라. 분류하기 전이 아닌 분류한 다음에 라벨을 달라.

☐ 워드 클라우드word cloud나 텍스트 애널라이저text analyser를 써서 고객이 가장 빈번하게 언급한 단어와 문구를 뽑아보라.

☐ 팀원들과 함께 주제별로 언급된 내용을 보고 향후에 진행할 실험에서 좀 더 자세히 탐색할 필요가 있는 주제를 1~3개 정도 결정하라.

☐ 발견한 내용을 기초로 가치 제안 캔버스를 수정하라.

비용

발견형 설문 조사에 드는 비용은 그리 비싸지 않으며 현재 시장에 고객들에게 발송할 때 사용할 수 있는 무료 및 저가의 서비스가 나와 있다. 비용의 대부분은 목표 대상자에게 접근하고자 할 때 발생하는데 전문가들이나 B2B 분야의 대상자들을 목표로 할 경우에는 비용이 더 들곤 한다.

준비 시간

발견형 설문 조사는 준비와 환경을 설정하는 데 오랜 시간이 걸리지 않는다. 대다수의 질문은 개방형으로 구성하기 때문에 문항 만드는 데 시간도 많이 소요되지 않는다. 최대 몇 시간에서 하루 정도면 충분하다.

진행 시간

진행 시간의 대부분은 고객 풀pool의 크기와 고객에 접근하기가 얼마나 쉬운가에 달렸다. 며칠 내에 설문 조사를 끝내야 하겠지만 충분한 결과를 얻을 수 없다면 그보다 며칠을 더 진행할 수 있다.

증거의 강도

●○○○○

자유로운 의견 개진의 수
통찰

답변을 보며 반복적으로 나타나는 패턴을 찾아라. 동일한 목표 대상자 5명의 답변이 모두 다르게 쓰였더라도 결국은 같은 내용이 무엇인지 볼 수 있어야 한다.

●○○○○

설문 후 2차 미팅을 허락한 사람수
유효한 이메일

이상적인 상황이라면 향후에 2차 미팅을 원하는 사람의 수는 10% 내외다.

필요 역량

제품/마케팅/연구

발견형 설문 조사를 하려면 부정적인 어투 없이 개방형 질문을 작성하는 능력이 필요하다. 또한 목표 대상자를 규명하는 능력과 답변에서 패턴을 찾아내기 위해 연관성 분류나 워드 클라우드의 결과를 해석할 수 있는 능력이 필요하다.

필요조건

정성적 원천 자료

일반적으로 설문 조사는 다른 실험 방법을 통해 얻은 정성적 통찰이 이미 존재할 때 효과를 더 발휘한다. 그런 자료를 설문지 설계에 반영하라.

목표 대상자에 대한 접근 채널

적합한 대상자들을 확보하는 것은 설문지 설계만큼이나 중요하다. 기존에 트래픽이 많은 사이트를 가지고 있다면 이를 통해 대상자들에게 접근할 수 있다. 그런 장점을 누릴 수 없거나 신규 시장을 추구하는 입장이라면 설문지를 설계하기 전에 사용 가능한 채널이 무엇인지 고민해야 한다.

고객 인터뷰

p.122

고객과의 인터뷰에서 나온 답변을 설
문지 설계에 반영하라.

종이 프로토타입

p.198

당신의 가치 제안을 기대하는 사람
들에게 접근하여 아직 충실도가 낮
은 솔루션을 그들에게 테스트해보라.

스피드보트

p.234

좀 더 작은 규모로 신속하게 사전조
사를 실시함으로써 향후 설문 진행
이나 설문지 설계에 도움이 되는 것
을 발견하라.

발견형 설문 조사

화면 프로토타입

p.252

당신의 가치 제안을 기대하는 사람들
에게 접근하여 화면 프로토타입을 그
들에게 테스트해보라.

141

탐색

소셜 미디어 캠페인

p.184

설문 대상자를 확보하는 데 소셜 미
디어를 활용하라.

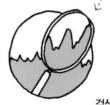

검색 트렌드 분석

p.142

사람들이 뽑은 고객 활동, 불만, 혜택
이 온라인 검색어로 얼마나 자주 등
장하는지 조사하라.

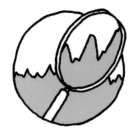

발견/데이터 분석

검색 트렌드 분석

온라인 검색 사이트나 검색 엔진에서 벌어지는 특정 상호작용을 조사하기 위해 검색 데이터
를 분석하는 방법을 말한다.

⊖ ●○○○○○
비용

⚖ ●●●○○
증거의 강도

🕐 ●●○○○
준비 시간

⏱ ●●○○○
진행 시간

⊞ ⧅ ◔

수용 가능성 · 실현 가능성 · 생존 가능성
검색 트렌드 분석은 제3자의 시장조사 데이터에 의존하지 않고 자체적으로 시장조사를 수
행할 때 유용한 방법이다. 특히 새로운 트렌드를 대상으로 할 때는 더 효과적이다.

✂ ⬡ ⠿ ⚒ ⊟ 🏷 📢 🔍 ◔

필요 역량　마케팅/연구/데이터

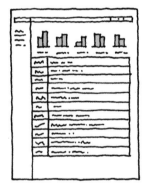 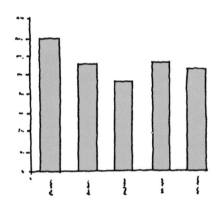 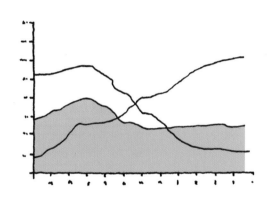

데이터 분석

준비하기

☐ 사용할 도구(구글 트렌드, 구글 키워드 플래너 등)를 결정하라.

☐ 검색할 지역을 정의하라.

☐ 탐색할 주제를 열거하라.

- 고객 활동을 위해 사람들이 적용하는 솔루션
- 고객 불만을 해결하길 원하는 개인들
- 고객 혜택을 창출하길 바라는 사람들
- 기존의 솔루션에 불만인 고객들

실행하기

☐ 주제와 관련된 문구를 검색하라.

☐ 화면 캡처 후 결과를 수집하라.

☐ 놀랄 만한 점이 있다면 이를 메모하라.

분석하기

☐ 결과를 모두 취합하라.

☐ 시장 규모 대비 문제의 규모 정도에 초점을 맞춰라. 대표적인 문제에 대해 가장 높은 검색량을 보이는 것은 무엇인가? 이에 대한 당신의 아이디어는 의미 있는 비즈니스 기회가 될 것으로 보이는가?

☐ 향후 실험에서 좀 더 자세히 탐색하고자 하는 검색량 상위 3위 이상의 아이템을 선정하라.

비용

검색 트렌드 분석을 수행하는 비용은 비교적 저렴하다. 시중에 무료 및 저가의 도구가 많이 있기 때문이다. 구글 트렌드와 구글 키워드 플래너가 현재 무료로 서비스 중이다.

준비 시간

검색 트렌드 분석을 수행하기 위한 준비 시간은 몇 분에서 몇 시간 정도면 끝나기 때문에 비교적 짧다. 이 시간에는 검색할 분야와 도구를 결정한다.

진행 시간

검색 트렌드 분석을 진행하는 시간도 몇 시간에서 며칠 정도로 짧다. 진행 시간은 주제의 개수와 탐색하고자 하는 지역의 수에 달려 있다. 그 수가 많으면 오래 걸릴 수밖에 없다.

⚖ ●●●○○

증거의 강도

●●●○○

검색량

특정 기간 동안 키워드를 검색한 수

검색량은 지리적 위치, 시간, 산업에 따라 다르다. 전반적인 사람들의 관심 수준을 알고 싶다면 검색량 도출 결과를 다른 지역, 다른 시간, 다른 산업과 비교하는 것이 좋다.

●●●○○

연관 검색어

검색창에 입력한 검색어와 관련해 사용자들이 검색하는 문구

제대로 수행하다면 검색량과 연관 검색어의 증거로서의 강도는 다른 소규모 정성적 연구 방법보다 더 강력해질 수 있다.

필요 역량

마케팅/연구/데이터

검색 트렌드 분석은 온라인 트렌드 분석 도구를 배우고자 하는 사람이라면 거의 누구나 수행할 수 있다. 구글 트렌드, 구글 키워드 플래너와 같은 도구는 대부분 분석 과정을 돕는 '상황별 도움말'을 제공한다. 분석 결과를 해석할 때 마케팅, 연구, 데이터 분야의 배경지식을 가지고 있으면 도움이 될 것이다.

필요조건

온라인 고객

검색 트렌드 분석은 고객 활동, 불만, 혜택을 발견하고 당신이 제시한 솔루션에 대해 지불 의사가 있는지를 파악하는 데 강력한 방법이 될 수 있다. 그러나 이런 증거를 도출하려면 고객이 온라인을 통해 검색을 활발히 해야 한다. 만약 당신이 틈새시장, B2B, 오프라인 영역의 고객을 목표로 한다면 고객의 검색량 자체가 크지 않아서 유효한 분석 결과를 확보하기 어렵다.

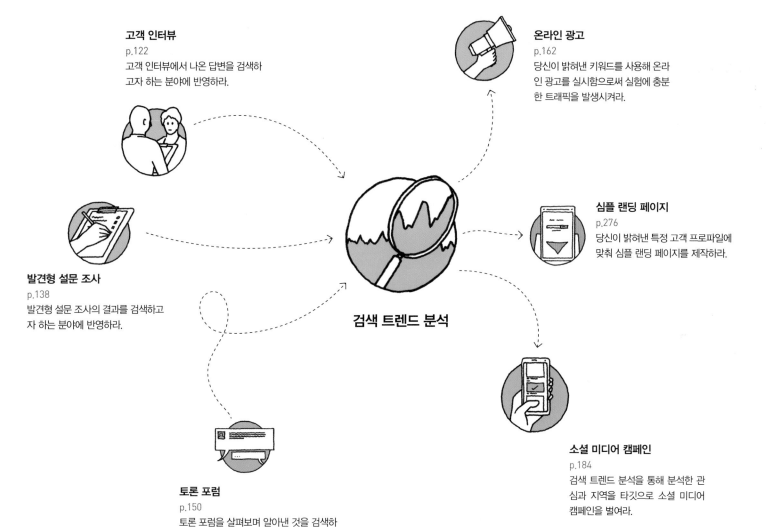

고객 인터뷰

p.122

고객 인터뷰에서 나온 답변을 검색하
고자 하는 분야에 반영하라.

발견형 설문 조사

p.138

발견형 설문 조사의 결과를 검색하고
자 하는 분야에 반영하라.

검색 트렌드 분석

온라인 광고

p.162

당신이 밝혀낸 키워드를 사용해 온라
인 광고를 실시함으로써 실험에 충분
한 트래픽을 발생시켜라.

심플 랜딩 페이지

p.276

당신이 밝혀낸 특정 고객 프로파일에
맞춰 심플 랜딩 페이지를 제작하라.

소셜 미디어 캠페인

p.184

검색 트렌드 분석을 통해 분석한 관
심과 지역을 타깃으로 소셜 미디어
캠페인을 벌여라.

토론 포럼

p.150

토론 포럼을 살펴보며 알아낸 것을 검색하
고자 하는 분야에 반영함으로써 문제의 규
모를 판단하라.

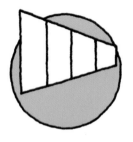

발견/데이터 분석

웹 트래픽 분석

고객의 행동 패턴을 발견하기 위해 웹 사이트에 축적된 데이터, 각종 리포트, 분석 정보 등
을 활용하는 방법이다.

⬭ ●●○○○ 비용	⚖ ●●●●○ 증거의 강도
🕐 ●●○○○ 준비 시간	⏱ ●●●○○ 진행 시간

✂ 🎲 ⚙ ⛏ 🗄 🏷 📣 🔍 📊

필요 역량 기술/데이터

⊞ ◩ ◉

수용 가능성·실현 가능성·생존 가능성

고객의 행동 패턴을 발견하기 위해 웹 사이트에 축적된 데이터, 각종 리포트, 분석 정보
등을 활용한다.

데이터 분석

준비하기

☐ 어떤 영역과 고객 이벤트customer event에 초점을 맞출지 결정하라.
- 회원 가입수 증가 여부
- 다운로드 횟수 증가 여부
- 구매 횟수 증가 여부

☐ 이런 이벤트 이전에 이뤄지는 단계를 규명하라.

☐ 분석할 시간대를 선택하라.

실행하기

☐ 웹 분석 소프트웨어를 사용하여 정해진 경로에 따라 분석을 실행하라.

☐ 이탈 지점drop-off point을 파악하고 이탈의 비율을 계산하라.

분석하기

☐ 가장 높은 비율의 이탈 지점은 어디인가?

☐ 그 수치를 개선하려면 어떤 실험을 진행해야 하는가?

비용

웹 트래픽 분석을 수행하는 데 드는 비용은 비교적 저렴하다. 특히 구글 애널리틱스와 같은 무료 서비스를 쓰면 더 저렴한데 이때 이벤트 수준으로 심도 있게 추적하고 싶다면 그 비용은 천차만별이다. 처음에는 아주 저렴한 비용으로 시작할 수 있지만 고객 트래픽의 규모에 따라 비용이 증가할 수 있다. 사람들이 웹사이트를 어떻게 이용하는지에 관한 히트 맵heat map 분석을 원한다면 저가의 도구들을 활용할 수 있다.

준비 시간

웹 트래픽 분석의 준비 시간은 몇 시간에서 며칠 정도로 비교적 짧다. 분석 도구를 웹 사이트에 통합시키고 데이터를 조회하기 위해 대시보드에 접속하는 것이 준비 과정이다. 분석 도구에 따라 데이터가 나타나기까지 하루 이상 걸릴 수도 있다.

진행 시간

웹 트래픽 분석을 진행하는 시간은 애석하게도 긴 편이라서 보통 몇 주에서 몇 개월이 소요된다. 트래픽의 양에 따라 진행 시간이 크게 좌우되지만 단 며칠간의 데이터로 위험한 결정을 내리고 싶지 않다면 장시간 소요되는 부분은 어쩔 수 없이 감수해야 한다.

증거의 강도

⚖ ●●●●○

●○○○○

세션수

단위 시간 동안 특정 사용자가 웹 사이트와 상호작용한 수를 말하는데 보통 30분 단위로 설정한다.

●●○○○

이탈수(혹은 이탈률)

어떤 사용자가 당신이 설정한 경로를 벗어날 때를 '이탈'이라고 한다. 어떤 단계에서 사용자가 사이트를 완전히 떠나는지 그 비율(이탈률)을 분석하는 것이 유용하다. 얼마나 많은 고객이 사이트에 접속하고 어느 시점에 사이트를 이탈하는가 하는 정보는 고객의 행동을 측정하기에 비교적 강력한 증거다. 하지만 고객에게 묻기 전까지는 그 이유를 알 수는 없다.

●●●●○

활성도Amount of Attention

활성도란 페이지에 머문 시간, 클릭한 페이지, 신규 방문자 수 등을 말한다. 사용자가 웹 사이트에 들어왔다고 해서 반드시 버튼과 링크를 클릭하는 것은 아니다. 그래서 히트 맵 데이터를 사용하면 웹 사이트에 대한 사용자들의 주목을 어떻게 얻고 어떻게 잃는지에 관한 놀라운 통찰을 얻을 수 있다.
활성도는 비교적 강력한 증거지만 '무엇'을 말해줄 뿐 '왜'를 이야기하지 않는다.

필요 역량

기술/데이터

웹 트래픽 분석은 몇 번만 수행해도 능숙한 수준에 빨리 도달할 수 있는데, 특히 사용자 행동의 기본을 완전히 이해한 후라면 더욱 그렇다. 트래픽 분석 소프트웨어를 활용할 줄 알고 그 소프트웨어가 내놓은 데이터를 분석할 수 있는 기술적 역량을 보유하기를 권한다. 예를 들어 히트 맵 데이터는 사람들이 무엇을 클릭하는지를 보여주지만 온라인 광고를 통해 들어온 사람들이 이메일 캠페인을 통해 들어온 사람들과 어떤 측면에서 다르게 클릭하는가를 보려면 유입 경로별로 데이터를 쪼개야 할 것이다.

필요조건

트래픽

웹 트래픽 분석을 하려면 유효 사용자를 보유한 웹사이트를 가지고 있어야 한다. 그렇지 않으면 어떤 증거도 수집하지 못한다. 심플 랜딩 페이지와 마찬가지로 웹 사이트의 트래픽을 높이기 위한 방법으로 다음을 추천한다.

• 온라인 광고
• 소셜 미디어 캠페인
• 이메일 캠페인
• 입소문
• 토론 포럼

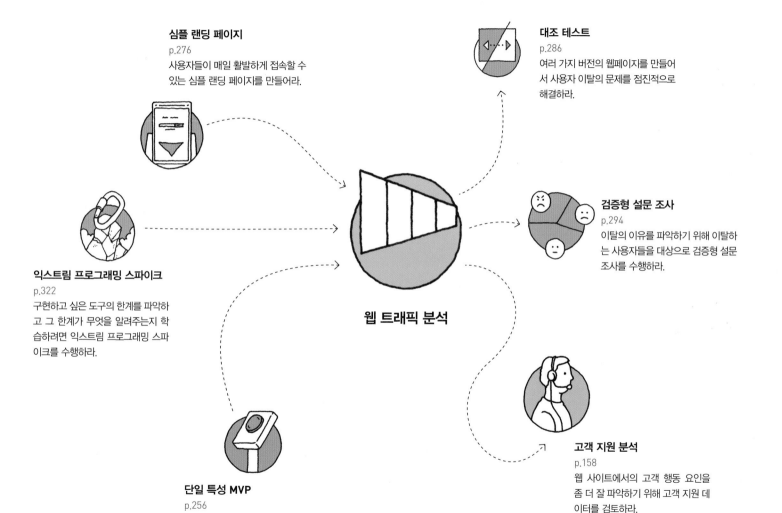

심플 랜딩 페이지

p.276

사용자들이 매일 활발하게 접속할 수 있는 심플 랜딩 페이지를 만들어라.

대조 테스트

p.286

여러 가지 버전의 웹페이지를 만들어서 사용자 이탈의 문제를 점진적으로 해결하라.

익스트림 프로그래밍 스파이크

p.322

구현하고 싶은 도구의 한계를 파악하고 그 한계가 무엇을 알려주는지 학습하려면 익스트림 프로그래밍 스파이크를 수행하라.

웹 트래픽 분석

검증형 설문 조사

p.294

이탈의 이유를 파악하기 위해 이탈하는 사용자들을 대상으로 검증형 설문 조사를 수행하라.

단일 특성 MVP

p.256

웹 사이트에 단일 특성 MVP를 구축하여 유입 흐름을 파악하고 고객의 유입을 증가시켜라.

고객 지원 분석

p.158

웹 사이트에서의 고객 행동 요인을 좀 더 잘 파악하기 위해 고객 지원 데이터를 검토하라.

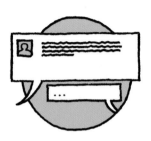

발견/데이터 분석

토론 포럼

토론 포럼으로 제품이나 서비스가 고객 활동, 불만, 혜택과 관련해 부합하지 못한 부분이 무
엇인지 파악하는 방법을 말한다.

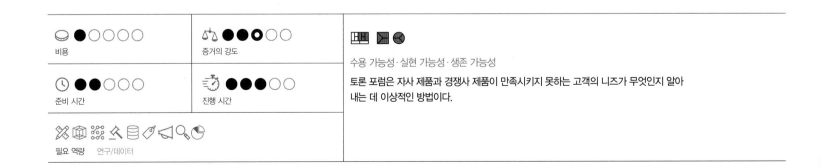

비용 ●○○○○

증거의 강도 ●●●◉○○

준비 시간 ●●○○○

진행 시간 ●●●○○

필요 역량   연구/데이터

수용 가능성·실현 가능성·생존 가능성

토론 포럼은 자사 제품과 경쟁사 제품이 만족시키지 못하는 고객의 니즈가 무엇인지 알아
내는 데 이상적인 방법이다.

준비하기

☐ 분석(내부 혹은 외부)에 활용하고자
  하는 토론 포럼을 규명한다.

☐ 다음의 예시처럼 해답을 얻고자
  하는 질문을 정의한다.

  • 고객 활동 중 가장 중요한 것을
    해결하지 못한다는 증거가 있
    는가?

  • 고객의 주요 불만을 해소하지 못
    한다는 증거가 있는가?

  • 고객의 혜택을 창출하지 못한다
    는 증거가 있는가?

  • 고객이 제품의 결함에 대해 자
    체적인 솔루션을 만든다는 증거
    가 있는가?

실행하기

☐ 토론 포럼에서 당신이 설정한 질
  문과 연관된 문구를 검색하라.

☐ 검색한 화면을 캡처하고 결과를 수
  집하라.

☐ 포럼에서 이뤄지는 토론의 분위
  기(긴급함 혹은 불만의 정도)를 판단
  하고 기록하라.

분석하기

☐ 확인된 결과를 바탕으로 가치 제
  안 캔버스를 수정하라.

☐ 포럼 게시자들에게 다이렉트 메
  시지를 보내 자세히 설명해줄 것
  을 요청하라.

☐ 게시자가 동의하면 격차를 줄이
  기 위한 일환으로 그들을 대상으
  로 실험에 착수하라.

데이터 분석

비용

비용은 비교적 저렴하다. 고객이 만족하지 못하는 니즈를 알기 위해 기본적으로 온라인 토론 포럼을 분석하는 방법이기 때문이다. 자체 토론 포럼을 운영한다면 운영 비용 차원에서 외부 토론 포럼을 분석할 때와 비교했을 때 어느 정도 비용효과적이어야 한다. 자체 포럼이라면 이미 구축된 분석 모듈을 사용할 수 있다. 경쟁사 혹은 다른 커뮤니티의 토론 게시판을 분석하려면 저비용의 도구를 사용하거나 수작업으로 스크랩해야 한다. 수작업으로 하면 비용은 절약할 수 있지만 시간이 오래 걸린다.

준비 시간

토론 포럼을 분석하기 위한 준비 시간은 비교적 짧다. 이때 묻고 싶은 질문을 정의하고 어떤 토론 포럼을 분석할지 결정하라.

진행 시간

토론 포럼을 분석하는 시간 역시 비교적 짧다. 단 웹 스크랩 도구를 사용하지 않는다면 소요시간이 늘어난다. 진행 시간을 단축하고 싶다면 자동화 도구를 사용하길 권한다. 당신의 가치 제안이 대응하지 못하는 고객 활동, 불만, 혜택의 패턴을 탐색하라.

증거의 강도

●●●○○

자체 솔루션 유형

고객이 원하는 것을 얻기 위해 제품에 대해 자체적으로 적용하는 방법의 패턴을 찾아라. 이를 통해 제품 개선 방향의 통찰을 얻을 수 있다.

스티브 블랭크가 언급한 '문제 해결 솔루션'built a solution to solve the problem과 마찬가지로 고객의 행동, 불만, 혜택에 충분히 대응하지 못하는 제품의 문제를 해결하려고 토론 참여자들이 자체적으로 해결 방법을 함께 논의 중이라면 이는 강력한 증거다.

●●○○○

특성 요구사항 유형

토론 포럼에서 요구하는 상위 3가지 특성이 무엇인지 또 그 특성들이 어떤 고객 활동과 불만을 해결할 수 있을지를 찾아라.

특성 요구사항은 비교적 약한 수준의 증거다. 포럼에서 제안하는 특성이 실제로 어떤 고객 활동과 불만에 대응할 수 있는지 확인하려면 추가적인 실험을 진행할 필요가 있다.

필요 역량

연구/데이터

온라인 웹 사이트를 어떻게 스크랩하는지, 데이터를 통해 어떤 질문을 던져야 하는지 등을 파악하려면 분석할 토론 포럼을 선정하고 데이터를 수집한 후 그 데이터를 분석할 수 있어야 한다. 즉 데이터 분석과 연구 역량이 있다면 도움이 된다.

필요조건

토론 포럼의 데이터

토론 포럼의 데이터 분석을 위해 가장 중요한 필요조건은 기존의 토론 포럼을 확보하는 것이다. 이로써 얻고자 하는 답을 위해 질문을 던질 수 있다. 경쟁사 제품이 만족시키지 못하는 고객 니즈가 있다고 판단되면 경쟁사의 고객들이 글을 올리는 커뮤니티나 고객 지원 포럼을 방문하라. 자체 토론 포럼을 운영 중이라면 이 역시 훌륭한 데이터 소스가 된다.

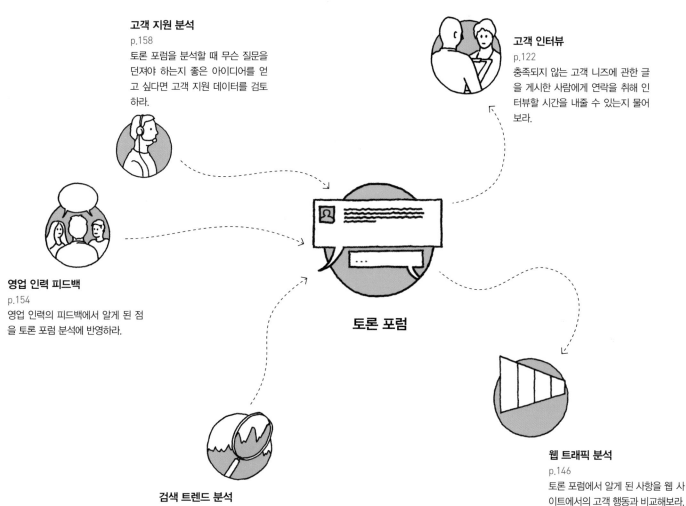

고객 지원 분석

p.158

토론 포럼을 분석할 때 무슨 질문을 던져야 하는지 좋은 아이디어를 얻고 싶다면 고객 지원 데이터를 검토하라.

고객 인터뷰

p.122

충족되지 않는 고객 니즈에 관한 글을 게시한 사람에게 연락을 취해 인터뷰할 시간을 내줄 수 있는지 물어보라.

영업 인력 피드백

p.154

영업 인력의 피드백에서 알게 된 점을 토론 포럼 분석에 반영하라.

토론 포럼

검색 트렌드 분석

p.142

사람들이 자사 혹은 경쟁사의 제품에 어떻게 반응하는지 살피려면 웹을 검색하라.

웹 트래픽 분석

p.146

토론 포럼에서 알게 된 사항을 웹 사이트에서의 고객 행동과 비교해보라.

153

데이터 분석

발견/데이터 분석

영업 인력 피드백

영업 인력의 피드백을 통해 제품이나 서비스가 고객 활동, 불만, 혜택에 얼마나 부합하는지
혹은 얼마나 부합하지 않는지를 파악하는 방법을 말한다.

◒ ●●○○○
비용

⚖ ●●●◐○○
증거의 강도

🕐 ●●○○○
준비 시간

⏱ ●●●○○
진행 시간

🏗 🚩 ◔

수용 가능성·실현 가능성·생존 가능성

영업 인력 피드백은 인력을 매개로 판매를 수행하는 비즈니스에 이상적인 방법이다.

✂🎁🔬🗄✒📢🔍📊

필요 역량   영업/연구/데이터

데
이
터
분
석

준비하기

- ☐ 영업 인력에게 던지고 싶은 질문을 결정하라.
  - 당신은 가장 중요한 고객 활동을 해결해주고 있는가?
  - 당신은 고객의 주요 불만을 잘 해소해주고 있는가?
  - 당신은 고객의 혜택을 창출하고 있는가?
- ☐ 복잡한 B2B 비즈니스를 영위하고 있다면 다음의 역할들로 질문을 세분하라.
  - 의사결정자
  - 구매자
  - 추천자
  - 인플루언서
- ☐ 영업 인력과의 미팅 일정을 수립하라.

실행하기

- ☐ 질문에 대한 영업 인력의 답변을 기초로 토론을 진행하라.
- ☐ 영업 인력에게 영업 상담sales call, 영업 상황판, 이메일 등으로 그들의 답변을 뒷받침해줄 것을 요구하라.
- ☐ 좋은 의견을 제시하고 시간을 내어준 데에 감사 인사를 전하라.

분석하기

- ☐ 발견한 점을 토대로 가치 제안 캔버스를 수정하라.
- ☐ 이 방법으로 알게 된 것을 바탕으로 제품의 '적합성'fit을 향상시키기 위한 실험을 진행하라.

비용

영업 인력으로부터 데이터를 수집하는 것이므로 비용은 비교적 저렴하다. 영업 인력의 피드백 데이터는 비싼 소프트웨어나 컨설팅 없이도 충분히 확보할 수 있다.

준비 시간

준비 시간은 비교적 짧다. 이때 분석 기간을 설정하고 피드백을 통해 특별히 알아내고자 하는 점을 결정하라.

진행 시간

잘 준비된 상태라면 진행 시간은 비교적 짧다. 만족시키지 못한 고객 활동과 혜택이 무엇이고 고객의 불만은 무엇인지 발견하라.

증거의 강도

●●●○○

니어 미스near miss의 발생수/니어 미스에 대한 피드백
판매 완료된다고 예상했으나 실제로 고객의 구매가 일어나지 않게 된 이유는 무엇인가? 얼마나 많은 판매 기회를 놓쳤는지 기록하고 고객이 '구매할 뻔했지만 하지 않았다'라고 답한 이유를 파악하라. 이를 제품의 적합성을 높이는 데 활용하라.
반면 애초에 구매 의사가 없었으나 결국 사게 된 이유를 밝힌 고객의 피드백은 비교적 강력한 증거다. 이런 피드백은 대부분의 피드백보다 강력하다. 비구매에서 구매로 바뀌게 된 이유를 말해주기 때문이다.

●●○○○

특성 요구사항의 유형
영업 과정에서 드러난 상위 3개의 특성 요구사항으로부터 패턴을 발견하라. 그 요구사항이 어떤 고객 활동과 불만을 대응하고자 하는 것인지 파악하라.
특성 요구사항은 비교적 약한 증거라서 그 요구사항이 실제로 어떤 고객 활동과 불만에 대응할 수 있는지 확인하려면 추가 실험을 진행할 필요가 있다.

필요 역량

영업/연구/데이터

영업 인력의 피드백을 수집하고 분류하고 분석하려면 영업이 이뤄지는 방식을 이해하고 어떤 질문을 던져야 하는지 규명할 줄 아는 역량이 필요하다.

필요조건

영업 인력의 데이터

영업 인력 피드백을 분석하는 데 가장 중요한 필요조건은 구두口頭 형식이나 CRM Customer Relationship Management(고객 관계 관리) 소프트웨어를 통해 피드백을 제공할 수 있는 적극적인 영업 인력을 확보하는 것이다.

고객 인터뷰

p.122

고객 인터뷰에서 나온 고객 활동, 혜택, 불만에 관한 언급을 영업 인력의 피드백을 통해 확인하라.

특성 선택 구매

p.242

구매를 실행하지 않은 사람들을 초대해 그들이 필요로 하는 특성을 좀 더 깊이 파악하라.

발견형 설문 조사

p.138

설문 조사에서 나온 고객 활동, 혜택, 불만에 관한 발견 사항을 영업 인력의 피드백을 통해 확인하라.

영업 인력 피드백

대조 테스트

p.286

고객에 대한 가치 제안을 몇 개의 다른 버전으로 만들어 영업 프로세스를 활용해 테스트하라.

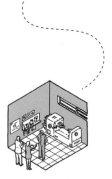

전문가 구성원 인터뷰

p.131

인터뷰에서 나온 내용으로 구성원들의 니즈가 실제 판매로 이어지는지의 여부를 파악하라.

157

데이터 분석

발견/데이터 분석

고객 지원 분석

고객 지원 데이터를 분석하여 제품이나 서비스가 고객 활동, 불만, 혜택에 얼마나 부합하는
지 혹은 얼마나 부합하지 않는지 파악한다.

⬤ ●●〇〇〇

비용

⚖ ●●〇〇〇

증거의 강도

🕐 ●●〇〇〇

준비 시간

⏱ ●●●〇〇

진행 시간

🔲 🔳 🔵

수용 가능성 · 실현 가능성 · 생존 가능성

고객 지원 분석은 상당한 규모의 기존 고객을 보유한 비즈니스에 이상적인 방법이다.

✂ 📦 ⚙ ⚒ 🗄 ✒ 📢 🔍 📊

필요 역량   영업/마케팅/연구/데이터

준비하기

- □ 고객 지원 데이터를 통해 알고자 하는 질문을 설정하라.
  - 당신은 가장 중요한 고객 활동을 해결해주고 있는가?
  - 당신은 고객의 주요 불만에 잘 대처하고 있는가?
  - 당신은 고객의 혜택을 창출하고 있는가?
- □ 고객 지원 부서와 이야기를 나눌 일정을 수립하라.

실행하기

- □ 질문에 대한 고객 지원 팀원들의 답변을 기초로 토론을 진행하라.
- □ 고객 지원 팀원들에게 고객 지원 상담support call, 고객 지원 상황판, 이메일 등으로 그들의 답변을 뒷받침해줄 것을 요구하라.
- □ 좋은 의견을 제시하고 시간을 내어준 데에 감사 인사를 전하라.

분석하기

- □ 발견한 점을 토대로 가치 제안 캔버스를 수정하라.
- □ 이 방법으로 알게 된 것을 바탕으로 제품의 적합성을 향상시키기 위한 실험을 진행하라.

159

데이터 분석

비용

축적된 고객 데이터를 단순히 수집하는 것이므로 전체적인 비용은 비교적 저렴하다. 이런 데이터 분석은 비싼 소프트웨어나 컨설팅 없이 충분히 진행할 수 있다.

준비 시간

데이터만 확보하면 되므로 준비 시간은 비교적 짧다. 이때 분석 기간을 설정하고 데이터 분석을 통해 특별히 찾고자 하는 점을 결정하라.

진행 시간

데이터를 확보하고 그 안에 찾고자 하는 것을 정의하기만 하면 진행 시간은 그리 오래 걸리지 않는다. 만족시키지 못하는 고객 활동과 혜택이 무엇이고 고객의 불만이 무엇인지 발견하라.

증거의 강도

●●○○○

고객 피드백

여기서 고객 피드백이란 고객 지원 상담을 하는 동안 고객의 주요 활동, 해결되지 않는 불만, 충족되지 않는 혜택에 대해 고객이 언급한 바를 말한다.

고객 지원 데이터 내의 고객 피드백은 그 자체로는 비교적 약한 증거이지만 향후 실험에 반영하는 데 사용할 수 있다.

●●○○○

특성 요구사항 유형

상위 3개의 특성 요구사항으로부터 패턴을 발견하라. 그 요구사항이 어떤 고객 활동과 불만을 해결하고자 하는 것인지 파악하라.

특성 요구사항은 비교적 약한 증거라서 그 요구사항이 실제로 어떤 고객 활동과 불만에 대응할 수 있는지 확인하려면 추가 실험을 진행할 필요가 있다.

필요 역량

영업/마케팅/연구/데이터

고객 지원 데이터를 수집하고 분류하고 분석하려면 영업이 이뤄지는 방식과 마케팅에 관한 역량, 데이터를 살펴보고 질문을 규명할 줄 아는 역량이 필요하다.

필요조건

고객 지원 데이터

고객 지원 데이터를 분석하는 데 가장 중요한 필요조건은 분석할 고객 지원 데이터가 확보되어야 한다는 점이다. 데이터의 형태는 녹취된 상담 내용일 수도 있고 버그bug 혹은 특성에 대한 고객의 요구사항일 수도 있다. 분석할 데이터가 몇몇 고객과의 실제 대화에 불과하거나 단발성 자료에 그쳐서는 안 된다.

고객 인터뷰

p.122

고객 인터뷰에서 나온 고객 활동, 혜택, 불만에 관한 언급을 고객 지원 데이터를 통해 확인하라.

웹 트래픽 분석

p.146

고객 지원 데이터를 통해 알게 된 것을 웹 사이트에서의 고객 행동과 비교해보라.

발견형 설문 조사

p.138

설문 조사에서 나온 고객 활동, 혜택, 불만에 관한 발견 사항을 고객 지원 데이터를 통해 확인하라.

고객 지원 분석

영업 인력 피드백

p.154

고객 지원 데이터에서 발견한 것을 영업 인력의 피드백과 비교해보라.

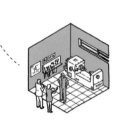

전문가 구성원 인터뷰

p.131

인터뷰에서 나온 내용을 통해 구성원들의 니즈가 고객이 말하는 바와 얼마나 일치하는지 파악하라.

스피드보트

p.234

고객이 제품의 부족한 점을 단순히 지적만 하게 하지 말고 그들을 스피드보트 실험에 초대하라. 그리고 제품의 어떤 부분이 그들을 좀 더 빠르게 만들고 다른 어떤 부분이 그들을 느리게 만드는지 파악하라.

발견/관심 발견

온라인 광고

단순한 콜 투 액션(행동 요구)과 함께 목표 고객 세그먼트에 대한 가치 제안을 명확하게 표현
하는 것이 온라인 광고다.

⬭ ●●●○○
비용

⚖ ●●●○○
증거의 강도

🕐 ●●○○○
준비 시간

⏱ ●●●○○
진행 시간

✂ 🧊 ❖ ⛏ 🗄 ✒ 📣 🔍 📊
필요 역량　디자인/제품/마케팅

🏢 ✈ ◔

수용 가능성·실현 가능성·생존 가능성

온라인 광고는 고객의 규모 정도에 맞게 온라인을 통해 가치 제안을 신속하게 테스트하
는 데 이상적인 방법이다.

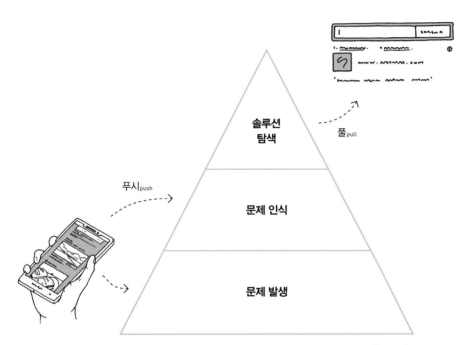

푸시|push

풀pull

솔루션
탐색

문제 인식

문제 발생

이 도구는 스티브 블랭크가 쓴 《깨달음에 이르는 4단계》의 제3장에 제시된 [그림 3.1]에서 영감을 얻었다.

목표 고객 찾기
온라인에서 목표 고객을 찾는 일은 어려울 수 있지만 창의력과 융통성을 발휘하면 충분히 가능하다. 목표 고객 찾기는 실험 디자인 전부터 염두에 두는 편이 좋다.
예를 들어 가치 제안 캔버스를 만들 때는 온라인상에서 목표 고객을 발견할 가능성이 있는 '장소'를 선정하는 데 시간을 쏟아라. 팀원들의 투표를 거쳐 가장 먼저 테스트할 곳을 결정하라.

고객은 어떤 단계에 있는가?
목표 고객이 존재한다고 예상되는 장소들의 우선순위를 정한 다음 고객의 상황에 따라 접근 방식을 맞춰야 한다. 옆에 제시한 스티브 블랭크의 모델을 고객 참여를 끌어내기 위한 전략 수립에 반영하라.

163

문제 인식

문제 발생

푸시 기반 push-based 접근 방식

제품/서비스에 문제가 있고 이 문제를 인식 중인 고객을 실험에 참여시키는 것이 푸시 기반 접근 방식이다. 그런 고객을 대상으로 광고를 만들면 광고의 영향력이 높아진다. 디스플레이 광고를 통해 관심에 따라 고객을 세분한 다음에 실험을 진행할 수 있다.

소셜 미디어 광고

준비하기

☐ 어떤 소셜 미디어 플랫폼에서 광고를 진행할지 결정하라.

☐ 목표 대상, 광고 캠페인 기간, 예산 등을 설정하라.

☐ 클릭당 비용 cost per click, CPC 옵션을 선택하라.

☐ 비즈니스 타이틀과 로고를 포함시켜라.

☐ 당신이 제공하는 바를 적절하게 전달하기 위해 가치 제안 캔버스를 가지고 '가치 성명서' value statement 를 고안하라.

☐ 당신의 가치 성명서를 강조할 수 있는 강렬한 이미지를 만들어라.

☐ 연결될 사이트의 URL을 포함시켜라.

실행하기

☐ 승인이 떨어지면 바로 소셜 미디어 광고를 진행하라.

☐ 매일 다음의 사항을 모니터하라.
  • 광고비 지출액
  • 광고 노출 횟수
  • 광고 연결률(혹은 클릭률)
  • 댓글과 공유 횟수

분석하기

☐ 광고 성과를 매일 분석하라.

☐ 광고 연결률은 적은데 광고비 지출액이 많다면 캠페인을 잠시 중단하고 광고 문구와 이미지를 수정한 후 수정된 캠페인을 다시 진행하라.

검색 광고

준비하기

☐ 광고를 노출할 검색 플랫폼을 결정하라.

☐ 목표 대상, 광고 캠페인 기간, 예산을 설정하라.

☐ 클릭당 비용 옵션을 선택하라.

☐ 당신이 제공하는 바를 적절하게 전달하기 위해 가치 제안 캔버스를 가지고 가치 성명서를 고안하라.

☐ 연결될 사이트의 URL을 포함시켜라.

☐ 가치 성명서의 축약된 버전을 만들어서 '가치 헤드라인'으로 사용하라.

☐ 승인을 위해 광고를 제출하라.

실행하기

☐ 승인이 떨어지면 바로 검색 광고를 진행하라.

☐ 매일 다음의 사항을 모니터하라.
  • 광고비 지출액
  • 광고 노출 횟수
  • 광고 연결률

분석하기

☐ 광고 성과를 매일 분석하라.

☐ 광고 연결률은 적은데 광고비 지출액이 많다면 캠페인을 잠시 중단하고 광고 문구와 이미지를 수정한 후 캠페인을 다시 진행하라.

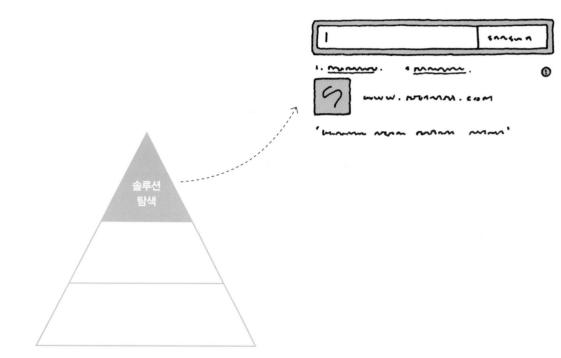

풀 기반 Pull-Based **접근 방식**

푸시 기반 접근 방식과 다르게 문제에 대한 솔루션을 이미 탐색 중인 고객들에게는 주도적으로 접근할 필요가 있다.

풀 기반 접근 방식의 실험은 문제에 대한 솔루션을 온라인으로 검색하는 사람들을 대상으로 진행할 수 있다. 온라인 검색 광고를 사용함으로써 핵심 검색 키워드의 범위를 좁힐 수 있고 솔루션을 적극적으로 탐색하는 사람들을 당신의 가치 제안으로 '끌어당길' 수 있다.

비용

온라인 광고 비용은 검색 엔진, 키워드, 업계의 클릭당 평균 비용에 따라 달라질 수 있다. 기본적으로 사업 초기에는 과도하게 비싼 온라인 광고 활용은 지양해야 한다. 유료 광고에 너무 의존하지 않도록 유의하라. 그렇지 않으면 나중에 사업을 확장하는 데 어려움이 발생하게 된다.

준비 시간

광고 문구가 텍스트뿐이라면 몇 분 내에 만들 수 있다. 광고에 이미지도 포함돼야 한다면 적절한 자료를 찾고 광고 문구를 만드는 데 시간이 오래 걸릴 수 있다.

진행 시간

광고 플랫폼에 따라 광고 승인을 받는 데 1~3일 정도 걸릴 수 있다. 승인되면 최소 1주일 정도 광고를 진행함으로써 매일 어떤 성과가 있는지 살펴보길 바란다.

증거의 강도

조회수/클릭수

광고 연결률은 광고 클릭수를 광고 노출 횟수로 나눈 값이다. 광고 연결률은 산업마다 다르기 때문에 광고 연결률의 비교 기준이 얼마인지 온라인으로 조사하라.

사용자가 광고를 클릭한 횟수는 비교적 약한 증거이지만 고객 확보 채널을 테스트하는 데 필요한 증거. 전체적으로 좀 더 강한 증거가 되려면 심플 랜딩 페이지로 이동하는 횟수를 함께 살펴보면 된다.

필요 역량

디자인/제품/마케팅

온라인 광고를 진행하는 것은 예전보다 훨씬 쉽다. 온라인 광고 플랫폼에서 단계별 관리 방법을 제공하기 때문이다. 그러나 적절한 콜 투 액션과 목표 대상, 가치 제안을 잘 전달하는 광고를 디자인할 줄 알아야 한다. 이를 위해 제품, 마케팅, 디자인 기술이 필요하다. 그렇지 않으면 당신이 만든 광고는 고객의 마음을 움직이지 못할 것이다.

필요조건

목적지

클릭하자마자 목표 대상(고객)에게 보여줄 사이트가 마련되어야 한다. 광고 플랫폼들은 수년 사이에 규정을 더 까다롭게 적용하는 방향으로 변하고 있으므로 광고로 노출하려는 웹 페이지가 광고에 제시된 전반적인 가치 제안과 부합해야 하고 페이지가 게시된 웹 사이트 역시 광고 도달 요건을 충족해야 한다. 광고를 진행하기 전에 이런 사항들을 확인하라. 그렇지 않으면 광고 승인이 거절될 것이다.

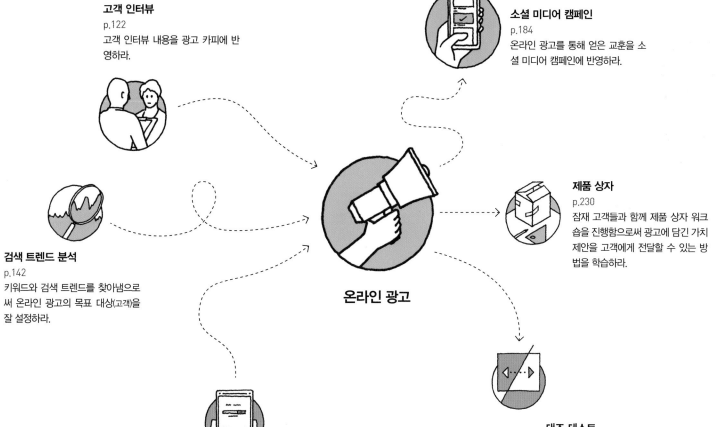

고객 인터뷰

p.122

고객 인터뷰 내용을 광고 카피에 반영하라.

소셜 미디어 캠페인

p.184

온라인 광고를 통해 얻은 교훈을 소셜 미디어 캠페인에 반영하라.

검색 트렌드 분석

p.142

키워드와 검색 트렌드를 찾아냄으로써 온라인 광고의 목표 대상(고객)을 잘 설정하라.

제품 상자

p.230

잠재 고객들과 함께 제품 상자 워크숍을 진행함으로써 광고에 담긴 가치 제안을 고객에게 전달할 수 있는 방법을 학습하라.

온라인 광고

심플 랜딩 페이지

p.276

광고의 도달 사이트(목적지)로 사용하도록 심플 랜딩 페이지를 제작하라.

대조 테스트

p.286

광고를 여러 개의 버전으로 만들어 어떤 버전이 고객의 반응을 가장 많이 얻는지 살펴보라.

관심 발견

발견/관심 발견

링크 추적

독특하고 추적 가능한 하이퍼링크를 통해 당신의 가치 제안에 대해 좀 더 상세한 정보를 얻
는 방법을 말한다.

비용 ●○○○○

증거의 강도 ●●●○○

준비 시간 ●○○○○

진행 시간 ●●●○○

수용 가능성 · 실현 가능성 · 생존 가능성
링크 추적은 정성적 데이터를 통해 고객 행동을 테스트하는 데 이상적인 방법이다.

필요 역량   기술/데이터

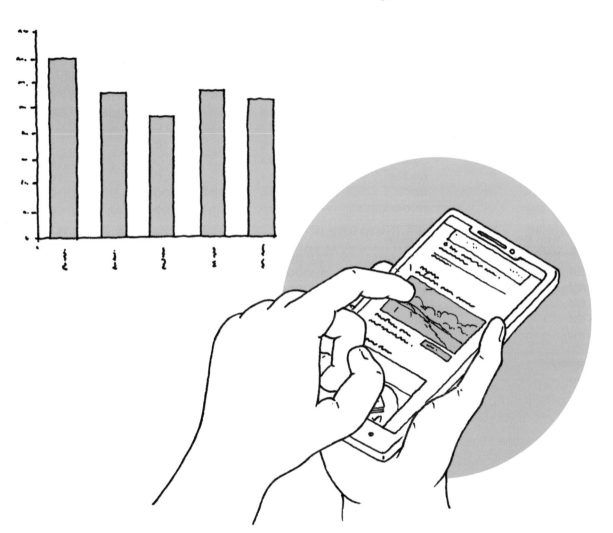

준비하기

☐ 링크를 포함시킬 곳을 설정하라.

☐ 링크의 콜 투 액션을 명확하게 설정하라.

☐ 링크 조회와 클릭수를 추적하기 위해 분석 도구를 통합하라.

☐ 고객이 링크를 클릭하자마자 띄워지는 도달 사이트를 만들어라.

실행하기

☐ 연결 오류 여부 확인을 위해 링크를 먼저 살핀 후 고객에게 전달하라.

☐ 고객이 접근하여 클릭할 시간을 주기 위해 며칠 혹은 몇 주 동안 실행하라.

분석하기

☐ 링크를 클릭한 비율을 계산하라.

☐ 고객이 사이트에 접속하여 보여준 행동과 그 비율을 비교해보라.

☐ 분석을 통해 알게 된 내용을 바탕으로 링크의 문구를 개선하고 대조 테스트를 진행하라.

169

비용

링크 추적의 비용은 비교적 저렴하다. 대부분의 온라인 웹 분석 도구들, 온라인 광고, 이메일 소프트웨어가 URL 링크를 추적할 수 있는 기능을 제공하기 때문이다.

준비 시간

링크 추적의 준비 시간은 기존의 소프트웨어를 사용하기만 한다면 비교적 짧다. 당신이 가진 차별화된 디지털 미디어 포맷에 접속하도록 링크를 만들어야 한다.

진행 시간

링크를 추적하는 시간은 보통 몇 주가 걸린다. 사람들에게 링크를 조회하고 클릭 여부를 결정할 시간을 충분히 주기 위해서다.

증거의 강도

조회수

클릭률은 링크를 클릭한 사람수를 조회한 사람수로 나눈 값을 말한다.

클릭률은 산업마다 다르다. 산업의 가이드라인에 따라 평균적으로 어느 정도가 되어야 하는지 결정하라. 링크 클릭수는 평균적으로 중간 정도 수준의 증거다. 고객이 무엇을 하는지 알 수 있지만 왜 하는지는 알지 못하기 때문이다. 이유를 파악하려면 고객을 직접 만나 이야기를 나눠봐야 한다.

필요 역량

기술/데이터

대부분의 소프트웨어가 이미 링크 추적 기능을 가지고 있기 때문에 링크 추적에는 심도 있는 전문성이 필요하지는 않다. 추적을 위한 링크를 만들고 그 결과를 해석하는 법만 알면 된다.

필요조건

콜 투 액션

분명한 콜 투 액션과 가치 제안이 없으면 링크 추적 방식은 성공하기가 쉽지 않다. 콘텐츠와 이미지는 웹 페이지에 접속할 링크는 물론이고 콜 투 액션과 가치 제안을 명확하게 보여줘야 한다.

고객 인터뷰

p.122

고객 인터뷰에서 얻은 이메일 주소로
링크 추적을 위한 메일을 발송하라.

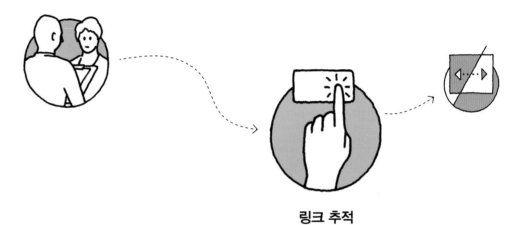

대조 테스트

p.286

링크 추적의 분석 결과를 가지고 대
조 테스트를 위한 여러 가지 버전을
만들어라.

링크 추적

온라인 광고

p.162

클릭할 수 있는 링크가 포함된 온라
인 광고를 만들어서 광고 연결률을
추적하라.

심플 랜딩 페이지

p.276

랜딩 페이지에 링크 추적 코드를 삽
입해 온라인 광고를 클릭한 고객이
어떻게 당신의 페이지로 유입되는지
파악하라.

이메일 캠페인

p.178

링크 추적 코드를 삽입해 얼마나 많
은 사람이 광고 이메일을 클릭했는
지 파악하라.

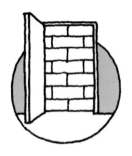

발견/관심 발견

특성 버튼

특성 버튼은 향후에 특정한 특성을 도입하는 것이 얼마나 효과적일지 테스트하는 방법으로
서 일반적으로 버튼의 형태로 제시된다.

비용 ● ○ ○ ○ ○

증거의 강도 ● ● ● ● ○ ○

준비 시간 ● ● ○ ○ ○

진행 시간 ● ● ○ ○ ○

필요 역량   디자인/제품/기술

수용 가능성 · 실현 가능성 · 생존 가능성

특성 버튼은 이미 제공하는 제품이나 서비스에 더해질 새로운 특성을 고객이 얼마나 필요
로 할지 신속하게 테스트하는 데 이상적인 방법이다.
특성 버튼은 제품의 미션 크리티컬 기능mission critical functionality(제품의 근간이라서 절대 다운되어
서는 안 되는 기능 — 옮긴이)을 테스트하는 데에는 이상적인 방법이 아니다.

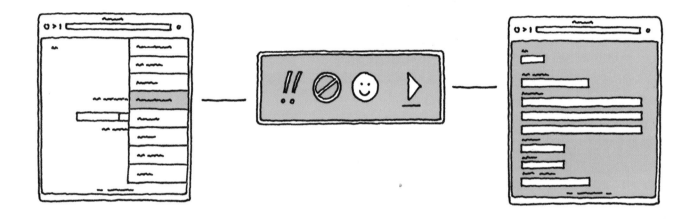

준비하기

☐ 특성 버튼을 삽입할 곳을 결정하라. 가급적 고객이 워크 플로우상에서 가장 많이 쓰게 되는 곳을 선정하라.

☐ 특성 버튼의 내용 분량과 일정을 설정하라.

☐ 제품의 비주얼 스타일과 비슷하게 특성 버튼을 만들어라.

☐ 버튼을 클릭하면 '해당 특성은 아직 완성되지 않았습니다'는 팝업 창이 나타나게 하라.

☐ '더 알아보기' 버튼을 추가해 사람들이 다시 클릭할 만큼 충분히 관심을 갖는지 살펴보라. 추가적으로 얼마나 관심이 있는지와 이메일 가입 의사를 묻는 설문을 제시할 수도 있다.

☐ 분석 도구를 적용하여 조회수와 클릭수를 추적하라.

☐ 해당 특성을 빠르게 켜고 끌 수 있도록 토글 스위치toggle switch를 설정하라. 이것이 가장 중요한 단계다!

실행하기

☐ 토글 스위치로 특성 버튼을 켜라.

☐ 시간 단위로 링크의 사용을 매우 세밀하게 모니터링하라.

☐ 실험이 끝나면 바로 특성 버튼의 토글 스위치를 꺼라.

분석하기

☐ 버튼, 더 알아보기, 설문 등의 링크를 통한 전환율을 각각 계산하라. 모두 성공이라고 판단할 만한 수치에 도달했는가?

☐ 알아낸 내용을 팀원들과 함께 살펴봄으로써 어떤 특성이 계속해서 적용할 가치가 있는지 결정하라.

비용

특성 버튼의 비용은 보통 아주 저렴하다. 전체적인 특성을 완전하게 구축하는 것이 아니라 단순히 특성의 유입 포인트를 제시하는 것이기 때문이다.

준비 시간

기존의 제품이나 서비스에 특성 버튼을 세팅하는 데에 몇 시간이면 충분하다. 만약 시간이 그보다 오래 걸린다면 실험을 구현하는 과정에서 제품/서비스의 구조를 다시 생각할 필요가 있다.

진행 시간

특성 버튼은 1~3일이 넘게 진행해서는 안 된다. 특성 버튼은 증거를 신속하게 수집하기 위한 단기 실험으로 설계된 것이기 때문이다. 이 기간보다 오래 진행하면 고객들은 계속해서 그런 특성이 유지될 거라 여기기 때문에 자칫 혼란이 일어날 수 있다.

증거의 강도

조회수/클릭수

버튼의 전환율

클릭수를 조회수로 나누면 전환율conversion rate을 계산할 수 있다. 버튼 클릭에 대해 15%의 전환율을 목표로 하라. 조회수와 클릭수는 기능에 대한 관심 정도를 보여주지만 비교적 약한 증거다.

'더 알아보기' 클릭수

'더 알아보기'의 전환율

더 알아보기 클릭수를 조회수로 나누면 전환율을 계산할 수 있다. 더 알아보기에 대해 5%의 전환율을 목표로 하라. 더 알아보기 클릭수는 단순히 팝업창을 닫는 것보다 비교적 강력한 증거다.

설문 완료수

설문 피드백

설문 완료수를 더 알아보기 클릭수로 나누면 전환율을 계산할 수 있다. 설문 완료에 대해 3%의 전환율을 목표로 하라. 더 알아보기 링크를 통해 설문을 완성하는 것은 팝업창을 닫는 것보다 비교적 강력한 증거다. 사람들이 제품에 기대하는 특성에 대해 자발적으로 링크를 클릭하고 설문에 응한다면 가치 있는 통찰을 얻을 수 있다.

필요 역량

디자인/제품/기술

기존 제품에 꼭 들어맞는 버튼을 디자인할 수 있어야 한다. 또한 해당 특성이 아직 완전히 준비되지 않았다는 팝업창을 띄우고 고객에게 설문에 응해 달라는 요청 버튼을 만들어야 한다. 버튼과 링크의 효과를 측정하기 위해 분석 도구를 활용할 줄 알아야 한다.

필요조건

기존 제품

특성 버튼 실험을 진행하려면 이미 사용자들이 일상적으로 사용 중인 제품을 보유하고 있어야 한다. 사용자들이 꾸준히 유입되는 제품을 가지고 있지 않다면 고객의 관심을 측정하기가 어렵다. 믿을 수 있는 증거를 얻으려면 고객이 제품의 전후 맥락 속에서 해당 특성을 경험해야 하기 때문이다.

통합 및 분석 도구

특성 버튼 실험을 진행하려면 즉석에서 토글 스위치를 켜고 끌 수 있어야 한다. 이런 기능을 구축할 수 있는지, 특성 버튼을 실행하기 전에 제대로 작동되는지 등을 확인하라. 더불어 특성에 대한 고객의 관심을 측정하려면 분석 도구가 필요하다.

특성 선택 구매

p.242

어떤 특성이 우선적인지 결정하기 위해 고객과 워크숍을 진행하라.

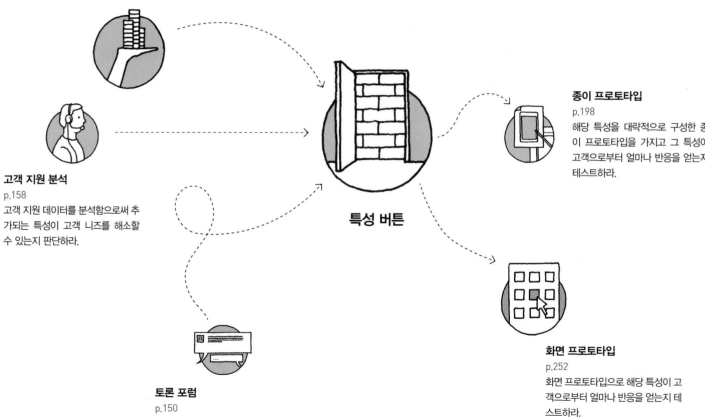

고객 지원 분석

p.158

고객 지원 데이터를 분석함으로써 추가되는 특성이 고객 니즈를 해소할 수 있는지 판단하라.

특성 버튼

종이 프로토타입

p.198

해당 특성을 대략적으로 구성한 종이 프로토타입을 가지고 그 특성이 고객으로부터 얼마나 반응을 얻는지 테스트하라.

화면 프로토타입

p.252

화면 프로토타입으로 해당 특성이 고객으로부터 얼마나 반응을 얻는지 테스트하라.

토론 포럼

p.150

토론 포럼을 검색함으로써 고객이 어떠한 창의적인 자체 솔루션으로 제품의 결함을 대응하는지 살펴보라.

관점 발견

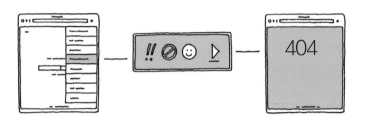

발견/관심 발견

404 테스트

특성 버튼보다 신속하게 진행할 수 있지만 다소 리스크가 있는 방법이 404 테스트다. 이 테스트는 버튼이나 링크 같은 요소를 쓰지 않는다는 것 외에 특성 버튼과 아주 유사하다. '404'라는 이름이 붙은 이유는 클릭할 때 404 에러('HTTP 404 또는 찾을 수 없습니다'라는 오류 메시지가 뜨는 것을 가리킴—옮긴이)가 뜨기 때문이다. 해당 특성을 고객이 얼마나 원하는지 살펴보려면 404 에러가 발생하는 수를 세면 된다.

이 변형된 실험에는 트레이드오프trade-offs가 있다. 즉 전체 일반 고객을 대상으로 신속하게 무언가를 테스트할 수 있다는 장점과 동시에 고객에게 제품에 무언가 이상이 있다는 인상을 주는 치명적 단점을 갖고 있다.

404 테스트를 몇 시간 이상 진행하지 마라.

비용

준비 시간

진행 시간

증거의 강도

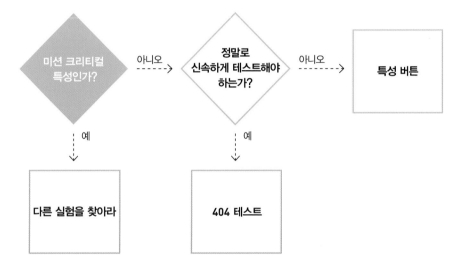

'신속한 테스트'라는 개념은 거친 논쟁과 논리가 오고가는 무수히 많은 회의를 한 번에 해결한다.

–스티븐 카우퍼Stephen Kaufer, 트립어드바이저TripAdvisor CEO

끝날 줄 모르는 회의?

어떤 기능이 고객을 위한 좋은 아이디어인가에 대해 팀원들과 논쟁을 벌이는 회의를 해본 적 있는가? 의사결정을 해야 하는 상황에서 증거는 없이 서로 의견만 제시한다면 대화는 한 발자국도 진전되지 못한다. 특성 버튼은 고객의 요구를 가늠하는 데 도움이 되는 데이터를 도출한다. 만약 테스트 결과가 매우 긍정적으로 나왔는데 고객이 당신에게 '언제 그 기능을 사용할 수 있냐?'고 묻는다면 어떻게 해야 할까? 그러면 해당 특성에 대한 의견을 취합하는 단계에서 머물러 있는 회의를 과감하게 중단하는 것이 좋다.

만약 테스트 결과가 긍정적이지 않고 아무도 클릭을 하지 않는다면 어떻게 해야 할까? 이때는 회의를 진전시키는 것이 좋다.

회의에서 당신의 예상이 맞았다고 동료들에게 자랑하기보다는 객관적인 데이터를 사용하는 것이 대화를 진전시키는 데 도움이 된다. 대화의 진전이 옳고 그름을 따지는 일보다 훨씬 중요하다. 특성 버튼은 대화를 진전시키는 데 훌륭한 방법이다.

발견/관심 발견

이메일 캠페인

특정 기간 동안 고객에게 이메일로 메시지를 보내는 방법을 말한다.

⬤●○○○○
비용

⚖ ●●●○○
증거의 강도

🕐 ●●○○○
준비 시간

⏱ ●●●○○
진행 시간

✂📦🔬⛏🗄🏷📢🔍📊
필요 역량   디자인/제품/마케팅

수용 가능성·실현 가능성·생존 가능성

이메일 캠페인은 해당 고객 세그먼트에 대해 가치 제안을 신속히 테스트하는 데 이상적인 방법이다.

이메일 캠페인은 고객과의 대면 상호작용을 대체하기 위한 수단으로는 이상적인 방법이 아니다.

발
견

178

실
험

준비하기

□ 이메일 캠페인의 목표를 설정하라.

□ 며칠 혹은 몇 주 동안 고객에게 보낼 이메일 리스트를 만들어라. 횟수가 거듭될수록 고객에게 더 큰 가치를 주는 이메일이 되어야 한다.

□ 내용과 이미지를 검토하기 위해 내부 팀원들에게 테스트용 이메일을 발송하라.

실행하기

□ 고객을 대상으로 이메일 캠페인을 진행하라.

□ 고객의 질문에 즉각 답하라.

분석하기

□ 어떤 이메일의 성과가 가장 높았는지 분석하라.
- 어떤 유형의 내용을 가장 많이 열람했는가?
- 어떤 유형의 내용이 가장 많은 클릭을 유발했는가?
- 어떤 유형의 내용이 가장 많은 답장을 받았는가?

□ 팀원들에게 분석 결과를 개괄적으로 설명하고 다음 캠페인에서는 무엇을 어떻게 개선할지 논의하라.

비용

이메일 캠페인의 비용은 비교적 저렴하다. 대규모 구독자를 대상으로 이메일을 작성하고 배포하고 분석하기 위한 비용효과적인 서비스가 많이 존재하기 때문이다.

준비 시간

요즘 많이 쓰이는 이메일 도구를 사용하면 이메일 캠페인을 준비하는 데 몇 분에서 몇 시간이면 족하다. 일일이 신경 쓰지 않아도 일정 기간 동안 이메일 시리즈를 자동적으로 발송하는 기능을 활용하면 편하다.

진행 시간

이메일 캠페인의 성격에 따라 1~2일 혹은 3~4주가 걸릴 수 있다.

증거의 강도

열람수/클릭수/반송/구독 취소수

- 열람률 = 열람수를 클릭수로 나눈 값
- 클릭률 = 이메일 내에 있는 여러 링크 중 적어도 하나 이상 클릭한 사람의 비율

열람률과 클릭률은 산업마다 다르다. 업계의 가이드라인에 따라 어느 정도가 평균이 되어야 하는지 결정하라. 가이드라인은 대부분의 이메일 서비스 도구가 제공하는 리포트 기능에서 찾을 수 있다.
이메일 열람수와 클릭수는 강력한 증거와 약한 증거 사이에 중간 수준의 증거다.

필요 역량

디자인/제품/마케팅

이메일 캠페인은 전용 도구와 서비스가 있기 때문에 진행과 관리가 비교적 용이하다. 분명하고 논리 정연한 문구를 쓸 줄 알아야 하고 시선을 잡아끄는 이미지, 강력한 콜 투 액션을 담아낼 수 있어야 한다. 대부분의 포맷은 온라인 템플릿에서 참고할 수 있다.

필요조건

구독자 목록

이메일 캠페인이 효과적이려면 상당 규모의 이메일 구독자가 필요하다. 다음과 같은 여러 가지 통로를 통해 구독자를 확보할 수 있다.

- 소셜 미디어 캠페인
- 회원 등록 사이트
- 이메일 등록이 들어간 블로그 게시글
- 입소문
- 토론 포럼

캠페인의 목표

이메일 캠페인의 목표가 없으면 이 방법이 효과적으로 진행되는지 확신할 수 없다. 캠페인의 목표는 웹 사이트의 트래픽 증가, 신규 고객 확보, 신뢰 구축, 고객 니즈 파악, 기존 고객 혹은 이탈 고객을 대상으로 한 관계 구축 등 다양하다. 이메일 캠페인을 시작하기 전에 명확한 목표를 설정하라.

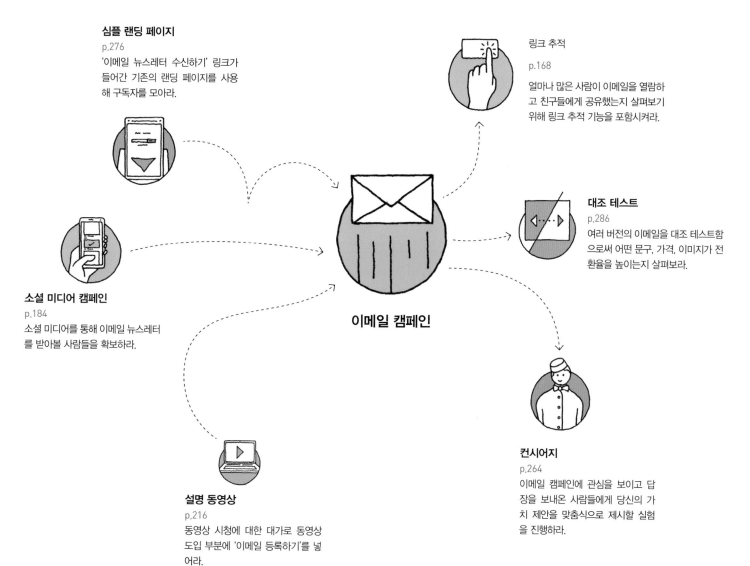

심플 랜딩 페이지

p.276

'이메일 뉴스레터 수신하기' 링크가 들어간 기존의 랜딩 페이지를 사용해 구독자를 모아라.

소셜 미디어 캠페인

p.184

소셜 미디어를 통해 이메일 뉴스레터를 받아볼 사람들을 확보하라.

설명 동영상

p.216

동영상 시청에 대한 대가로 동영상 도입 부분에 '이메일 등록하기'를 넣어라.

이메일 캠페인

링크 추적

p.168

얼마나 많은 사람이 이메일을 열람하고 친구들에게 공유했는지 살펴보기 위해 링크 추적 기능을 포함시켜라.

대조 테스트

p.286

여러 버전의 이메일을 대조 테스트함으로써 어떤 문구, 가격, 이미지가 전환율을 높이는지 살펴보라.

컨시어지

p.264

이메일 캠페인에 관심을 보이고 답장을 보내온 사람들에게 당신의 가치 제안을 맞춤식으로 제시할 실험을 진행하라.

관심 발견

이메일 캠페인

신제품을 공유하고 살펴보고 토론하는 곳

프로덕트 헌트 Product Hunt

프로덕트 헌트는 사용자들에게 신제품을 공유하고 살펴보도록 하는 웹 사이트로, 2013년에 오픈된 이래 수년 동안 높은 성장세를 보였다. 프로덕트 헌트는 이제 기업들이 신제품을 선보이는 대표적인 사이트로 자리잡았는데 창립자인 라이언 후버Ryan Hoover가 필즈커피Philz Coffee에 앉아 커피를 마시며 20분 만에 준비한, 주로 이메일을 통해 수행한 실험에서 이 모든 것이 시작됐다.

가설

라이언은 사람들이 온라인 커뮤니티에 접속해 새롭고 흥미로운 제품을 서로 공유하고 살펴보며 토론하는 걸 좋아하리라 생각했다.

실험

이메일 캠페인 도구로서 프로덕트 헌트의 첫 번째 버전 만들기

단 20분 만에 라이언은 메이크시프트Makeshift(디지털 제품과 비즈니스 툴을 제공하는 스타트업 기업—옮긴이)에서 만든 링크 공유 도구 '링키딩크'Linkydink에 그룹 하나를 개설했다. 링키딩크는 그룹 내 사용자들끼리 링크를 공유하도록 했고 또 매일 사용자들에게 이메일로 링크를 보내주었다. 라이언은 그의 친구들을 그룹으로 초대했고 외부 홍보를 위해 기술에 특화된 온라인 커뮤니티인 퀴브Quibb와 트위터에 공지했다.

증거

열람수, 클릭수, 공유수

스타트업 창업자, 벤처캐피탈리스트, 유명 블로거 등 엄선된 30명의 기여자들이 전하는 제품 리뷰에 2주 동안 200명 이상의 사람들이 구독 신청을 했다. 또한 라이언은 이 프로젝트에 대한 애정과 지지를 표하는 이메일과 쪽지를 불특정 다수로부터 받았다.

통찰

무언가가 있다.

사람들의 반응은 엄청나게 긍정적이었다. 홍보용 이메일에 대한 대부분의 반응과 달리 라이언의 메일을 수신한 사람들은 이메일로 링크를 공개적으로 소개하고 공유했다. 수년 동안 기업가와 제품 애호가들을 대상으로 네트워크를 구축했던 그는 자신의 이메일을 둘러싼 사람들의 왕성한 활동을 통해 제품 애호가 커뮤니티의 니즈를 충족시키지 못하는 무언가가 있음을 분명하게 깨달았다.

조치

이메일을 둘러싼 사용자들의 행동을 플랫폼으로 돌려놓기

라이언은 이 실험에서 깨달은 바를 프로덕트 헌트라는 커뮤니티 플랫폼의 설계와 기술에 반영했다.

이후 프로덕트 헌트는 와이 콤비네이터Y Combinator(스타트업을 대상으로 한 미국의 유명한 엑셀러레이터—옮긴이)를 통과했고 2016년에는 2천만 달러의 인수액으로 엔젤리스트AngelList에 매각되었다. 프로덕트 헌트는 제품 제조업체와 스타트업들이 창업자, 저널리스트, 투자자, 기술 애호가들로 이루어진 국제적 커뮤니티에 자신들의 신제품을 선보이는 장소가 되었다.

발견/관심 발견

소셜 미디어 캠페인

특정 기간 동안 고객에게 소셜 미디어를 통해 메시지를 보내는 방법을 말한다.

⬭ ●○○○○	⚖ ●●●○○
비용	증거의 강도
🕐 ●●●○○	⏱ ●●●●●
준비 시간	진행 시간

🎛 ✉ ◩

수용 가능성 · 실현 가능성 · 생존 가능성

소셜 미디어 캠페인은 신규 고객 확보, 브랜드 충성도 제고, 매출 확대에 이상적인 방법
이다.

✂ ⬙ ⚙ ⚒ 🗄 🏷 📢 🔍 📊

필요 역량   디자인/마케팅

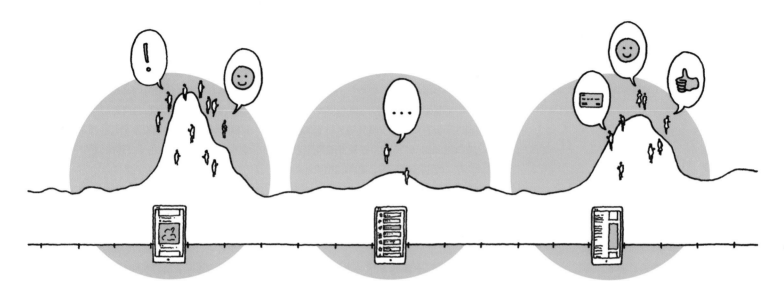

준비하기

☐ 소셜 미디어 캠페인의 목표를 정
  의하라.

☐ 캠페인을 위해 사용할 플랫폼들
  을 규명하라.

☐ 콘텐츠 노출을 위한 일정을 수립
  하라.

☐ 소셜 미디어 콘텐츠를 만들어라.

실행하기

☐ 일정에 맞춰 플랫폼에 콘텐츠를
  게시하라.

☐ 댓글을 남기는 사람들에게 답변
  을 남기고 그들과 상호관계를 맺
  어라.

분석하기

☐ 어떤 게시글과 플랫폼의 효과가
  가장 좋은지 분석하라.

  • 어떤 유형의 콘텐츠가 가장 많
    은 공유를 이끌어냈는가?

  • 어떤 유형의 콘텐츠가 가장 많
    은 클릭을 이끌어냈는가?

  • 어떤 유형의 콘텐츠가 가장 많
    은 댓글을 이끌어냈는가?

  • 어떤 유형의 콘텐츠가 가장 높
    은 전환율을 이끌어냈는가?

☐ 팀원들에게 분석 결과를 개괄적으
  로 설명한 후 다음 캠페인에서 무
  엇을 어떻게 개선할지 논의하라.

비용

소셜 미디어 캠페인을 자체적으로 진행하고 소셜 미디어 광고에 돈을 지불하지 않는다면 비용은 그리 부담되지 않는다. 그러나 콘텐츠를 관리하고 창출하는 사람에게 돈을 지불한다면 비용은 급격히 올라갈 수 있다(한 달에 5천~2만 달러 수준).

준비 시간

소셜 미디어 캠페인의 준비 시간은 얼마나 많은 콘텐츠를 만들어야 하는지에 따라 며칠 혹은 몇 주가 걸린다. 여러 개의 플랫폼에서 캠페인을 진행하고자 한다면 준비 시간은 그에 따라 증가한다.

진행 시간

소셜 미디어 캠페인의 진행 시간은 보통 몇 주 혹은 몇 개월 정도로 긴 편이다. 소셜 미디어로 글을 게시하고 반응을 읽으며 답하려면 시간이 필요하다. 또한 비즈니스 목표에 있어 이 캠페인이 얼마나 효과가 있는지 측정할 필요가 있다.

증거의 강도

●●○○○

조회수/공유수/댓글수

소셜 미디어에 올린 글을 고객이 얼마나 많이 조회하고 공유하며 댓글을 다느냐가 바로 참여의 정도를 가리킨다. 이러한 소셜 미디어 참여도는 비교적 약한 증거다. 하지만 댓글을 통해 가치 제안에 반영할 수 있는 정성적인 통찰을 얻을 수 있다.

●●●○○

클릭수

클릭 연결률은 클릭수를 소셜 미디어 게시글의 조회수로 나눈 값을 말한다.

●●●●○

전환수

전환율은 가입자 혹은 구매자의 수를 소셜 미디어 링크를 클릭한 사람수로 나눈 값을 말한다.
전환율은 강력한 증거로, 어떤 소셜 미디어 플랫폼이 당신의 비즈니스를 발전시키는 데 가장 효과적인지 판단하는 데 도움을 준다.

필요 역량

디자인/마케팅

소셜 미디어 캠페인은 마케팅과 디자인 역량을 많이 요구한다. 마케팅 역량은 여러 플랫폼에 걸쳐 소셜 미디어 콘텐츠를 생성하고 고객의 반응에 대응하고 관리하는 데 필요하다. 디자인 역량은 게시 전에 콘텐츠를 구성하고 시각화하는 데 도움이 된다.

필요조건

콘텐츠

소셜 미디어 캠페인은 여기저기에 단순히 글을 올리는 것이 아니라 정해놓은 일정에 따라 콘텐츠를 몇 주 혹은 몇 개월에 걸쳐 게시하는 것이다. 콘텐츠가 없으면 캠페인은 성공하기 어렵다. 캠페인에 뛰어들기 전에 콘텐츠를 만들기 위한 계획을 수립하고 자료를 확보해야 한다.

설명 동영상

p.216

동영상 접속률(트래픽)을 높이기 위해
소셜 미디어 캠페인을 활용하라.

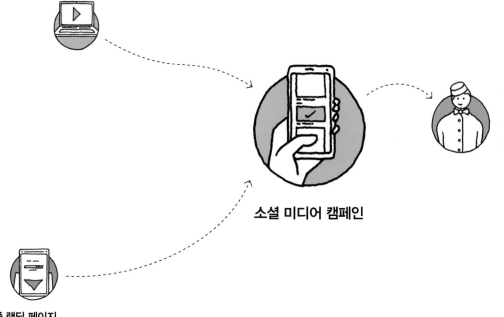

컨시어지

p.264

소셜 미디어 캠페인을 통해 유입된
사람들에게 각각 원하는 가치를 제
공하라.

소셜 미디어 캠페인

심플 랜딩 페이지

p.276

심플 랜딩 페이지를 소셜 미디어 캠
페인에 담은 링크의 목적지로 사용
하라.

187

관심 발견

발견/관심 발견

추천 프로그램

입소문이나 디지털 코드를 통한 추천으로 신규 고객에게 제품이나 서비스를 홍보하는 방법
이다.

비용 ●●●○○

증거의 강도 ●●●●○

준비 시간 ●●○○○

진행 시간 ●●●●●

수용 가능성·실현 가능성·생존 가능성

추천 프로그램은 비지니스를 유기적으로 확대하는 방법을 테스트하는 데 이상적인 방법
이다.

필요 역량   디자인/제품/마케팅

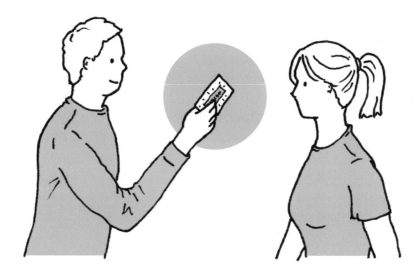

준비하기

□ 추천 프로그램의 전환 목표를 설정하라.

□ 추천 코드를 보낼 지지자(고객)들을 선정하라.

□ 고유 코드를 만들고 분석 도구와 통합하라.

실행하기

□ 지지자들에게 추천 코드를 배포하라.

□ 지지자들의 친구들이 살펴보고 클릭할 시간적 여유를 주기 위해 몇 주 동안 이 프로그램을 지속하라.

분석하기

□ 지지자들의 공유율을 계산하라.

□ 지지자 친구들의 클릭 연결률을 계산하라.

□ 지지자 친구들의 전환율을 계산하라.

□ 산출된 전환율을 사전에 설정한 목표와 비교하라.

□ 이를 통해 알아낸 내용을 바탕으로 어떤 식의 추천 프로그램이 좋은지 대조 테스트를 실시하라.

비용

추천 프로그램의 비용은 보통 수준이다. 추천을 요청하며 지지자(고객)에게 인센티브를 지급할 필요가 있다. 이때 인센티브는 지지자들과 그들의 친구를 대상으로 한 '할인' 방식으로 이루어진다.

저가의 소프트웨어를 사용하면 추천 프로그램을 관리할 수 있고 또 얼마나 효과가 있는지 분석할 수 있다.

준비 시간

추천 프로그램의 준비 시간은 짧다. 이때 추천 코드를 설정하고 어떤 지지자들에게 코드를 보낼지 선정한다.

진행 시간

추천 프로그램의 진행 시간은 보통 몇 주 혹은 몇 개월 정도로 긴 편이다. 지지자들이 친구들에게 추천하기 위한 시간과 그 친구들이 추천에 반응할지 말지 결정하기 위한 시간을 충분히 주어야 한다.

증거의 강도

●●●●○

지지자의 수/지지자의 공유수

지지자란 당신이 제공하는 추천 코드를 공유해줄 고객을 말한다. 공유수는 얼마나 많은 지지자(고객)가 친구들에게 적극적으로 코드를 공유했는지 보여준다. 지지자 공유율은 친구들에게 코드를 공유한 수를 코드를 받은 지지자의 수로 나눈 값이다. 약 15~20%를 목표로 설정하라.

코드를 공유하기로 동의한 지지자의 수는 비교적 강력한 증거다. 그들은 친구들에게 당신의 제품을 적극 추천하는 행동을 보일 것이다.

●●●●○

친구수/친구의 클릭수/친구의 전환수

여기서 친구란 지지자로부터 코드를 받은 사람을 말한다. 친구의 클릭 연결률은 코드를 클릭한 사람수를 코드를 받은 친구수로 나눈 값이다. 채널마다 이 값은 다양한데 50~80%를 목표로 삼아라.

친구의 전환율은 가입하거나 구매한 사람의 수를 코드를 클릭한 사람의 수로 나눈 값이다. 약 5~15%를 목표로 정하라.

추천 코드를 받은 친구수와 전환율은 강력한 증거다. 단 그들은 인센티브를 받기 위해 추천에 응하기 때문에 시간이 지나도 계속 머물러 있을지는 두고볼 일이다.

필요 역량

디자인/제품/마케팅

추천 프로그램은 보통 제품 및 마케팅 역량을 필요로 한다. 왜 할인 인센티브를 제공하는지, 추천 코드를 받은 사람들이 어떤 혜택을 얻는지를 분명하게 설명해야 한다. 이메일 내용과 소셜 미디어 게시글 혹은 추천 코드의 목적지가 될 랜딩 페이지를 구성하려면 디자인 기술이 필요하다.

필요조건

열성적인 고객

고객은 보통 처음에는 당신의 제품에 열정을 보이지 않는다. 그들을 자사 제품에 만족을 느끼고 열정적인 고객으로 키우려면 절대적인 시간이 든다. 그렇기 때문에 추천 코드를 무작위로 발송하지 말고 우선 잠재적인 열정 고객이 있는지 판단할 것을 권한다. 당신이 판단하기에 주변에 적극적으로 당신의 제품을 추천하고 긍정적인 시각으로 설명해줄 것으로 보이는 고객들에게 코드를 보내기 바란다.

링크 추척하기

p.168

기존의 링크 추적 기능으로 어떤 고
객이 가장 적극적인지를 판단하라.

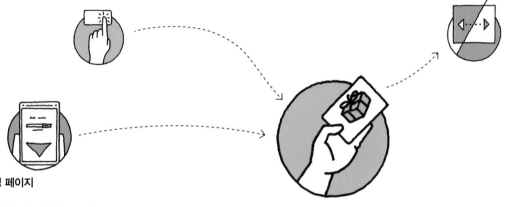

대조 테스트

p.286

분석 도구를 사용하여 서로 다른 할인
코드를 대조 테스트하고 어떤 미디어
의 전환율이 더 좋은지를 판단하라.

심플 랜딩 페이지

p.276

랜딩 페이지를 사용해 추천 프로그램
의 수요를 테스트하라.

추천 프로그램

이메일 캠페인

p.178

지지자들에게 추천 프로그램을 배포
하는 데 이메일을 사용하라.

소셜 미디어 캠페인

p.184

추천 프로그램을 알리는 데 소셜 미
디어를 활용하라.

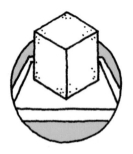

발견/토론 프로토타입

3D 프린트

3D 프린터를 사용해 만든 3차원의 디지털 모델을 통해 제품의 물리적 형태를 신속하게 시
제품화하는 방법을 말한다.

비용 ●●●○○

증거의 강도 ●●○○○

준비 시간 ●●●○○

진행 시간 ●●●○○

수용 가능성 · 실현 가능성 · 생존 가능성

3D 프린트는 고객과 함께 제품/서비스와 관련된 물리적 솔루션의 여러 가지 버전을 신속
하게 테스트하는 데 이상적인 방법이다.

필요 역량   디자인/기술

준비하기

☐ 3D 프린트 실험이 필요함을 지지해주는 과거의 저(低)충실도 증거를 수집하라.

☐ 3D 모델링 소프트웨어로 프린트할 대상을 모델링하라.

☐ 3D 프린팅을 하라.

☐ 고객을 모으고 고객과의 미팅 일정을 수립하라.

실행하기

☐ 3D 프린트 결과물을 고객에게 보여라.

☐ 팀원 1명이 인터뷰를 진행하라.

☐ 다른 팀원 1명이 고객의 언급, 고객 활동, 불만, 혜택, 보디랭귀지 등을 기록하라.

☐ 고객에게 좀 더 정교한 솔루션을 가지고 향후에 다시 연락을 취해도 되는지 물으며 인터뷰를 마무리하라.

분석하기

☐ 팀원들과 함께 인터뷰 기록을 검토하라.

☐ 알아낸 내용을 기초로 가치 제안 캔버스를 수정하라.

☐ 알게 된 내용을 다음 테스트를 위한 3D 프린트 실험에 반영하라.

비용

3D 프린트의 비용은 적정한 수준이다. 고객에게 테스트 받기 위해 작고 기초적인 시제품을 프린팅한다면 비용은 그리 비싸지 않다. 3D 프린트를 할 모델이 복잡하고 클수록 더 많은 비용이 든다.

준비 시간

3D 프린트의 준비 시간은 모델링 능력과 프린터 확보 가능성에 따라 며칠 혹은 몇 주가 걸릴 수 있다.

진행 시간

3D 프린트의 진행 시간은 비교적 짧다. 당신이 설정한 제품/서비스의 가치 제안이 고객 활동, 불만, 혜택과 얼마나 부합되는지 좀 더 잘 판단하기 위해 시제품을 가지고 고객과 상호작용하라.

증거의 강도

●●○○○

고객 활동/고객 불만/고객 혜택

해당 시제품이 고객 활동, 불만, 혜택을 얼마나 잘 해결할 수 있는지 살펴보라. 이 증거는 비교적 약하기 때문에 맹신하지 말고 실생활의 시나리오하에서 시제품을 어떻게 사용할지 상상할 필요가 있다.

●○○○○

고객 피드백/고객의 언급

고객 활동, 불만, 혜택에 국한하지 말고 고객의 모든 언급을 기록하라. 고객의 언급은 비교적 약한 증거이지만 향후 실험에서 맥락을 파악하고 정성적인 통찰을 얻는 데 도움이 된다.

필요 역량

디자인/기술

소프트웨어를 이용해 3D 프린트를 모델링하는 전용 3D 프린터로 시제품을 만들 수 있어야 한다. 쉽게 배울 수 있는 소프트웨어가 있기는 하지만 디자인에 대한 배경지식이 없으면 학습 속도는 아주 더딜 수 있다. 그렇기에 3D 모델링 전문가의 도움을 받는 것을 권한다. 3D 프린터를 서둘러 구매하지 마라. 보통 제조업체들은 회원들에게 3D 프린터와 작업장을 대여해주는 프로그램을 운영하고 있다.

필요조건

개략적인 모델

3D 프린트를 하기 위한 계획을 수립하기 전에 좀 더 빠르고 충실도가 낮은 실험을 반드시 진행하라. 예를 들어 종이 프로토타입을 제시해 고객으로부터 빠른 피드백을 받아야 한다. 이때 얻은 피드백을 3D 프린트의 디자인과 솔루션에 반영하라. 그렇다고 해서 고객이 요구하는 모든 변경사항을 반영할 필요는 없다.

종이 프로토타입

p.198

종이 위에 솔루션을 대략적으로 그려서 고객에게 테스트해본 다음에 이를 3D 프린트에 반영하라.

스토리보드

p.202

고객의 피드백을 바탕으로 솔루션의 시나리오를 대략적으로 구상하라.

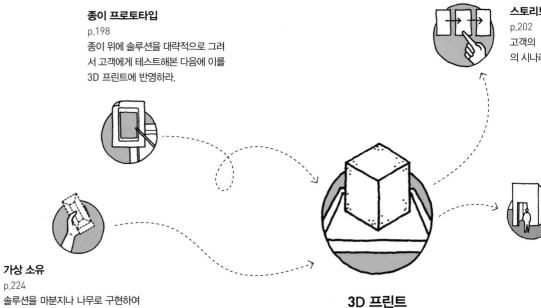

실물 크기의 프로토타입

p.270

3D 프린트를 통해 발견한 것을 토대로 좀 더 충실도가 높은 버전의 시제품을 만들어라.

가상 소유

p.224

솔루션을 마분지나 나무로 구현하여 3D 프린트에 반영하라.

3D 프린트

고객 인터뷰

p.122

3D 프린트의 결과물을 고객에게 제시하는 자리에서 대면 인터뷰를 진행함으로써 고객 활동, 불만, 혜택을 파악하라.

파트너 및 공급자 인터뷰

p.130

파트너와 공급자와의 인터뷰를 통해 솔루션의 신뢰도에 관한 피드백을 받아라.

195

토론 프로토타입

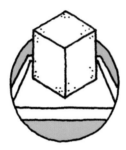

3D 프린트

큐브새츠CubeSats의 3D 프린트

미국 국가안보국The National Security Agency

국 가안보국은 국가의 민감한 보안 정보를 기록하기 위한 암호학(암호를 만들고 해독하는 방법을 연구하는 학문) 분야의 세계적인 선두주자다. 일반인들은 '위성'satellite이라는 단어를 들으면 수년 동안 지구 주위를 돌기 위해 수백만 달러의 비용을 들여 만든, 몇 톤에 달하는 버스만 한 물체를 떠올린다.

큐브새츠는 누구나 구매 가능한 기성 부품을 사용해 만든 새로운 유형의 위성이다. 이 위성은 가로, 세로, 높이가 각각 10cm, 10cm, 11.35cm이고 무게는 2kg 미만에 불과하다. 국가안보국의 사이버 보안 솔루션 그룹 내 혁신팀은 큐브새츠의 송수신 보안을 위해 새로운 유형의 암호 장치를 만들어야 한다고 생각했다. 그들이 원하는 솔루션은 버스만 한 크기의 값비싼 위성에서 작동하도록 설계된 기존 제품과 비교해 극적으로 작고 가벼우며 낮은 전력을 요구하고 가격이 저렴한 특성을 지녀야 했다.

가설

국가안보국의 혁신팀은 이렇게 생각했다.

이 팀은 암호 장치의 초기 버전을 바로 제작하려는 욕구를 억누르고 제품의 수용 가능성을 검증하기 위해 '건물 밖으로' 나갔다. 그들은 큐브새츠에 쓰일 새로운 암호 장치에 대한 외부 고객의 수요를 폭넓게 살피면서 애석하게도 새로운 솔루션에 대한 니즈를 느끼지 못하는 내부 핵심 이해관계자들로부터 승인을 얻을 수 있는지 파악하고자 했다. 만약 이해관계자들이 니즈를 갖도록 만들 수 있다면 프로젝트 진행을 승인 받고 자금까지 지원 받을 수 있을 것이라고 그들은 생각했다.

실험

혁신팀은 이해관계자들이 새로운 솔루션에 대한 니즈를 당장 빠르고 명백하게 느끼게끔 하는 방법을 고안하기 시작했다. 몇 번의 실패 끝에 혁신팀과 이 팀을 돕는 코치는 3D 프린터로 실제 크기의 큐브새츠 모형을 만드는 것이 도움이 될지 모른다는 생각에 이르렀다. 그들은 이를 깨닫자마자 바로 3D 프린트를 진행했다.

증거

이해관계자들은 현재 사용되는 암호 장치가 3D 프린터로 만든 큐브새츠 모형에 얼마나 부적합한지 보기만 했는데도 새로운 솔루션에 대한 니즈를 곧바로 절감했다!

조치

혁신팀은 자금을 지원 받았고 2019년에 지구 궤도상에 올려 테스트 받을 솔루션을 마련하기 시작했다.

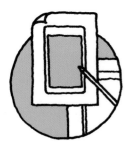

발견/토론 프로토타입

종이 프로토타입

소프트웨어가 고객의 상호작용에 어떻게 반응하는지 살펴보기 위해 종이 위에 인터페이스를
스케치하고 가상으로 조작해보는 방법을 말한다.

⊖ ●○○○○○
비용

⚖ ●○○○○
증거의 강도

🕐 ●●○○○
준비 시간

⏱ ●●○○○
진행 시간

✂ ⬡ ⁂ ⛏ 🗄 🔖 📢 🔍 📊
필요 역량   디자인/연구

⊞ ⧗ ◈

수용 가능성 · 실현 가능성 · 생존 가능성

종이 프로토타입은 고객과 함께 제품의 콘셉트를 신속하게 테스트하는 데 이상적인 방
법이다.
종이 프로토타입은 사용성 테스트를 대체하는 수단으로써는 이상적인 방법이 아니다.

준비하기

- ☐ 종이 프로토타입 실험의 목표를 설정하라.
- ☐ 테스트할 목표 대상을 결정하라. 목표 대상은 당신의 제품과 서비스에 관심이 있고 전체적인 맥락을 이해하는 집단이면 좋다.
- ☐ 질문지를 작성하라.
- ☐ 종이 프로토타입의 스케치를 만들어라.
- ☐ 사용 흐름이 괜찮은지 내부적으로 테스트해보라.
- ☐ 목표 고객과 함께 진행할 종이 프로토타입 실험 일정을 잡아라.

실행하기

- ☐ 향후에 제공할 제품이나 서비스에 대해 피드백을 받기 위한 자리라고 고객에게 설명하라. 당신이 고객의 기여를 소중히 생각한다는 인상을 줘라.
- ☐ 팀원 1명이 인터뷰를 진행하면서 고객과 상호작용하라.
- ☐ 다른 팀원 1명은 서기가 되어 고객의 언급과 행동을 기록하라.
- ☐ 참석하신 데에 감사하다는 말로 자리를 마무리하라.

분석하기

- ☐ 종이 프로토타입을 벽에 붙이고 고객의 언급, 관찰 사항 등 기록한 모든 것들을 붙여라.
- ☐ 고객이 어느 지점에서 헤매거나 헷갈려 했는지 파악하라.
- ☐ 고객이 무엇에 즐거워 했는지 파악하라.
- ☐ 실험에서 나온 피드백을 다음에 수행할 좀 더 정교한 실험에 반영하라.

⊖ ●○○○○○

비용

종이 프로토타입의 비용은 아주 저렴하다. 솔루션이 발휘될 수 있는 것을 종이에 스케치한 후 그것을 가지고 실제의 경험을 모의 실험하는 것이기 때문이다. 종이 프로토타입은 비쌀 이유가 없다. 실험에 도움이 될 그림판이나 앱을 구입한다 해도 그 비용은 크지 않다.

🕐 ●●○○○○

준비 시간

종이 프로토타입의 준비 시간은 비교적 짧다. 그 시간은 몇 시간에서 며칠 정도다. 대개 프로토타입 자체를 만드는 시간보다 테스트할 고객을 찾는 데 더 많은 시간이 든다.

 ●●○○○○

진행 시간

종이 프로토타입의 진행 시간은 며칠에서 몇 주 정도다. 목표 고객을 대상으로 종이 프로토타입을 신속하게 테스트하여 가치 제안 및 솔루션의 흐름에 대한 피드백을 얻어라.

⚖ ●○○○○○

증거의 강도

●○○○○

과업 완수 여부

과업 완수율/과업 완수 시간

과업 완수 여부는 반드시 강력한 증거는 아니지만 고객이 제품이나 서비스 사용 시 어느 지점에서 혼동을 느끼는지를 조망하는 데 도움이 된다.

●○○○○

고객 피드백

가치 제안과 예상 솔루션의 유용성에 대해 고객이 어떤 피드백을 주는지 기록하라.

종이 프로토타입에 관한 고객의 언급은 비교적 약한 증거이나 좀 더 정교한 실험을 설계하는 데 도움이 될 수 있다.

필요 역량

디자인/연구

상상력과 함께 제품을 스케치하는 디자인 기술이 필요하다. 또 논리정연하게 질문지를 작성하고 고객과의 세션 과정을 기록할 수 있어야 한다.

필요조건

상상 속 제품

종이 프로토타입 실험을 하려면 상당한 상상력과 창의력이 필요하다. 제품의 흐름을 스케치하고 고객과의 상호작용을 손으로 모사해야 한다. 그러려면 잠재 고객에게 제품을 제시하기 전에 먼저 본인의 경험을 통해 그 제품의 모습을 상상할 수 있어야 한다.

발견 🔭 200 실험

고객 인터뷰

p.122

고객 인터뷰에서 나온 내용을 종이 프로토타입의 대본에 반영하라.

카드 분류

p.238

카드 분류 과정에서 나온 내용을 통해 종이 프로토타입이 해결할 고객 활동, 불만, 혜택이 무엇인지 보다 자세히 파악하라.

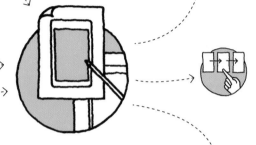

종이 프로토타입

화면 프로토타입

p.252

종이 프로토타입을 통해 알아낸 사항을 화면 프로토타입 디자인에 반영하라.

스토리보드

p.202

종이 프로토타입에서 알아낸 사항을 통해 스토리보드 실험 순서를 개선하라.

설명 동영상

p.216

종이 프로토타입 테스트 과정에서 나온 언급을 통해 좀 더 충실한 설명 동영상을 만들어라.

부메랑

p.220

종이 프로토타입이 충족되지 않은 고객 니즈를 어떻게 해결할 수 있을지를 표현하는 데 부메랑 실험에서 나온 언급을 반영하라.

발견/토론 프로토타입

스토리보드

상호적 고객 경험을 시각화하기 위해 일련의 생생한 시나리오를 예시하는 방법을 말한다.

⬭ ●●○○○
비용

⚖ ●●○○○
증거의 강도

🕐 ●●○○○
준비 시간

⏱ ●○○○○
진행 시간

🎛 🎞 ◕

수용 가능성·실현 가능성·생존 가능성

스토리보드는 고객이 함께 참여해 가치 제안과 솔루션에 대한 서로 다른 시나리오를 브레
인스토밍하는 데 이상적인 방법이다.

✂ ⬢ ⁂ ⚒ 🗄 🏷 📣 🔍 📊
필요 역량   디자인/연구

준비하기

☐ 종이, 포스터(크기의) 종이, 마커, 포스트잇을 준비하라.

☐ 사용하기에 충분한 벽 공간이 있고 테이블을 놓을 수 있는 회의실을 예약하라.

☐ 고객 세그먼트를 정의하고 전체적인 가치 제안을 설정하라.

☐ 실험 일정을 팀원들과 함께 논의하라.

실행하기

☐ 팀원들에게 브레인스토밍을 통해 8~12개의 가치 제안을 도출하게 하라.

☐ 고객이 각 가치 제안을 어떻게 경험할지 설명하는 스토리보드를 포스터 종이에 개괄적으로 표현하라.

☐ 시나리오별로 고객의 언급, 고객 활동, 불만, 혜택을 메모하라.

☐ 일러스트레이터에게 시나리오별로 하나씩 그림을 그리게 함으로써 고객 경험을 시각화하라.

분석하기

☐ 팀원들과 함께 메모한 내용을 검토하라.

☐ 가치 제안 캔버스를 수정하거나 이 실험에서 알게 된 내용을 기초로 새로운 가치 제안 캔버스를 만들어라.

☐ 스케치를 고객 인터뷰 때 활용하라.

발견

비용

스토리보드의 비용은 비교적 저렴하다. 같은 장소에 모여 이 실험의 퍼실리테이션facilitation을 촉진하려면 충분한 벽 공간과 마커, 포스터 크기의 종이가 필요하다. 원격 화상 통신으로 퍼실리테이션을 한다면 무료이거나 가격이 저렴한 가상 화이트보드 소프트웨어가 필요할 것이다.

준비 시간

스토리보드의 준비 시간은 비교적 짧다. 이때 필요한 물품을 갖추고 초청할 고객을 모으는 데 시간을 써라.

진행 시간

스토리보드 진행은 몇 시간 정도 걸린다. 가치 제안과 시나리오를 그림으로 보여주면서 고객과 함께 스토리보드 작업을 퍼실리테이팅하라.

증거의 강도

●●○○○

고객 활동/고객 불만/고객 혜택

제품/서비스가 제공할 수 있는 서로 다른 가치 제안에 고객들이 어떤 경험이 가능한지 그 시나리오를 그림으로 표현하라. 이때 표현할 것은 상위 3개의 고객 활동, 불만, 혜택이다.

이 그림들은 '실험실' 환경에서 만들어졌기에 비교적 약한 증거다. 그러나 실제의 고객 행동에 초점에 맞춘 좀 더 충실도가 높은 차기 실험에 반영될 수 있다

●●○○○

고객 피드백

고객의 언급

고객 활동, 불만, 혜택에 국한하지 말고 고객의 모든 언급을 기록하라. 고객의 언급은 비교적 약한 증거이지만 향후 실험을 위한 맥락을 파악하고 정성적인 통찰을 얻는 데 도움이 된다.

필요 역량

디자인/연구

조금만 연습하면 누구나 스토리보드 실험을 퍼실리테이팅할 수 있다. 디자인과 연구 능력을 가지고 있으면 도움이 된다.

필요조건

고객 세그먼트

특정 고객 세그먼트를 이미 염두에 두고 있을 때 스토리보드의 효과가 가장 좋다. 다양한 상호적 고객 경험을 시각화하면 도움되지만 이때 고객 세그먼트를 설정해 폭을 좁히지 않는다면 너무 광범위해질수 있다.

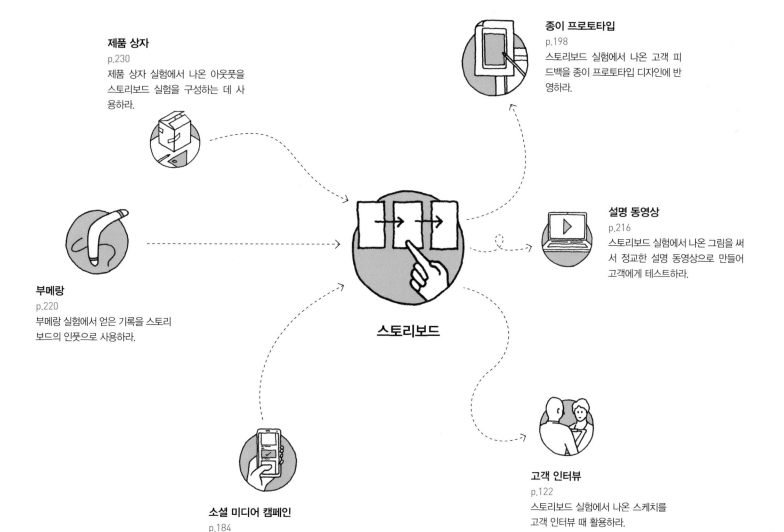

제품 상자

p.230

제품 상자 실험에서 나온 아웃풋을
스토리보드 실험을 구성하는 데 사
용하라.

종이 프로토타입

p.198

스토리보드 실험에서 나온 고객 피
드백을 종이 프로토타입 디자인에 반
영하라.

부메랑

p.220

부메랑 실험에서 얻은 기록을 스토리
보드의 인풋으로 사용하라.

스토리보드

설명 동영상

p.216

스토리보드 실험에서 나온 그림을 써
서 정교한 설명 동영상으로 만들어
고객에게 테스트하라.

소셜 미디어 캠페인

p.184

소셜 미디어를 사용하여 스토리보드
실험에 참가할 사람을 모집하라.

고객 인터뷰

p.122

스토리보드 실험에서 나온 스케치를
고객 인터뷰 때 활용하라.

205

토론 프로토타입

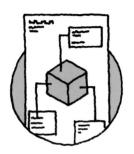

발견/토론 프로토타입

데이터 시트

가치 제안이 나타내는 여러 가지 사양을 1장으로 요약하여 제시하는 방법을 말한다.

○ ●○○○○
비용

⚖ ●●●○○
증거의 강도

🕐 ●●○○○
준비 시간

⏱ ●●○○○
진행 시간

✂ ⬡ ⚬ ⛏ 🗄 ✏ 📢 🔍📊

필요 역량   디자인/기술/연구

▦ ⧓ ◔

수용 가능성 · 실현 가능성 · 생존 가능성

데이터 시트는 고객 및 핵심 파트너와의 테스트에 유용하도록 제품/서비스의 여러 사양을
1장으로 함축하는 데 이상적인 방법이다.

준비하기

□ 가치 제안과 솔루션의 사양을 정의하라.

□ 데이터 시트를 만들어라.

□ 고객과 핵심 파트너를 섭외하고 인터뷰 일정을 수립하라.

실행하기

□ 데이터 시트를 고객에게 보여줘라.

□ 팀원 1명이 인터뷰를 진행하라.

□ 다른 팀원 1명은 고객의 언급, 고객 활동, 불만, 혜택, 보디랭귀지 등을 기록하라.

□ 좀 더 정교한 솔루션이나 구매 기회를 준비해 향후에 다시 연락해도 괜찮은지 물으며 인터뷰를 마무리하라.

분석하기

□ 팀원들과 함께 인터뷰 기록을 검토하라.

□ 알게 된 내용을 기초로 가치 제안 캔버스를 수정하라.

□ 이 실험에서 알게 된 내용을 추후에 실시할 좀 더 정교한 실험에 반영하라.

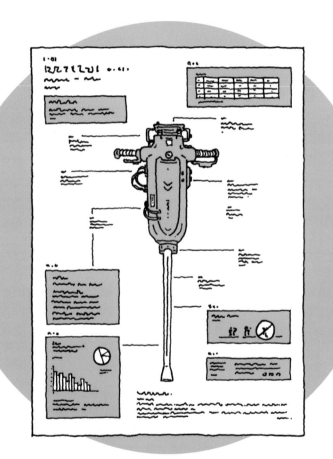

데이터 시트 작성 방법

• 가치 맵에 나오는 가치 제안을 제목으로 사용하라.

• 가치 맵에 나오는 제품 또는 서비스를 시트에 포함시켜라.

• 제품 또는 서비스의 사양을 상세히 설명하고 세부적인 내용을 그림으로 그려라.

• 가치 맵에 나오는 상위 3개의 고객 혜택 창출 요소를 시트에 포함시켜라.

• 가치 맵에 나오는 상위 3개의 고객 불만 경감 요소를 시트에 포함시켜라.

비용

데이터 시트의 비용은 아주 저렴하다. 1페이지짜리 종이 문서를 만들려면 기본적인 워드 프로세서나 오피스 소프트웨어만 있으면 된다. 웹 페이지나 이메일에 디지털 파일을 첨부하고 싶다면 기본적인 웹 소프트웨어면 충분하다.

준비 시간

데이터 시트의 준비 시간은 몇 시간에서 하루면 충분하다. 이 시간은 솔루션의 사양을 수집하고 적절한 포맷을 정하는 데 사용한다. 만약 사양을 직접 보여줄 계획이라면 고객과 핵심 파트너를 섭외할 필요가 있다.

진행 시간

데이터 시트를 고객 및 핵심 파트너와 테스트하는 데 드는 시간은 짧다. 각각 15분 정도밖에 걸리지 않는다.

증거의 강도

고객 피드백/파트너 피드백

데이터 시트를 검토할 때 나오는 고객 및 파트너의 언급을 말한다. 이 피드백은 약한 증거이지만 정성적인 통찰을 얻기에는 좋은 편이다.

필요 역량

디자인/기술/연구

데이터 시트 실험을 진행하려면 가치 제안과 기술적 사양에 관한 정보를 효과적으로 전달하기 위한 디자인 기술이 필요하다. 고객과 핵심 파트너를 섭외해야 할 뿐 아니라 가치 제안과 솔루션의 기술적 사양을 습득해야 한다.

필요조건

데이터 시트 실험을 진행하려면 사양과 특정 가치 제안이 사전에 마련되어야 한다. 데이터 시트를 만들기 전에 각 사양이 기술적으로 어떤 성능을 보이는지 또 그 혜택은 무엇인지를 충분히 생각해야 한다. 또한 테스트에 참여할 목표 고객 또는 핵심 파트너를 확보해야 한다.

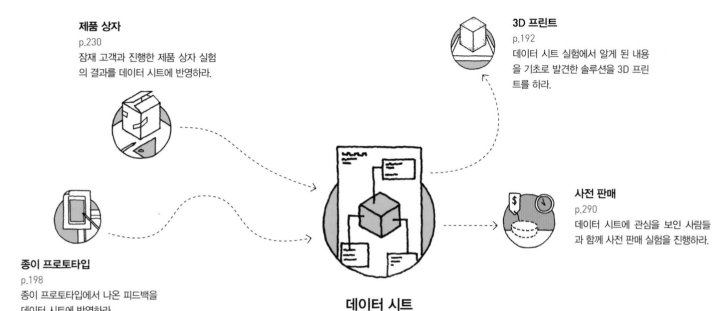

제품 상자

p.230

잠재 고객과 진행한 제품 상자 실험
의 결과를 데이터 시트에 반영하라.

3D 프린트

p.192

데이터 시트 실험에서 알게 된 내용
을 기초로 발견한 솔루션을 3D 프린
트를 하라.

종이 프로토타입

p.198

종이 프로토타입에서 나온 피드백을
데이터 시트에 반영하라.

사전 판매

p.290

데이터 시트에 관심을 보인 사람들
과 함께 사전 판매 실험을 진행하라.

데이터 시트

고객 인터뷰

p.122

고객 인터뷰 때 데이터 시트를 보여
주고 그 내용이 고객 활동, 불만, 혜
택을 얼마나(어떻게) 해결할 수 있을
지 피드백을 받아라.

파트너 및 공급자 인터뷰

p.130

데이터 시트의 실현 가능성에 관한
피드백을 얻기 위해 핵심 파트너 및
공급자들과 인터뷰하라.

심플 랜딩 페이지

p.276

랜딩 페이지에 데이터 시트를 포함시
켜 솔루션의 상세 사양에 관해 분명
하게 소통하라.

토론 프로토타입

발견/토론 프로토타입

브로슈어

가상의 가치 제안을 손으로 직접 만지고 눈으로 볼 수 있는 '모의 브로슈어'로 만드는 방법
을 말한다.

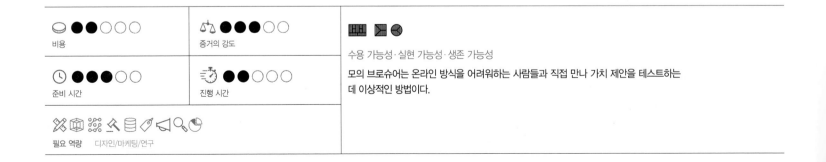

● ● ○ ○ ○ ○
비용

● ● ● ○ ○ ○
증거의 강도

● ● ● ○ ○
준비 시간

● ● ○ ○ ○ ○
진행 시간

필요 역량　디자인/마케팅/연구

수용 가능성 · 실현 가능성 · 생존 가능성

모의 브로슈어는 온라인 방식을 어려워하는 사람들과 직접 만나 가치 제안을 테스트하는
데 이상적인 방법이다.

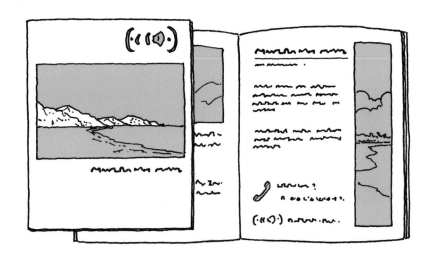

준비하기

□ 가치 제안 캔버스를 보며 브로슈어를 디자인하라.

□ 목표 고객을 어디에서 찾을지 계획을 수립하라.

실행하기

□ 고객에게 브로슈어를 보여라.

□ 팀원 1명이 인터뷰를 진행하라.

□ 다른 팀원 1명은 고객의 언급, 고객 활동, 불만, 혜택, 보디랭귀지 등을 기록하라.

□ 브로슈어를 얼마나 많이 살펴봤는지, 브로슈어의 내용을 얼마나 많이 동의하는지 그 수를 헤아려라.

□ 좀 더 많은 것을 알고 싶거나 구매를 원하면 브로슈어상의 연락처로 알려달라는 말과 함께 인터뷰를 마무리하라.

분석하기

□ 팀원들과 함께 인터뷰 기록을 검토하라.

□ 알게 된 내용을 기초로 가치 제안 캔버스를 수정하라.

□ 얼마나 많은 사람이 브로슈어 정보를 보고 연락을 취하는지를 추적하라.

□ 알게 된 내용을 가지고 다음에 진행할 좀 더 충실도가 높은 실험에 반영하라.

브로슈어 작성 방법

• 가치 맵에서 가치 제안을 가지고 온다.

• 가치 맵에서 솔루션을 가져와 이를 가치 제안란의 하단에 위치시킨다. 그러면 고객은 당신이 제안하는 가치가 어떻게 전달되는지 이해하기 쉽다.

• 고객 프로파일에서 고객 불만을 가져온다. 상위 3개의 고객 불만을 브로슈어 내에 표현하라.

비용

워드 프로세서로 직접 종이 브로슈어를 만들 수 있을 정도로 기초적인 디자인 기술이 있다면 비용은 저렴하다. 물론 전문 에이전시나 디자이너에게 브로슈어 제작을 아웃소싱하면 그 비용은 증가한다.

준비 시간

디자인 기술을 갖추고 있다면 브로슈어 준비와 제작에 1~2일이면 충분하다. 이 기간에 브로슈어의 가설을 수립하고 가치 제안 캔버스에서 콘셉트를 뽑아내 콘텐츠를 작성하고 그래픽 작업을 수행해야 한다. 기술이 부족하다면 1~2주가 걸릴 수 있다.

진행 시간

고객에게 브로슈어를 테스트하는 데 걸리는 시간은 15분 정도면 족하다. 브로슈어가 있으면 고객이 거리, 카페, 회의실 등 어디에 있든지 인터뷰 때마다 사용할 수 있다.

증거의 강도

브로슈어 열람수/고객이 가져간 브로슈어의 수/인터뷰 회수/연락해온 고객수

이메일 전환율

전화 전환율

행동을 취한 사람수를 브로슈어를 받은 사람수로 나누면 전환율이 된다.

브로슈어의 전환율은 산업과 세그먼트에 따라 다르다. 그러나 특정 세그먼트를 목표로 한다면 행동 전환율에서 15% 이상의 강한 신호가 나타나는지 살펴야 한다.

만약 고객이 연락해온다면 그것은 당신이 옳은 방향으로 가고 있다는 좋은 신호다. 이는 랜딩 페이지에 적힌 주소를 보고도 이메일을 보내지 않는 것과는 전혀 다른 상황이다. 콜 투 액션이 있는 브로슈어를 집으로 가져가 통독한 후 당신에게 전화를 걸거나 이메일을 보내 가치 제안에 관해 더 많은 것을 알고자 한다는 결정을 나타내 보이는 것은 고객 입장에서 더 많은 결단력을 요구하기 때문이다.

필요 역량

디자인/마케팅/연구

브로슈어를 제작하려면 설득력 있는 시각적 경험을 고객에게 제공하기 위해 고품질의 이미지와 스타일을 창조할 수 있는 디자인 기술이 필요하다. 만약 그런 역량이 없다면 테스트에서 '거짓음성'false negatives(문제가 있는데도 문제가 없다고 판단하는 상태 — 옮긴이)에 빠질 수 있다. 즉 사람들이 당신의 가치 제안을 진짜라고 믿지 않을 것이다.

브로슈어의 또 다른 중요한 측면은 광고 문구와 콘텐츠다. 고객의 가슴에 울려 퍼지는 간명한 문장을 쓸 수 있어야 한다.

필요조건

배포 계획

브로슈어는 온라인상에서 디지털로 이뤄지는 실험과는 다르다. 현장에서 사람들과 상호작용하며 직접 배포해야 한다. 브로슈어를 최종 완성하기 전에 무엇을 달성하고자 하는지, 어디에서 고객을 섭외할지 등에 관한 계획을 수립하라. 이때 다음과 같은 장소를 고려하라.

- 컨퍼런스
- 비공식적 만남
- 행사
- 카페, 상점
- 직접 방문

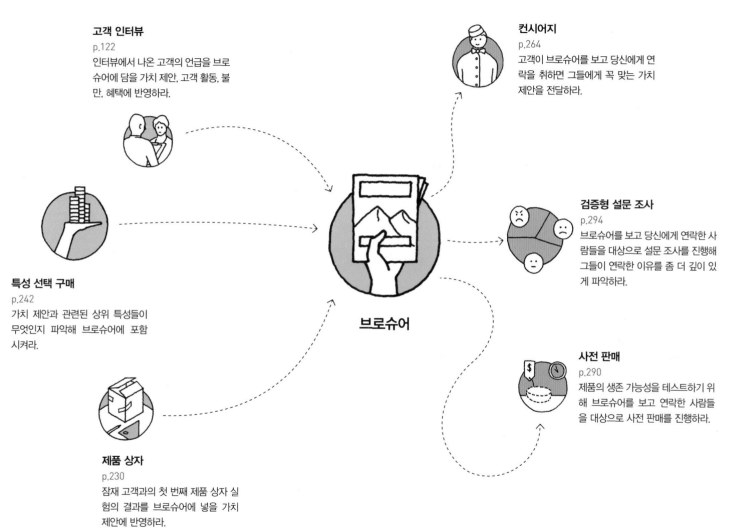

고객 인터뷰

p.122

인터뷰에서 나온 고객의 언급을 브로슈어에 담을 가치 제안, 고객 활동, 불만, 혜택에 반영하라.

특성 선택 구매

p.242

가치 제안과 관련된 상위 특성들이 무엇인지 파악해 브로슈어에 포함시켜라.

제품 상자

p.230

잠재 고객과의 첫 번째 제품 상자 실험의 결과를 브로슈어에 넣을 가치 제안에 반영하라.

브로슈어

컨시어지

p.264

고객이 브로슈어를 보고 당신에게 연락을 취하면 그들에게 꼭 맞는 가치 제안을 전달하라.

검증형 설문 조사

p.294

브로슈어를 보고 당신에게 연락한 사람들을 대상으로 설문 조사를 진행해 그들이 연락한 이유를 좀 더 깊이 있게 파악하라.

사전 판매

p.290

제품의 생존 가능성을 테스트하기 위해 브로슈어를 보고 연락한 사람들을 대상으로 사전 판매를 진행하라.

토론 프로토타입

브로슈어

새로운 유형의 보험 등장

농장 및 목장 보험

아메리칸 패밀리 보험American Family Insurance은 재산, 사망 및 부상, 자동차에 특화된 상호보험회사다. 보험회사로서 리스크를 잘 이해하고 있는 그들은 아무도 구매하지 않을, 복잡한 보험 상품의 개발을 지양한다. 이 사례에 나오는 '농장 및 목장 사업부'는 리스크 예방 상품에 꼭 맞는 새로운 시장을 찾고 있었다.

과거에 이 팀은 랜딩 페이지의 트래픽을 높이기 위해 페이스북과 구글 광고를 사용하곤 했다. 좋은 방법이었지만 온라인상에서는 직업이 농부인 사람들에게 접근하기가 어려웠고 충분한 정성적 통찰을 확보하기도 쉽지 않았다. 그래서 그들은 농부들이 모이는 대규모 컨퍼런스에 참석해 직접 대면하는 아날로그 방식을 취했다.

가설
농장 및 목장 사업부 팀원들은 이렇게 믿었다.
그들은 농부들이 새로운 유형의 재무 및 보험 리스크 예방 상품을 원한다고 믿었다.

실험
종이 브로슈어를 가지고 직접 대면하기
농장 및 목장 사업부는 미주리주에서 열리는 농업 박람회에 참석해 가치 제안과 솔루션이 명확하게 표현된, 전문적으로 제작한 마케팅 브로슈어를 배포했다. 거기엔 추가 정보가 필요한 농부들을 위해 해당 부서로 연락 가능한 전화번호와 이메일이 수록돼 있었다.
이 부서는 중소 규모의 목장주와 옥수수 농장주들의 반응을 추적했다. 그들은 조사 대상자의 20%가 자발적으로 전화나 이메일로 연락해올 것이라는 목표를 설정했다.

증거
브로슈어의 전환율
브로슈어를 받은 농부 중 15%가 더 많은 정보를 요구하며 전화와 이메일로 연락을 해왔다.
농부들과 일대일로 대화를 나누는 동안 그들이 브로슈어에 어떻게 반응하는가를 살펴봄으로써 농장 및 목장 사업부는 정성적인 통찰을 얻었다.

통찰
좀 더 강력한 가치 제안을 위해 서로 다른 유형의 농부들을 세그먼트로 분할하기
이 부서는 전환율 값과 대화상의 감정 상태를 관찰한 결과 목장주의 불만은 옥수수 농장주에 비해 더 크다고 느꼈다.
농부들이 문제 해결을 위해 쓰고 있던 방법은 은행에서 추가로 담보 대출 혹은 신용 대출을 받는 것이었는데 대출을 받을 때마다 농부들은 불안해했다. 은행이나 신용금고를 이용하는 몇몇 농부들은 브로슈어에서 제안하는 개념에 관심을 보였다. 따라서 그들을 별도의 판매 채널로 활용할 만했다.

조치
목장주에 집중하기
농장 및 목장 사업부는 목장주에 특화된 가치 제안과 마케팅 방법으로 수정했다. 그런 다음 좀 더 작은 규모의 틈새 고객에 집중하는 것이 과연 좋은지, 그 결정적인 신호를 찾기 위해 실험을 다시 진행했다.

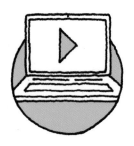

발견/토론 프로토타입

설명 동영상

간단하고 매력적이며 설득력 있는 방법으로 비즈니스 아이디어를 설명하는 짧은 동영상을
만드는 방법을 말한다.

● ● ● ○ ○
비용

● ● ● ○ ○
증거의 강도

● ● ● ○ ○
준비 시간

● ● ● ● ○
진행 시간

필요 역량   디자인/제품/기술

수용 가능성 · 실현 가능성 · 생존 가능성

설명 동영상은 가치 제안을 고객에게 신속하게 설명하는 데에 이상적인 방법이다.

준비하기

☐ 설명 동영상의 대본을 작성하라.

☐ 가치 제안 캔버스의 요점을 동영상 대본과 시각 자료에 반영하라.

☐ 설명 동영상을 제작하라.

☐ 동영상을 소셜 미디어 플랫폼, 동영상 플랫폼, 이메일 혹은 랜딩 페이지에 업로드하라.

☐ 동영상 분석 도구와 콜 투 액션 링크가 잘 작동하는지 테스트하라.

실행하기

☐ 동영상을 라이브로 공개하라.

☐ 동영상의 트래픽 발생을 유도하라.

☐ 댓글 기능이 있다면 솔루션에 관한 고객의 질문에 적극적으로 답변하라.

분석하기

☐ 동영상 조회수와 공유수를 확인하라.

☐ 클릭 연결률을 파악하라.

☐ 사람들이 동영상을 보다가 랜딩 페이지로 전환하는지 확인하라.

☐ 이를 통해 알게 된 내용으로 동영상 콘텐츠를 개선하라. 목표 고객과 플랫폼에 따라 동영상을 다른 버전으로 만드는 경우가 많다.

동영상 제작 팁

• 고객 프로필에 나오는 고객의 최상위 불만을 영상의 헤드라인에 제시하라.

• 그 불만에 대한 당신의 솔루션을 소개하라.

• 고객 프로파일에 나오는 고객의 혜택을 비주얼로 제시하라.

• 수용 가능성을 측정하기 위한 콜 투 액션 링크를 제시하며 동영상을 마무리하라.

비용

설명 동영상 실험을 진행하기 위한 비용은 비교적 저렴하지만 제작의 질에 따라 갑자기 비용이 늘어날 수 있다. 충분히 괜찮은 수준의 동영상 제작을 돕는 제품은 많이 존재하지만 경쟁사보다 더 돋보이고 싶다면 전문 비디오 촬영에 돈을 들여야 한다. 또한 설명 동영상으로 트래픽을 유도하기 위한 비용도 고려해야 한다.

준비 시간

괜찮은 설명 동영상을 준비하려면 며칠 혹은 몇 주 정도의 시간이 소요된다. 가치 제안을 명확히 전달할 방법 마련과 대본 작성을 위한 시간뿐 아니라 테이크와 편집을 여러 번 진행할 수 있는 시간적 여유를 모두 고려해야 한다.

진행 시간

설명 동영상 실험의 진행 시간은 비교적 길어서 입소문을 타지 못하면 몇 주에서 몇 개월의 시간이 소요된다. 바이럴로 널리 알려진 동영상이 제법 많지만 그 사례들은 예외적이다. 대다수의 설명 동영상들은 트래픽을 끌기 위해 유료 광고와 소셜 미디어 캠페인 등 엄청난 노력을 요한다.

증거의 강도

●●○○○
조회수

유입 경로별로 기록한 조회수를 말한다.

공유수

플랫폼별로 동영상을 공유한 횟수를 말한다.

조회수와 공유수는 비교적 약한 증거다.

●●●○○
클릭수

클릭 연결율은 동영상을 클릭한 수를 조회수로 나눈 값을 말한다. 클릭수는 좀 더 자세히 알고 싶은 고객의 욕구를 파악할 수 있어 강력한 증거다.

●●○○○
댓글

가용성, 가격, 작동 방법 등에 관한 동영상 조회자들의 댓글을 말한다. 댓글은 비교적 약한 증거지만 때때로 정성적 통찰을 얻는 데 도움이 된다.

필요 역량

디자인/제품/기술

매력적인 영상 대본을 쓸 수 있고 동영상을 제작·편집해 목표 대상에게 공유하고 홍보할 수 있어야 한다. 고객의 클릭을 유도하기 위해 설명 동영상 말미에 명확한 콜 투 액션이 들어가도록 해야 한다.

필요조건

트래픽

증거를 도출하려면 당신의 설명 동영상이 동영상 호스팅 플랫폼에 있든 랜딩 페이지에 있든 어느 정도의 트래픽이 필요하다. 다음의 방법을 통해 동영상의 트래픽을 높여라.

• 온라인 광고
• 소셜 미디어 캠페인
• 이메일 캠페인
• 기존 트래픽의 리다이렉팅
• 입소문
• 토론 포럼

데이터 시트

p.206

당신이 제안한 솔루션의 성능과 사양
을 설명하는 데이터 시트를 작성하라.

이메일 캠페인

p.178

회원인 사람들을 대상으로 이메일 인
터뷰를 진행해 그들이 설명 동영상을
좋아하는 이유를 파악하라.

가상 소유

p.224

솔루션의 (실제로 작동하는 기능이 없는)
시제품을 만든 다음 실생활에서 사용
할 니즈가 생기는지 살펴보라.

설명 동영상

스토리보드

p.202

일러스트를 사용해 이벤트의 여러 가
지 시나리오를 시험해본 후 설명 동
영상에 반영하라.

심플 랜딩 페이지

p.276

설명 동영상 끝에 콜 투 액션 링크의
목적지로 첨가할 심플 랜딩 페이지
를 제작하라.

카드 분류

p.238

카드 분류 실험을 진행함으로써 고객
니즈를 해결하기 위한 여러 가지 순
서를 좀 더 명확하게 파악하라.

219

토론 프로토타입

발견/토론 프로토타입

부메랑

기존의 경쟁사 제품을 가지고 고객 테스트를 진행함으로써 가치 제안에 대한 통찰을 얻는
방법을 말한다.

⬤⬤◯◯◯

비용

⚖️ ⬤⬤⬤◯◯

증거의 강도

🕐 ⬤⬤◯◯◯

준비 시간

⏱️ ⬤⬤◯◯◯

진행 시간

필요 역량   제품/마케팅/연구

수용 가능성·실현 가능성·생존 가능성

부메랑은 기존 시장에 있는 잠재 고객의 충족되지 않는 니즈를 찾는 데 이상적인 방법이다.
부메랑은 경쟁사의 브랜드를 떼어내고 자사 제품인 것처럼 테스트하기 위한 방법은 아
니다.

준비하기

□ 당신의 아이디어와 관련해 충족 되지 않은 고객 니즈를 가진 기존 제품이 무엇인지 규명하라.

□ 고객 테스트를 위한 대본을 만들 어라.

□ 제품 테스트와 녹음/녹화를 허락 하는 고객을 섭외하라.

□ 부메랑 실험의 일정을 수립하라.

□ 경쟁사의 제품을 실험을 진행할 장소에 가져다 놓아라.

실행하기

□ 대본을 배포하고 실험의 목표를 설명하라.

□ 실험 진행 과정을 녹음/녹화하고 고객의 언급, 고객이 느낀 애로사 항, 과업을 완료하는 데 드는 시간 등을 기록하라.

□ 감사의 말과 함께 실험을 마무리 하라.

분석하기

□ 팀원들과 함께 실험의 기록을 검 토하라.

• 어떤 과업이 완료되지 못했는 가? 어떤 과업이 가장 오래 걸 렸는가? 가장 혼동을 준 과업 은 무엇이었나?

□ 경쟁사의 가치 제안 캔버스를 만 들어서 경쟁사가 놓치고 있는 것 이 무엇인지 파악하라.

□ 알아낸 정보를 향후 실험에 반영 하라.

경쟁사 제품을 자사 제품으로 둔 갑시킬 때의 위험성

오랫동안 수많은 부메랑 실험을 관 찰해왔지만 '임포스터 유도'Imposter Judo라 불리는 변형된 실험이 종종 벌 어진다는 사실을 알게 됐다. 이 실험 에 대한 정의는 다양하지만 우리는 순전히 고객 테스트 목적으로 경쟁 사의 제품을 자신의 제품인 양 테스 트하는 방식은 리스크가 너무 크다 는 결론에 이르렀다.

임포스터 유도 기법은 보통 경쟁사 제품을 가져온 후 해당 브랜드를 떼 어내고 당신의 브랜드나 가상의 브 랜드를 붙이는 방법을 취한다. 확실 하게 자리를 잡은 업체이거나 규제 가 심한 환경에서 활동하는 업체일 수록 이런 방법을 통해 합법적이고 윤리적인 시사점을 얻을 수 있다.

하지만 흥미롭게도 우리는 충족시키 기 못하는 고객 니즈에 관한 아이디 어를 얻기 위해 일반기업이나 스타 트업 모두 브랜드를 떼지 않고 그대 로 놔둔 채 부메랑 실험을 한다는 사 실을 발견했다.

그리고 우리는 일반기업들이 전도 유망한 스타트업을 타깃으로 부메랑 실험을 진행하고 스타트업은 확실하 게 자리를 잡은 일반기업들을 타깃 으로 부메랑 실험을 진행하고 있음 을 알게 됐다.

221

비용

부메랑은 저비용의 실험으로, 무엇을 제작할 필요 없이 경쟁사 제품만 확보하면 된다. 비용은 주로 테스트를 함께 할 사람들을 섭외하고 실험 진행 과정을 녹음/녹화하는 데 쓰인다.

준비 시간

테스트에 참석할 사람들을 섭외하고 일정을 잡기만 하면 되기 때문에 부메랑 실험의 준비 시간은 짧다.

진행 시간

부메랑 실험의 진행은 한 번에 기껏해야 30분 정도밖에 걸리지 않는다. 실험을 여러 번 진행한다 해도 며칠 안에 완료해야 한다.

증거의 강도

완료된 과업수/과업 완료 시간

과업 완료율은 완료된 과업수를 시도한 과업수로 나눈 값을 말한다.
과업 완료 시간은 하나의 과업을 완료하는 데 드는 평균 시간을 말한다.

의도된 가치 제안에 비해 평균에 해당하는 고객이 실제로 얻는 것이 무엇인지 살펴보면 충족되지 못하는 고객 니즈와 차이를 확인할 수 있다.
기존의 경쟁사 제품을 가지고 고객이 과업을 어떻게 수행하는지를 측정해 얻은 증거는 비교적 강력하다. 해당 제품에 대한 고객의 실제 행동을 파악했기 때문이다.

고객의 피드백

사용상의 편리함과 충족되지 않는 니즈에 관한 고객의 언급을 말한다. 고객이 제품으로부터 원하고 기대하는 바와 그 제품이 실제로 제공하는 것 사이의 차이를 발견하라.
고객의 피드백은 비교적 약한 증거지만 충족되지 않는 니즈가 무엇이고 그중 어떤 것을 좀 더 탐색해야 하는지 판단하는 데 도움이 된다.

필요 역량

제품/마케팅/연구

부메랑 실험을 하려면 실험에 적용할 제품을 선택한 후 대본을 구성하고 함께 테스트할 고객을 섭외해 실험 과정을 녹음/녹화하고 결과를 종합할 능력이 있어야 한다. 이런 역량들은 대개 제품, 마케팅, 연구 부서에서 발휘할 수 있다. 인터뷰와 마찬가지로 부메랑 실험은 가능한 한 2명이 짝을 이뤄 진행할 때 최상의 결과를 기대할 수 있다.

필요조건

기존 경쟁사 제품

부메랑 실험의 일정을 수립하기 전에 테스트에 사용할 기존에 출시된 제품들은 무엇인지 규명해야 한다. 학습할 만한 것을 추출할 수 있는 제품이어야 당신이 마련한 새로운 아이디어에 반영할 수 있다. 그렇지 않으면 피드백을 수집해도 크게 도움되지 않을 것이다.

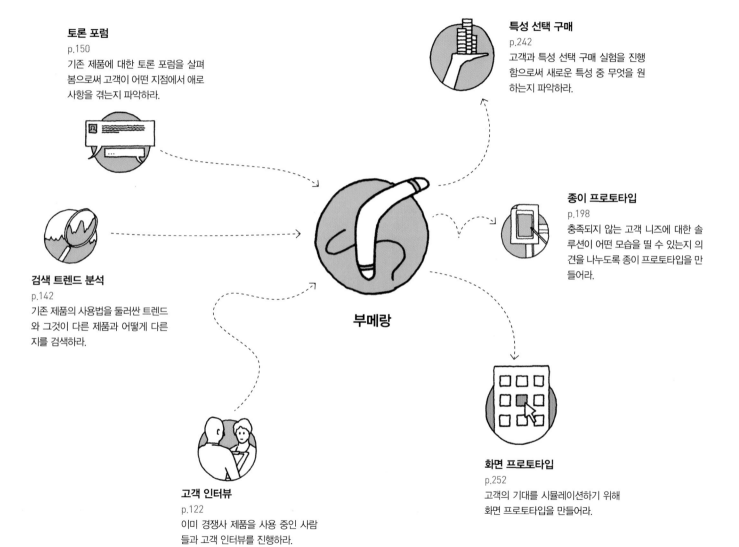

토론 포럼

p.150

기존 제품에 대한 토론 포럼을 살펴
봄으로써 고객이 어떤 지점에서 애로
사항을 겪는지 파악하라.

검색 트렌드 분석

p.142

기존 제품의 사용법을 둘러싼 트렌드
와 그것이 다른 제품과 어떻게 다른
지를 검색하라.

고객 인터뷰

p.122

이미 경쟁사 제품을 사용 중인 사람
들과 고객 인터뷰를 진행하라.

부메랑

특성 선택 구매

p.242

고객과 특성 선택 구매 실험을 진행
함으로써 새로운 특성 중 무엇을 원
하는지 파악하라.

종이 프로토타입

p.198

충족되지 않는 고객 니즈에 대한 솔
루션이 어떤 모습을 띨 수 있는지 의
견을 나누도록 종이 프로토타입을 만
들어라.

화면 프로토타입

p.252

고객의 기대를 시뮬레이션하기 위해
화면 프로토타입을 만들어라.

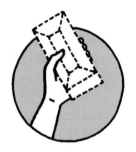

발견/토론 프로토타입

가상 소유

솔루션이 고객의 일상생활과 적합한지 파악하기 위해 무無기능의 충실도가 낮은 시제품을 만
드는 방법을 말한다. 종종 '피노키오 실험'으로도 불린다.

◯ ●◯◯◯◯
비용

⚖ ●●◯◯◯
증거의 강도

◷ ●●◯◯◯
준비 시간

⏱ ●●●●◯
진행 시간

✂ ⬡ ⠿ ⛏ 🗄 ✐ ◁ ◔
필요 역량   디자인/연구

수용 가능성·실현 가능성·생존 가능성
가상 소유는 아이디어의 잠재적 유용성에 대한 증거를 도출하는 데 이상적인 방법이다.

준비하기

☐ 종이 위에 제품 아이디어를 스케치하라.

☐ 가상 소유 실험을 위해 필요할 만한 자료를 모아라.

☐ 시제품을 만드는 데 시간 제한을 둠으로써 내부적으로 지나치게 정교하게 제작하는 데 많은 시간을 들이는 일이 없도록 하라.

☐ 시제품을 만들어라.

☐ 측정값을 추적하기 위해 실험 일지를 작성하라.

실행하기

☐ 시제품이 마치 제대로 작동하는 제품인 것처럼 인식되도록 하면서 가상 소유 실험을 진행하라.

☐ 사용할 때의 특이사항들을 실험 일지에 기록하라.

분석하기

☐ 각 실험의 일지를 검토하라.

 • 시제품이 유용하다고 느낀 경우는 얼마나 되는가?

 • 어렵거나 번거롭다고 생각되는 측면이 있었나?

☐ 알게 된 것을 추후에 실시할, 보다 충실도가 높은 실험에 반영하라.

비용

가상 소유 실험의 비용은 아주 저렴하다. 나무나 종이처럼 쉽게 구할 수 있는 재료면 충분하기 때문이다. 구현하려는 재품/서비스의 크기와 복잡도가 클수록 비용이 올라간다.

준비 시간

가상 소유 실험의 준비 시간은 몇 분에서 몇 시간이면 충분하다. 내부적으로 시제품의 디자인을 완전히 바꿔가면서 실험을 반복하지 마라. 대강의 모양과 기본적인 사용자 인터페이스를 갖춘 시제품이면 충분하다.

진행 시간

가상 소유 실험의 진행 시간은 당신이 가진 아이디어의 특성에 따라 몇 주에서 몇 개월이 걸릴 수 있다. 시제품을 진짜처럼 보이도록 하려면 시간적 여유를 두고 테스트하라.

증거의 강도

사용 시점

관여 일지

스프레드시트에 시제품을 사용한 시간과 실제로 사용자에게 유용할 거라고 생각한 경우의 수를 빠짐없이 기록하라. 또 사용 유형과 어떤 시나리오에서 사용했는지를 기록하라.

일반적으로 관여Engagement는 비교적 약한 증거지만 아이디어와 가치 제안을 구체화하는 데 도움이 되는 직접적인 통찰을 얻을 수 있다.

필요 역량

디자인/연구

가상 소유 실험을 진행하려면 기본적인 디자인 및 연구 기술이 도움이 된다. 대강의 복제품을 만들 수 있어야 하고 시간에 따라 사용자의 활동을 일지로 기록할 필요가 있다.

필요조건

가상 소유 실험을 시작하는 데 많은 것이 필요하지는 않다. 검증하고자 하는 아이디어와 무기능의 복제품을 만드는 창의력만 있으면 된다.

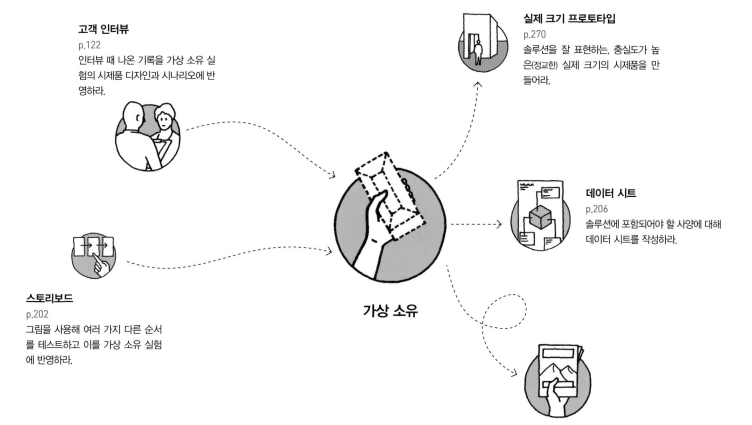

고객 인터뷰

p.122

인터뷰 때 나온 기록을 가상 소유 실험의 시제품 디자인과 시나리오에 반영하라.

스토리보드

p.202

그림을 사용해 여러 가지 다른 순서를 테스트하고 이를 가상 소유 실험에 반영하라.

가상 소유

실제 크기 프로토타입

p.270

솔루션을 잘 표현하는, 충실도가 높은(정교한) 실제 크기의 시제품을 만들어라.

데이터 시트

p.206

솔루션에 포함되어야 할 사양에 대해 데이터 시트를 작성하라.

브로슈어

p.210

솔루션의 가치 제안을 담은 브로슈어를 제작해 고객에게 테스트 받아라.

토론 프로토타입

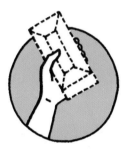

가상 소유

나무로 만든 팜 파일럿Palm Pilot

팜Palm

팜 파일럿을 만들기 전에 제프 호킨스Jeff Hawkins는 제품의 수용 가능성을 판단하고자 했다. 그는 과거의 디지털 휴대단말기들이 실현 가능성은 높지만 수용 가능성은 그렇지 못했다는 것을 잘 알고 있었다. 그런 단말기들은 결국 막대한 투자에도 불구하고 실패하고 말았다.

제프 호킨스는 자신이 구상한 제품의 크기에 맞게 나무 토막을 잘라 그 위에 자신이 상상한 간단한 사용자 인터페이스를 프린트해서 붙인 다음 나무젓가락을 스타일러스stylus로 사용했다. 이것을 만드는 데 몇 시간밖에 걸리지 않았다. 그런 다음 그는 몇 개월 동안 그 샘플을 주머니에 넣고 일하면서 실생활에서 그런 가치 제안의 수용 가능성을 파악하고자 했다. 누군가가 회의나 이메일을 요청하면 그는 주머니에서 나무 토막을 꺼내 나무젓가락으로 두드리면서 무언가를 입력하는 시늉을 했다.

실제 제품으로 만들어도 유용하겠다는 판단이 들자 그는 팜 파일럿의 제품 개발을 추진하기로 결정했다.

증거

팜 파일럿의 관여 일지

- 실험 시간의 95%에 해당되는 시간 동안 장치를 주머니에 휴대함.
- 하루 평균 12번 정도 장치를 꺼내 사용함.
- 이 장치로 미팅 일정을 정하는 경우가 55%에 해당함.
- 이 장치를 써서 전화번호와 주소를 찾는 경우가 25%에 해당함.
- 할 일 목록to-do list에 할 일을 추가하거나 체크하는 경우가 15%에 해당함.
- 메모를 적는 경우가 5%에 해당함.

알베르토 사보이아Alberto Savoia의 《아이디어 불패의 법칙》에서 발췌

✓
- □ 제품의 디자인 단계에 있을 때 가능한 한 빨리 무기능의 시제품을 제작하라.
- □ 반드시 쉽게 구할 수 있는 값싼 재료를 사용하라.
- □ 창의적 영감을 발휘해 시제품이 실제로 작동하는 것처럼 여겨라.
- □ 시제품과 상호작용할 때마다 어디에든 기록을 남겨라.

✗
- □ 시제품을 제작하는 데 많은 돈과 시간을 쓴다.
- □ 너무 크고 비싼 재료를 선택한다.
- □ 실제 상황에서 시제품을 들고 사용하기를 어색해 한다.
- □ 가상 소유의 과정에서 즐거움을 느끼지 못한다.

토론 프로토타입

발견/취향 및 선호도 발견

제품 상자

상자라는 물리적 형태 속에 가치 제안, 주요 특성, 핵심적 혜택을 시각화하여 고객과 함께
진행하는 퍼실리테이션 기법을 말한다.

◔ ●●○○○
비용

⚖ ●●○○○
증거의 강도

🔲 ⧖ ◔
수용 가능성 · 실현 가능성 · 생존 가능성

제품 상자는 가치 제안을 정교화하고 솔루션의 핵심 특성에 집중시키는 데 이상적인 방
법이다.

🕐 ●●○○○
준비 시간

⏱ ●○○○○
진행 시간

✂ ⬡ ⚙ ⚒ 🗄 🏷 📢 🔍 📊
필요 역량   디자인/제품/연구

준비하기

☐ 15~20명 정도 목표 고객을 섭외하라.

☐ 실험을 진행할 회의실을 확보하고 각 테이블 위에 박스와 문구류를 준비하라.

실행하기

☐ 탐색할 영역을 참석자들에게 알리면서 실험을 시작하라.

☐ 조별로 자신들이 구매할 제품의 아이디어로 상자를 꾸미게 하라.

☐ 가상 제품의 메시지, 특성, 혜택 등을 말해달라고 요청하라.

☐ 박람회에서 가상 제품을 판매한다고 상상하게 만든 후 의심 많은 고객에게 제품 구매를 설득하는 상황을 연기하게 하라.

☐ 이런 설득 과정에서 나온 핵심 메시지, 특성, 혜택을 빠짐없이 기록하라.

분석하기

☐ 팀원들과 함께 실험 결과를 검토하라. 가상의 고객에게 설득할 때 참석자들이 어떤 측면을 강조했는지 확인하라.

☐ 실험을 통해 알게 된 내용을 가지고 가치 제안 캔버스를 수정하라. 이것이 향후 실험의 기초가 될 수 있다.

제품 상자에 관해 좀 더 자세하게 알고 싶다면 루크 호먼 Luke Hohmann 이 쓴 《이노베이션 게임》을 강력 추천한다.

비용

제품 상자 실험을 진행하기 위한 비용은 비교적 저렴하다. 필요한 재료는 공예점에서 저렴하게 구할 수 있다. 두꺼운 종이 상자와 상자를 장식하는 데 필요한 컬러 마커, 종이, 스티커 등을 준비하면 된다.

준비 시간

제품 상사 실험의 준비 시간은 비교적 짧다. 이 시간에는 참가할 고객을 섭외하는 데 주력하라. 또한 실험에 필요한 물품을 구입하고 회의실을 준비해야 한다.

진행 시간

제품 상자 실험의 진행 시간은 아주 짧다. 1시간 내로 실험을 진행할 수 있다.

증거의 강도

●●○○○

가치 제안/고객 활동/고객 불만/고객 혜택

참석자들이 말하는 핵심적인 고객 활동, 불만, 혜택을 취합하고 정리하라. 각각 3개씩 중요한 것을 표시하라.

참석자들에게서 나오는 가치 제안에 관한 모든 언급을 기록하라. 그 언급들이 당신이 향후에 만들 메시지에 반영될 수 있기 때문이다.

제품 상자 실험에서 도출되는 증거들은 비교적 약하지만 다음 실험에 반영될 수 있다.

●●○○○

고객 피드백
고객의 언급

고객 활동, 불만, 혜택에만 국한하지 말고 고객의 추가적인 언급들을 모두 기록하라. 고객의 언급은 비교적 증거로는 약하지만 다음에 진행할 실험에 정성적인 통찰을 준다는 점에서 도움이 된다.

필요 역량

디자인/제품/연구

누구나 조금만 연습하면 제품 상자 실험을 진행할 수 있다. 디자인, 연구, 제품 관련 역량을 갖추면 도움이 될 것이다. 그래야 필요시에 아웃풋을 평가하고 참석자들에게 영감을 줄 수 있다.

필요조건

아이디어와 목표 고객

아이디어와 목표 고객을 이미 설정해두었다면 제품 상자 실험의 필요조건은 그리 많지 않다. 만약 아이디어와 목표 고객이 없다면 제품 상자 실험은 너무 광범위하게 진행될 수 있고 그 결과 또한 해석하기가 어려울 것이다.

고객 인터뷰

p.122

고객 인터뷰에서 얻은 기록을 제품 상자의 전체 맥락을 설정하는 데 반영하라.

종이 프로토타입

p.198

제품 상자에서 나온 아웃풋을 종이로 된 시제품으로 옮겨 제작함으로써 그것이 어떻게 작동할 수 있는지를 보다 구체적으로 살펴라.

부메랑

p.220

부메랑 실험에서 얻은 기록을 제품 상자의 기초 자료로 사용함으로써 기존 제품이 충족시키지 못하는 니즈를 밝혀라.

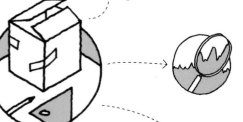

제품 상자

검색 트렌드 분석

p.142

제품 상자 실험의 아웃풋을 가지고 광범위한 검색 트렌드 분석을 진행함으로써 수요를 판단하는 데 도움을 받아라.

스토리보드

p.202

제품 상자 실험의 아웃풋으로 솔루션의 진행 순서를 테스트하라.

소셜 미디어 캠페인

p.184

소셜 미디어로 제품 상자 실험에 참석할 사람(고객)을 섭외하라.

233

취향 및 선호도 발견

발견/취향 및 선호도 발견

스피드보트

고객 활동의 진행과 진전을 방해하는 요소를 규명할 목적으로, 고객과 함께 진행하는 시각적
게임 기술을 말한다.

⬬ ●●○○○	⚖ ●●●◉○○
비용	증거의 강도
🕐 ●●○○○	⏱ ●○○○○
준비 시간	진행 시간

✂ ⬡ ⚙ ⚒ 🗄 ✎ 📢 🔍 📊

필요 역량 디자인/제품/기술

⊞ ▷ ◔

수용 가능성·실현 가능성·생존 가능성

스피트보트는 고객 활동을 더디게 만드는 제품/서비스의 요소를 시각적으로 묘사하고 그
것이 아이디어의 실현 가능성에 어떤 영향을 미치는지 파악하는 데 이상적인 방법이다.

1. 참석자 섭외하기

☐ 실험을 위해 현재 자사 제품을 사용 중인 15~20명의 고객을 섭외하라.

2. 준비하기

☐ 직접 대면한 상태에서 실험을 진행한다면 스피드보트(쾌속정) 그림과 카드(포스트잇)를 준비하라. 원격으로 실험을 진행한다면 스피드보트 그림과 카드를 함께 띄워 고객에게 보여줄 수 있는 디지털 화이트보드를 준비하라.

3. 실행하기

☐ '앵커'anchor(스피드보트가 앞으로 나아가는 걸 방해하는 요소를 가리킴─옮긴이)를 쓰기 전에 각 고객에게 생각할 시간을 몇 분 정도 주어라. 앵커를 스피드보트 아래쪽에 붙이고 비슷한 부분끼리 그룹핑하라. 보트의 속도를 다른 앵커보다 느리게 만드는 앵커일수록 물속 깊이 위치시켜라. 참석자들과 함께 각 카드를 주의 깊게 검토하되 솔루션을 제시하려고 하거나 피드백하려는 욕구를 억제하라. 만약 이를 어기면 참석자들에게 편견을 심어줄 위험이 있다.

4. 분석하기

☐ 스피드보트 실험이 종료되고 고객들이 돌아가면 팀원들과 함께 각 앵커의 심각성과 시급함을 파악하라. 어떤 것들은 즉시 대응할 필요가 있겠지만 어떤 것들은 완전히 무시해도 괜찮을 것이다. 각 앵커의 심각성과 시급함은 다음 실험에 인풋이 되어야 한다.

스피드보트에 대해 좀 더 자세하게 알고 싶다면 루크 호먼이 쓴 《이노베이션 게임》을 강력 추천한다.

비용

스피드보트 실험의 비용은 비교적 저렴하다. 재료로는 스피드보트 그림, 필기구, 카드 등을 준비하라. 원격으로 이 실험을 진행한다면 디지털 장비를 사용해야 하는데 이 때문에 비용이 약간 증가할 수 있다.

준비 시간

스피드보트의 준비 시간은 비교적 짧다. 이 시간에는 실험에 참가할 고객들을 섭외하고 실험 진행에 도움이 되는 정보를 얻을 수 있도록 기존의 관련 데이터를 검토하라.

진행 시간

스피드보트의 진행 시간은 매우 짧아서 고객을 여러 명 모아 진행한다 해도 1~2시간이면 족하다.

⚖️ ●●●○○○

증거의 강도

●●●○○

앵커의 수/심각성/시급성

심각하고 시급한 앵커의 수

심각하고 시급한 앵커의 수가 많을 수록 당신의 가치 맵과 고객 프로파일 간의 격차가 크다고 볼 수 있다. 스피드보트 실험에서 도출된 증거는 비교적 약하지만 고객과의 단순한 대화보다는 강력하다. 이 증거를 통해 당신의 제품이 가치 제안을 충족시키지 못하는 부분과 그 이유를 알아낼 수 있다.

●●○○○

고객 피드백

고객의 언급

앵커와는 별도로 고객의 언급을 수집함으로써 고객이 제품 사용에 애를 먹는 상황을 보다 잘 파악할 수 있다.

고객의 언급은 비교적 약한 증거지만 제품에 대한 전반적 상황을 이해하고 정성적 통찰을 얻는 데 도움이 된다.

필요 역량

디자인/제품/기술

퍼실리테이션 역량과 더불어 앵커의 심각성과 시급성을 올바로 판단할 수 있어야 한다. 고객이 제안한 앵커의 수준이 모두 똑같지 않기 때문에 어떤 앵커는 그 자리에서 바로 고칠 수 있어야 하고 어떤 앵커는 완전히 배제해야 한다.

필요조건

퍼실리테이션 기술

스피드보트 실험을 진행하려면 어느 정도 퍼실리테이션 기술이 필요하다. 당신의 제품에 불만을 가진 고객을 참여시켜 이 실험을 진행하는 경우 특히 그렇다. 당신의 자존심은 잠시 접어둬라. 구체적인 앵커를 도출하는 기술이 있어야 한다. 제품에 대한 애착이 너무 커서 그렇게 할 수 없다고 생각되면 중립적 입장의 제3의 퍼실리테이터에게 실험 진행을 맡길 것을 권한다.

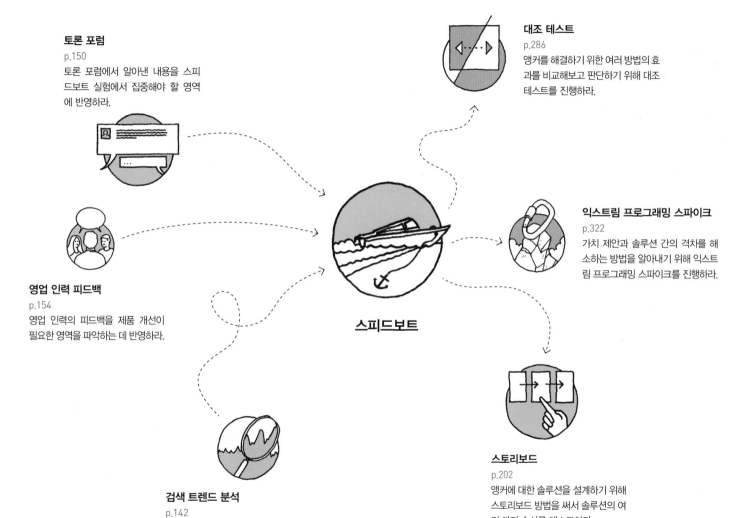

토론 포럼

p.150

토론 포럼에서 알아낸 내용을 스피
드보트 실험에서 집중해야 할 영역
에 반영하라.

대조 테스트

p.286

앵커를 해결하기 위한 여러 방법의 효
과를 비교해보고 판단하기 위해 대조
테스트를 진행하라.

영업 인력 피드백

p.154

영업 인력의 피드백을 제품 개선이
필요한 영역을 파악하는 데 반영하라.

익스트림 프로그래밍 스파이크

p.322

가치 제안과 솔루션 간의 격차를 해
소하는 방법을 알아내기 위해 익스트
림 프로그래밍 스파이크를 진행하라.

스피드보트

검색 트렌드 분석

p.142

온라인에서 자사 제품에 대해 불만을
쏟아내는 고객의 규모를 검색하라.

스토리보드

p.202

앵커에 대한 솔루션을 설계하기 위해
스토리보드 방법을 써서 솔루션의 여
러 가지 순서를 테스트하라.

237

실행 및 선호도 발견

발견/취향 및 선호도 발견

카드 분류

고객과 함께 카드를 사용하여 통찰을 얻는 사용자 경험 디자인의 방법 중 하나다.

⬭ ●●○○○
비용

⚖ ●●○○○
증거의 강도

🕐 ●●○○○
준비 시간

⏱ ●○○○○
진행 시간

✂🧊⁂⚒🛢🏷📢🔍📊
필요 역량　　마케팅/연구

🏦 ✉ ◕

수용 가능성 · 실현 가능성 · 생존 가능성

카드 분류는 고객 활동, 불만, 혜택, 가치 제안에 대한 통찰을 얻는 데 이상적인 방법이다.

1. 참석자 섭외하기

☐ 카드 분류 실험을 위해 기존 혹은 목표 고객 15~20명을 섭외하라.

2. 준비하기

☐ 직접 대면한 상태에서 실험을 진행한다면 고객 활동, 불만, 혜택을 미리 기입한 카드와 고객이 채워야 할 공란의 카드를 준비하라. 원격으로 실험을 진행한다면 당신이 미리 기입한 카드와 고객용 (공란의) 카드를 띄워 고객에게 보여주는 디지털 화이트보드를 준비하라.

3. 실행하기

☐ 당신이 시장에서 목격한 고객 활동, 불만, 혜택의 카테고리를 설명하라. 고객 활동, 불만, 혜택이 미리 기입된 카드를 참석자들에게 나눠주고 카테고리별로 분류하게 한 후 우선순위를 매기도록 하라. 그리고 그 이유를 말하도록 요청하라. 무언가 놓친 것이 있는지 참석자들에 묻고 만약 그렇다면 참석자들에게 추가로 쓰게 한 다음 우선순위를 다시 매기도록 하라. 팀원 중 1명에게 실험 중에 도출된 정성적 통찰을 기록하도록 하라.

4. 분석하기

☐ 카드 분류 실험이 종료되면 발견한 사항이 무엇인지 규명하고 참석자들이 상위 3개에 해당하는 고객 활동, 불만, 혜택을 각각 어떻게 순위를 매겼는지 살펴보라. 가치 제안 캔버스를 수정하거나 새로 만들어서 이 실험에서 나온 최신의 시사점을 다음 실험에 반영하라.

비용

카트 분류 실험의 비용은 비교적 저렴하다. 직접 대면하면서 실험을 진행한다면 유일하게 필요한 물품은 카드다. 화상을 통해 원격으로 진행한다면 저비용 혹은 무료의 가상 화이트보드 소프트웨어를 사용할 필요가 있다.

준비 시간

카드 분류의 준비 시간은 비교적 짧다. 이 시간에는 카드에 쓸 내용을 정하고 고객을 섭외하라.

진행 시간

카드 분류의 진행 시간은 매우 짧아서 1시간 안에 마칠 수 있다.

증거의 강도

●●○○○

고객 활동/고객 불만/고객 혜택

상위 3개의 고객 활동, 불만, 혜택

고객 활동, 불만, 혜택의 주제

카드 분류 실험의 아웃풋을 그룹핑하여 순위를 매긴 결과는 비교적 약한 증거다. 실험실 환경에서 진행했기 때문인데 그런 한계에도 불구하고 조치(실행)에 초점을 맞춘, 좀 더 정교한 실험을 진행하는 데 도움이 된다.

●●○○○

고객 피드백

고객의 언급

고객 활동, 불만, 혜택에만 국한하지 말고 고객의 추가적인 언급들을 모두 기록하라. 고객의 언급은 비교적 증거의 강도는 약하지만 다음에 진행할 실험에 정성적 통찰을 준다는 점에서 도움이 된다.

필요 역량

마케팅/연구

누구나 조금만 연습하면 카드 분류 실험을 진행할 수 있다. 디자인, 연구, 제품 관련 역량을 갖추면 도움이 된다. 그래야 꼭 맞는 고객을 섭외할 수 있고 고객이 실험에 참여해 제출한 카테고리와 우선순위를 분석할 수 있다.

필요조건

목표 고객

기존 고객을 대상으로 진행할 때 카드 분류의 효과가 가장 좋지만 잠재(틈새) 고객들에 대한 학습에도 사용될 수 있다. 고객 활동, 불만, 혜택을 파악하는 데 기존 고객과 잠재 고객 모두 필요하며 그 아웃풋을 가치 제안 캔버스와 다음 실험에 반영할 수 있다.

영업 인력의 피드백

p.154

영업 인력의 피드백을 카드 분류 실
험에서 사용할 카드의 내용에 반영
하라.

스토리보드

p.202

고객 활동, 불만, 혜택에 대한 솔루션
을 수립하기 위해 스토리보드를 만들
어라.

고객 지원 분석

p.158

고객 지원 데이터를 카드 분류 실험
에서 사용할 카드의 내용에 반영하라.

카드 분류

설명 동영상

p.216

설명 동영상을 제작하여 당신의 솔루
션이 어떻게 고객 활동, 불만, 혜택에
대처하는지를 전달하라.

토론 포럼

p.150

토론 포럼을 검색함으로써 고객의 충
족되지 못한 니즈를 카드의 내용에 반
영하라.

종이 프로토타입

p.198

종이 프로토타입을 만들어서 당신의
솔루션이 어떻게 고객 활동, 불만, 혜
택에 대처할 수 있는지를 보여라.

241

취향 및 선호도 발견

발견/취향 및 선호도 발견

특성 선택 구매

기존 제품에 적용 가능한 여러 특성과 특성별 가격을 제시한 다음 사람들이 각 특성에 대해
얼마나 구매할 용의가 있는지 살펴보는 방법을 말한다.

⬤⬤◯◯◯ 비용

⬤⬤◯◯◯ 증거의 강도

⬤⬤◯◯◯ 준비 시간

⬤◯◯◯◯ 진행 시간

필요 역량 제품/연구/데이터

수용 가능성·실현 가능성·생존 가능성

특성 선택 구매는 특성의 우선순위를 정하고 고객 활동, 불만, 혜택을 좀 더 잘 파악하는
데 이상적인 방법이다.

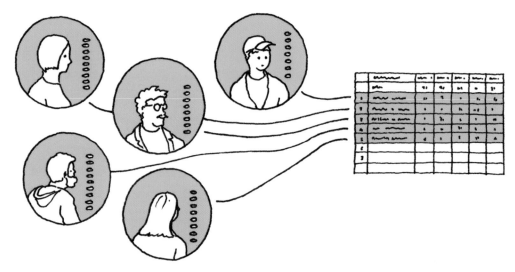

1. 참석자 섭외하기

☐ 목표 고객 15~20명을 섭외하라.

2. 준비하기

☐ 실험을 진행할 회의실, 가상 지폐, 노트 카드, 모눈종이 등을 준비하라.

3. 설계하기

☐ 이 실험은 가상의 상황임을 참석한 고객들에게 이해시켜라. 15~30개의 특성이 적힌 목록과 각자 사용할 가상 지폐를 나눠주어라.

4. 구매하기

☐ 각 고객으로 하여금 자신의 예산을 본인이 원하는 특성 항목에 배정하게 하라. 이때 고객들은 더 많은 특성에 대해 다른 사람들과 의견을 교환할 수 있다. 편향된 결과가 나올 수 있으니 고객이 특성을 선택할 때 피드백을 하지 마라.

5. 분석하기

☐ 어떤 특성에 가장 많은 가상 지폐가 배정 받았는지 살펴보고 그 값을 모눈종이 위에 표시하라.

특성 선택 구매에 대해 좀 더 자세하게 알고 싶다면 루크 호먼이 쓴 《이노베이션 게임》을 강력 추천한다.

비용

특성 선택 구매 실험의 비용은 비교적 저렴하다. 만약 직접 대면하여 실험을 진행한다면 가상 지폐, 노트 카드, 모눈종이만 있으면 충분하다. 만약 화상을 통해 원격으로 진행한다면 저비용 혹은 무료의 가상 화이트보드 소프트웨어가 필요하다.

준비 시간

특성 선택 구매 실험의 준비는 며칠 정도 걸릴 수 있다. 고객을 섭외하고 필요한 물품을 구매하고 회의실을 준비하라. 준비 시간의 대부분은 실험에서 제시할 특성과 그 가격을 정하는 데 사용하라.

진행 시간

특성 선택 구매 실험의 진행 시간은 매우 짧아서 1시간 이내로 끝낼 수 있다.

증거의 강도

특성별 순위/고객 활동/고객 불만/고객 혜택

고객이 가장 많이 구매한 상위 3개의 특성을 말한다. 고객이 우선순위를 매기면서 언급한 고객 활동, 불만, 혜택을 기록하라.

특성 선택 구매 실험에서 나온 증거의 강도는 실험실 환경에서 얻은 것이기 때문에 비교적 약하다. 그러나 조치에 초점을 맞춘, 좀 더 정교한 향후 실험에 반영할 수 있다.

고객 피드백
고객의 언급

고객 활동, 불만, 혜택에만 국한하지 말고 고객의 추가적인 언급들을 모두 기록하라. 고객의 언급은 비교적 강도가 약하지만 향후 진행할 실험에 정성적 통찰을 준다는 점에서 도움이 된다.

필요 역량

제품/연구/데이터

누구나 조금만 연습하면 특성 선택 구매 실험을 진행할 수 있다. 하지만 연구, 제품 외에 추가적으로 디자인 관련 역량이 있다면 아웃풋을 평가하고 영감을 얻는 데 도움이 될 것이다.

필요조건

특성 목록과 목표 고객

특성 선택 구매 실험을 하려면 어떤 특성들을 자사 제품에 포함시키고 싶은지 명확히 결정해야 한다. 또한 제품에 관한 맥락을 조금은 이해하고 있는 고객을 섭외할 필요가 있다. 제품에 대해 잘 알지 못하는 고객들이 정한 순위는 크게 도움되지 않는다.

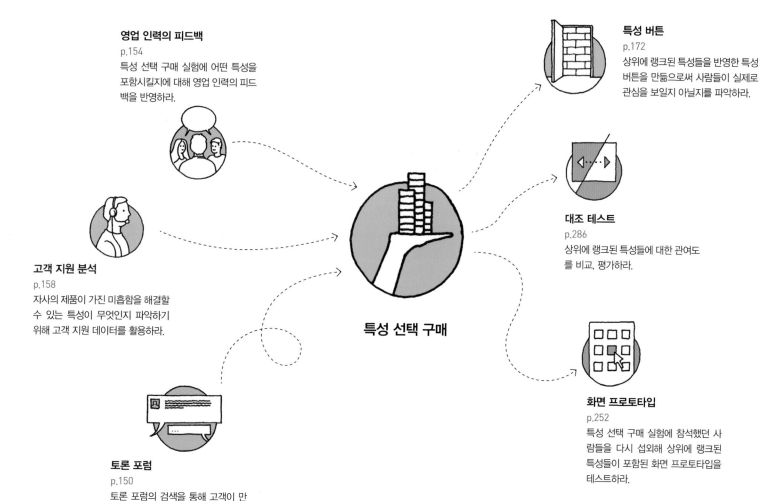

영업 인력의 피드백

p.154

특성 선택 구매 실험에 어떤 특성을 포함시킬지에 대해 영업 인력의 피드백을 반영하라.

고객 지원 분석

p.158

자사의 제품이 가진 미흡함을 해결할 수 있는 특성이 무엇인지 파악하기 위해 고객 지원 데이터를 활용하라.

토론 포럼

p.150

토론 포럼의 검색을 통해 고객이 만족하지 못하는 니즈를 발견하고 이를 특성 목록에 반영하라.

특성 선택 구매

특성 버튼

p.172

상위에 랭크된 특성들을 반영한 특성 버튼을 만듦으로써 사람들이 실제로 관심을 보일지 아닐지를 파악하라.

대조 테스트

p.286

상위에 랭크된 특성들에 대한 관여도를 비교, 평가하라.

화면 프로토타입

p.252

특성 선택 구매 실험에 참석했던 사람들을 다시 섭외해 상위에 랭크된 특성들이 포함된 화면 프로토타입을 테스트하라.

245

취향 및 선호도 발견

"혁신은 파괴적이지 않다.
오직 고객의 선택만이 파괴적이다."

———————

제프 베조스 Jeff Bezos
기업가이자 자선가, 아마존 창립자

제3부 — 실험

3.3 — 검증

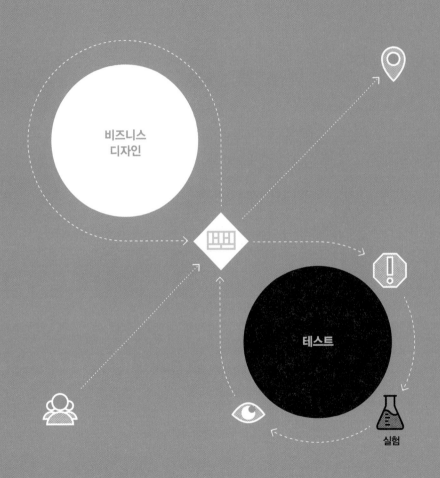

아이디어

비즈니스

탐색 & 테스트	실행

발견
전반적인 진행 방향이 옳은지 판단하라. 기본 가정들을 테스트하라. 얻어낸 통찰을 통해 경로를 신속하게 수정하라.

검증
설정한 방향을 검증하라. 비즈니스 아이디어가 매우 효과적일 거라는 강력한 증거를 확보해 방향을 확정하라.

검증을 위한 실험들

비용	준비 시간	진행 시간	증거의 강도	발견 영역
●●○○○	●●○○○	●●○○○	●●○○○	수용 가능성 · 실현 가능성 · 생존 가능성
●●●●○	●●●○○	●●●●○	●●●●●	수용 가능성 · 실현 가능성 · 생존 가능성
●●●○○	●●●○○	●●●●○	●●●●●	수용 가능성 · 실현 가능성 · 생존 가능성
●○○○○	●●○○○	●●●○○	●●●●●	수용 가능성 · 실현 가능성 · 생존 가능성
●●●●●	●●●●○	●●●○○	●●○○○	수용 가능성 · 실현 가능성 · 생존 가능성
●●○○○	●●○○○	●●●○○	●●○○○	수용 가능성 · 실현 가능성 · 생존 가능성
●●●●●	●●●●○	●●●●○	●●○○○	수용 가능성 · 실현 가능성 · 생존 가능성
●●○○○	●●○○○	●●●○○	●●●○○	수용 가능성 · 실현 가능성 · 생존 가능성
●●●○○	●●○○○	●●●○○	●●●●●	수용 가능성 · 실현 가능성 · 생존 가능성
●●○○○	●●○○○	●●●○○	●○○○○	수용 가능성 · 실현 가능성 · 생존 가능성
●●○○○	●●●○○	●●●○○	●●●●●	수용 가능성 · 실현 가능성 · 생존 가능성
●●○○○	●●○○○	●●○○○	●●●●○	수용 가능성 · 실현 가능성 · 생존 가능성
●○○○○	●○○○○	●●○○○	●○○○○	수용 가능성 · 실현 가능성 · 생존 가능성
●●●●○	●●●○○	●●○○○	●●○○○	수용 가능성 · 실현 가능성 · 생존 가능성
●●○○○	●○○○○	●●○○○	●●●●●	수용 가능성 · 실현 가능성 · 생존 가능성

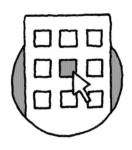

검증/상호작용 프로토타입

화면 프로토타입

고객과의 상호작용에 대한 소프트웨어의 반응을 시뮬레이션하기 위해 클릭할 수 있는 영역
이 포함된 디지털 인터페이스를 제시하는 방법을 말한다.

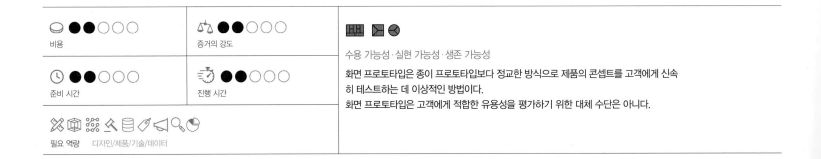

○ ●●○○○　비용

⚖ ●●○○○　증거의 강도

🕐 ●●○○○　준비 시간

⏱ ●●○○○　진행 시간

수용 가능성·실현 가능성·생존 가능성

화면 프로토타입은 종이 프로토타입보다 정교한 방식으로 제품의 콘셉트를 고객에게 신속
히 테스트하는 데 이상적인 방법이다.
화면 프로토타입은 고객에게 적합한 유용성을 평가하기 위한 대체 수단은 아니다.

필요 역량　디자인/제품/기술/데이터

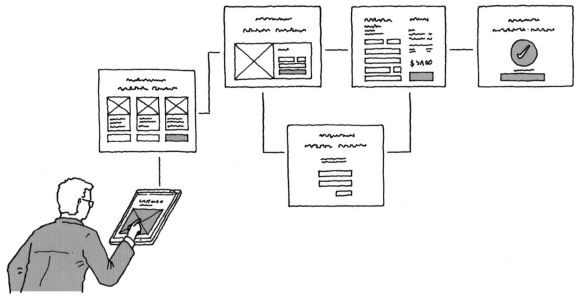

상호작용 프로토타입

준비하기

- 화면 프로토타입 실험의 목표를 수립하라.
- 테스트할 목표 대상을 결정하라. 목표 대상은 가급적 자사 제품/서비스에 대해 관심이 없거나 잘 모르는 사람이 좋다.
- 질문지를 작성하라.
- 핫 존hot zone이 있는 화면 프로토타입을 만들어라.
- 사용자와 상호작용이 제대로 이뤄지는지 확인하기 위해 내부적으로 테스트하라.
- 목표 고객을 대상으로 진행하는 화면 프로토타입 실험 일정을 수립하라.

실행하기

- 앞으로 출시할 제품/서비스에 대한 피드백을 받기 위해 실험을 진행한다는 점을 고객에게 설명하라. 고객들에게 각각의 의견이 소중하다는 것을 확실하게 인지시켜라.
- 팀원 1명이 고객들과 상호작용하면서 인터뷰를 수행하라.
- 다른 팀원 1명은 인터뷰 내용을 기록하라.
- 참석자들에게 감사 인사를 하며 실험을 마무리하라.

분석하기

- 벽에 큰 종이를 붙인 다음 그 위에 인터뷰 기록, 관찰 사항, 고객의 언급을 담은 자료들을 붙여라.
  - 어느 지점에서 고객이 어려움과 혼동을 경험했는가?
  - 고객이 흥미를 보인 부분은 무엇인가?
- 이러한 피드백을 향후 실험에 반영하라.

비용

화면 프로토타입의 비용은 종이 프로토타입보다 다소 비싸지만 대체로 저렴한 편이다. 화면 프로토타입을 완전히 처음부터 제작하지 않고 빠르게 만들 수 있게 도와주는 도구와 템플릿이 많다.

준비 시간

이 실험의 준비 시간은 비교적 짧다. 화면 프로토타입을 제작하는 시간은 하루나 이틀 정도면 된다.

진행 시간

화면 프로토타입 실험의 진행 시간 역시 며칠에서 1주일 정도로 짧다. 가치 제안과 솔루션의 흐름에 관한 피드백을 얻기 위해 목표 고객들을 대상으로 화면 프로토타입을 빠르게 테스트하라.

증거의 강도

●●○○○

완료한 과업수

과업 완료율/과업 완료 시간

완료한 과업수는 그다지 강력한 증거는 아니지만 종이 프로토타입 실험의 경우보다는 좀 더 강력하며 고객이 혼동할 수 있는 부분을 비교적 잘 알려준다.

●●○○○

고객 피드백

가치 제안과 가상 솔루션의 유용성에 관한 고객의 언급을 말한다. 화면 프로토타입에 관한 고객의 언급은 비교적 약한 증거지만 종이 프로토타입 실험에서 나온 피드백보다는 강력한 증거다.

필요 역량

디자인/제품/기술/데이터

디지털 제품에 관한 아이디어뿐 아니라 프로토타입 제작 도구나 템플릿으로 제품의 형태를 제작하려면 디자인 기술이 있어야 한다. 클릭하면 다른 화면으로 연결되는 핫 존을 만들 수 있는 기술 또한 필요하다. 더불어 질문지를 작성하고 실험의 과정을 기록할 수 있어야 한다.

필요조건

디지털 제품에 관한 아이디어

화면 프로토타입 실험을 하려면 당신의 아이디어는 기본적으로 디지털 성격을 띠어야 한다. 그래야 고객들이 화면 위를 클릭하면서 디지털 경험을 할 수 있기 때문이다. 화면 프로토타입을 고려 중이라면 제품의 흐름이 어때야 하는지에 관한 확고한 의견을 갖고 있어야 한다. 물론 자신의 생각이 틀릴 수 있다는 점을 열린 마음으로 받아들여야 한다.

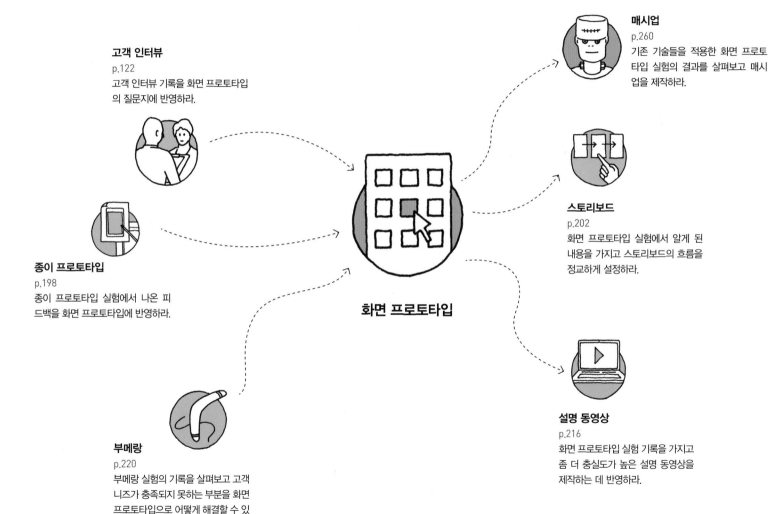

고객 인터뷰
p.122
고객 인터뷰 기록을 화면 프로토타입
의 질문지에 반영하라.

종이 프로토타입
p.198
종이 프로토타입 실험에서 나온 피
드백을 화면 프로토타입에 반영하라.

부메랑
p.220
부메랑 실험의 기록을 살펴보고 고객
니즈가 충족되지 못하는 부분을 화면
프로토타입으로 어떻게 해결할 수 있
을지 구상하라.

화면 프로토타입

매시업
p.260
기존 기술들을 적용한 화면 프로토
타입 실험의 결과를 살펴보고 매시
업을 제작하라.

스토리보드
p.202
화면 프로토타입 실험에서 알게 된
내용을 가지고 스토리보드의 흐름을
정교하게 설정하라.

설명 동영상
p.216
화면 프로토타입 실험 기록을 가지고
좀 더 충실도가 높은 설명 동영상을
제작하는 데 반영하라.

255

상호작용 프로토타입

검증/상호작용 프로토타입

단일 특성 MVP

단 하나의 특성을 지닌 최소 기능 제품을 가지고 당신이 설정한 가정을 테스트하는 방법이다.

○ ●●●●○
비용

⚖ ●●●●●
증거의 강도

🕐 ●●●○○
준비 시간

⏱ ●●●●○
진행 시간

✂🎲⚙⚒🗄🏷📢🔍📊
필요 역량 디자인/제품/기술/재무/마케팅/데이터

🔲 ✉📊

수용 가능성·실현 가능성·생존 가능성

단일 특성 MVP는 솔루션의 핵심적 '약속'이 고객의 공감을 이끌어내는지를 파악하는 데 이상적인 방법이다.

준비하기

☐ 주요 고객 활동을 해결하기 위한 특성의 최소 버전을 설계하라.

☐ 해당 제품이 잘 작동하는지 살피기 위해 먼저 내부적으로 테스트 해보라.

☐ 단일 특성 MVP 실험에 참여할 고객을 섭외하라.

실행하기

☐ 고객과 함께 단일 특성 MVP 실험을 진행하라.

☐ 고객으로부터 얼마나 만족스러운지에 관한 피드백을 수집하라.

분석하기

☐ 고객의 피드백을 검토하라.

☐ 얼마나 많은 고객이 자사 제품으로 '개종'했는가?

☐ 이 솔루션을 운영하기 위해 소요되는 비용은 어느 지점에서 발생했는가?

비용

단일 특성 MVP 실험 비용은 충실도가 떨어지는 실험들에 비해 조금 비싼 편이다. 고객에게 가치를 전달하기 위한 좀 더 충실한 버전의 제품/서비스를 제작해야 하기 때문이다.

준비 시간

단일 특성 MVP 실험을 준비하는 데 1~3주가 걸릴 수 있다. 고객을 참여시키기 전에 먼저 내부적으로 제품/서비스를 디자인하고 제작하고 테스트해봐야 하기 때문이다.

진행 시간

이 실험의 진행 시간은 몇 주 혹은 몇 개월이 걸릴 수 있다. 조급하게 제품을 최적화하거나 생산/판매의 규모를 확대하기 전에 충분한 여유를 가지고 정성적이고 정량적인 피드백을 분석하려면 그 정도의 시간이 필요하다.

⚖ ●●●●● 증거의 강도

●●○○○
고객 만족도

단일 특성 MVP를 사용하고 나서 얼마나 만족했는지에 관한 고객의 언급과 피드백을 말한다. 이 피드백에서 나오는 고객 만족도는 강력한 증거라고 말할 수 있다. 가상의 상황이 아니라 직접 고객에게 제품/서비스의 가치를 전달한 다음에 받는 피드백이기 때문이다.

●●●●●
구매 건수

단일 특성 MVP를 사용한 후 확인된 고객 구매 건수를 말한다. 비록 고객이 구매한 것이 오직 단 하나의 특성이라 해도 구매했다는 사실 자체가 강력한 증거다.

●●●●●
비용

단일 특성 MVP를 디자인하고 제작하고 전달하고 유지하는 데 얼마나 많은 비용이 드는가?
단일 특성 MVP를 고객에게 전달하는 데 드는 비용은 강력한 증거로, 향후 성공 가능한 비즈니스를 창조하는 데 드는 비용의 선행지표라 할 수 있다.

필요 역량
디자인/제품/기술/재무/마케팅/데이터

특성을 구현하고 고객에게 전달하려면 위의 모든 역량이 필요하다. 고객에게 물리적인 제품/서비스를 제공하느냐 혹은 디지털 형식의 제품/서비스를 전달하느냐에 따라 상황이나 맥락이 매우 달라질 수 있다.

필요조건
틈새 고객의 니즈에 대한 증거

단일 특성 MVP 실험은 오랜 시간이 걸리고 높은 거래 비용이 발생하는 값비싼 실험이다. 그러니 먼저 충실도가 떨어지는 여러 개의 실험 진행을 통해 단일 특성 MVP 실험에서 다룰 특성을 세심하게 파악하고 선택하라. 그 특성이 고객의 어떤 니즈를 해결할지에 대한 명확한 증거를 먼저 확보해야 한다.

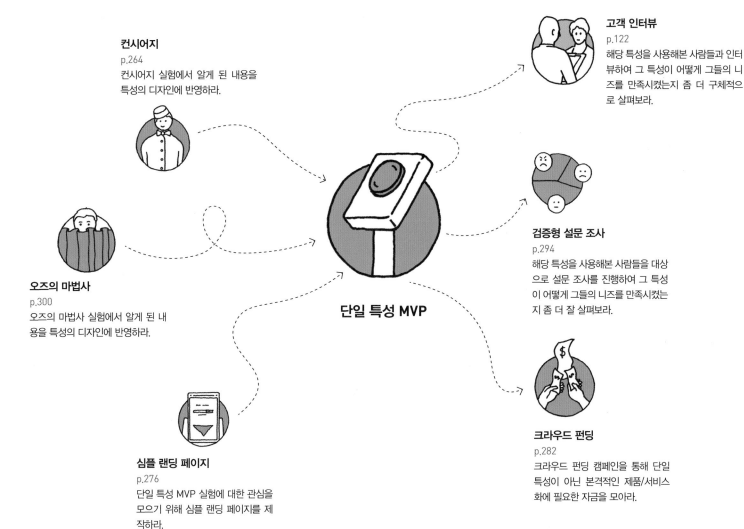

컨시어지

p.264

컨시어지 실험에서 알게 된 내용을 특성의 디자인에 반영하라.

오즈의 마법사

p.300

오즈의 마법사 실험에서 알게 된 내용을 특성의 디자인에 반영하라.

심플 랜딩 페이지

p.276

단일 특성 MVP 실험에 대한 관심을 모으기 위해 심플 랜딩 페이지를 제작하라.

단일 특성 MVP

고객 인터뷰

p.122

해당 특성을 사용해본 사람들과 인터뷰하여 그 특성이 어떻게 그들의 니즈를 만족시켰는지 좀 더 구체적으로 살펴보라.

검증형 설문 조사

p.294

해당 특성을 사용해본 사람들을 대상으로 설문 조사를 진행하여 그 특성이 어떻게 그들의 니즈를 만족시켰는지 좀 더 잘 살펴보라.

크라우드 펀딩

p.282

크라우드 펀딩 캠페인을 통해 단일 특성이 아닌 본격적인 제품/서비스화에 필요한 자금을 모아라.

259

상호작용 프로토타입

검증/상호작용 프로토타입

매시업

고객에게 가치를 전달하기 위해 기존의 여러 기술과 서비스를 조합함으로써 최소한으로 기
능하는 제품을 만드는 방법이다.

💰 ●●●○○	⚖ ●●●●●
비용	증거의 강도
🕐 ●●●○○	⏱ ●●●●○
준비 시간	진행 시간

⚒ ⬡ ⚙ ⚒ 🗄 🏷 📢 🔍📊

필요 역량   디자인/제품/기술/재무/마케팅/데이터

수용 가능성 · 실현 가능성 · 생존 가능성

매시업은 당신의 아이디어에 담긴 솔루션이 고객의 공감을 얻는지를 파악하는 데 이상
적인 방법이다.

검증

260

실험

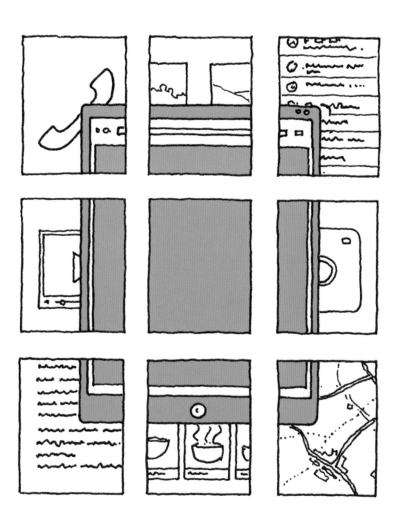

준비하기

□ 고객가치를 창조하기 위해 필요한 프로세스를 설계하라.

□ 해당 프로세스를 완결하는 데 통합될 수 있는 기존 기술에 대한 시장을 파악하라.

□ 각 기술을 하나의 프로토타입으로 통합하라.

□ 매시업 실험을 위해 고객을 섭외하라.

실행하기

□ 고객과 함께 매시업 실험을 진행하라.

□ 고객으로부터 매시업한 프로토타입이 얼마나 만족스러운가에 대한 피드백을 수집하라.

분석하기

□ 고객의 피드백을 검토하라.

□ 얼마나 많은 고객이 해당 프로세스를 완료했고 구매를 했는지 파악하라.

□ 어느 지점에서 고객이 프로세스를 외면했는지 파악하라.

□ 기존 기술이 고객의 기대에 미치지 못하는 지점이 존재하는지 파악하라.

□ 전체적으로 고객 경험이 불만족스러울 경우 혹은 이러한 솔루션을 실행하는 비용이 적절치 못한 경우에 한해 고객 맞춤 솔루션 준비를 고려하라.

상호작용 프로토타입

비용

매시업은 충실도가 떨어지는 실험들에 비해 조금 비싼 편이다. 솔루션 전체를 전달하기 위해 기존의 여러 기술 요소를 짜 맞춰야 하기 때문이다. 기존 기술들을 가져와 모두 하나로 묶어야 하는 과정에 비용 대부분을 써야 한다.

준비 시간

매시업의 준비 시간은 1~3주가 걸린다. 대부분 기존의 기술들을 조사하고 하나로 묶는 일에 소요된다.

진행 시간

매시업 실험의 진행 시간은 몇 주 혹은 몇 개월이 걸릴 수 있다. 조급하게 제품을 최적화하거나 생산/판매의 규모를 확대하기 전에 충분한 여유를 가지고 정성적이고 정량적인 피드백을 분석하려면 그 정도의 시간이 필요하다.

증거의 강도

●●●●●
고객 만족도

매시업된 프로토타입을 사용한 후에 얼마나 만족했는지에 관한 고객의 언급과 피드백을 말한다. 이 피드백에서 나오는 고객 만족도는 강력한 증거다. 가상의 상황이 아니라 직접 고객에게 가치를 전달한 후에 피드백을 요청하기 때문이다.

●●●●●
구매 건수

매시업을 사용한 후의 고객 구매 건수를 말한다. 비록 기존 기술들이 짜 맞춰져 만들어진 것이 매시업 프로토타입이라는 사실을 고객이 인지하지 못해도 구매를 한 것 자체가 강력한 증거라고 말할 수 있다.

●●●●●
비용

매시업을 디자인하고 제작하고 전달하고 유지하는 데 얼마나 많은 비용이 드는지 파악하라.
매시업을 전달하는 데 드는 비용은 강력한 증거이고 향후 성공 가능한 비즈니스를 창조하는 데 드는 비용의 선행지표가 된다.

필요 역량

디자인/제품/기술/재무/마케팅/데이터

기존 기술을 평가하고 참고 가능한 기술을 선택해 고객에게 가치를 전달할 수 있는 솔루션으로 그 기술들을 통합하기 위해서는 위의 역량들이 필요하다. 모든 기술이 어떻게 작동하는지 자세히 알 필요는 없지만 기술들을 매시업하여 짜 맞출 수 있는 정도로 알 필요는 있다. 또한 정식으로 판매되는 제품의 여러 가지 특징들을 모두 알 필요가 있다.

필요조건

가치 전달 프로세스

매시업은 높은 거래 비용이 들어가는 비싼 실험이다. 매시업 실험을 고려하기 전에 충실도가 떨어지는 여러 개의 실험을 진행함으로써 가치 전달 프로세스에 대한 아이디어를 습득하라. 그 프로세스에 관한 지식을 기반으로 기존의 기술들을 평가하라.

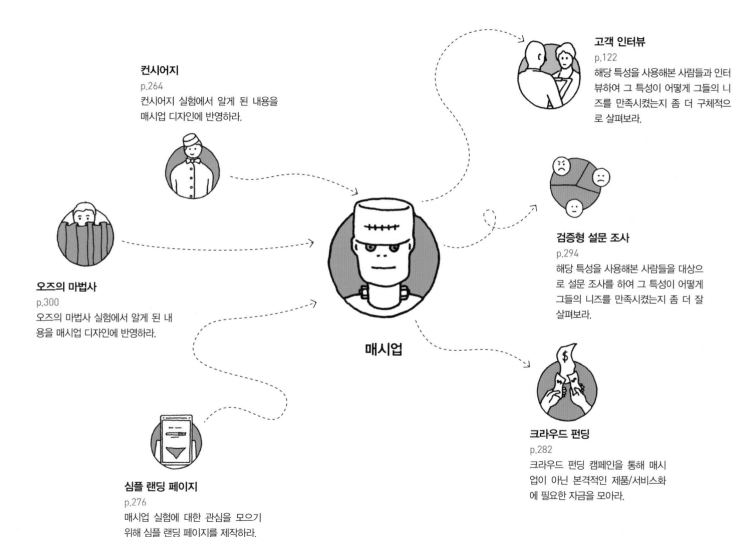

컨시어지

p.264

컨시어지 실험에서 알게 된 내용을 매시업 디자인에 반영하라.

고객 인터뷰

p.122

해당 특성을 사용해본 사람들과 인터뷰하여 그 특성이 어떻게 그들의 니즈를 만족시켰는지 좀 더 구체적으로 살펴보라.

오즈의 마법사

p.300

오즈의 마법사 실험에서 알게 된 내용을 매시업 디자인에 반영하라.

검증형 설문 조사

p.294

해당 특성을 사용해본 사람들을 대상으로 설문 조사를 하여 그 특성이 어떻게 그들의 니즈를 만족시켰는지 좀 더 잘 살펴보라.

매시업

심플 랜딩 페이지

p.276

매시업 실험에 대한 관심을 모으기 위해 심플 랜딩 페이지를 제작하라.

크라우드 펀딩

p.282

크라우드 펀딩 캠페인을 통해 매시업이 아닌 본격적인 제품/서비스화에 필요한 자금을 모아라.

상호작용 프로토타입

검증/상호작용 프로토타입

컨시어지

기술적인 도움을 받지 않은 채 제품/서비스의 가치를 수작업으로 전달하고 고객가치를 창조하는 방법을 말한다. 오즈의 마법사 방법과 달리 가치를 전달하는 사람(실험 수행자)들이 고객에게 그대로 드러난다.

◯ ●◯◯◯◯ 비용	⚖ ●●●●● 증거의 강도
🕐 ●●◯◯◯ 준비 시간	⏱ ●●●◯◯ 진행 시간

🎛 ▷ ◔

수용 가능성·실현 가능성·생존 가능성

컨시어지는 고객에게 가치를 창조하고 착안하여 전달하기 위해 필요한 단계를 직접 파악하는 데 이상적인 방법이다.
컨시어지는 제품이나 비즈니스의 규모를 확대하는 일에는 이상적인 방법은 아니다.

✄ ⬡ ⚙ ⛏ 🗄 🏷 📢 🔍 ◔

필요 역량   디자인/제품/기술/법무/마케팅

준비하기

☐ 제품을 수작업으로 제작하기 위한 계획을 수립하라.

☐ 주문과 진행 단계를 추적하기 위해 상황판을 만들어라.

☐ 각 단계가 제대로 작동할지 확인하기 위해 먼저 내부 테스트를 하라.

☐ 웹에서 주문을 받는다면 분석 도구가 웹에 제대로 통합됐는지 확인하라. 그렇지 않다면 모눈종이나 엑셀을 사용해 수치를 기록하라.

실행하기

☐ 컨시어지 실험을 위한 고객의 주문을 받아라.

☐ 컨시어지 실험을 진행하라.

☐ 과업을 완성하는 데 얼마나 오랜 시간이 걸리는지 기록하라.

☐ 고객과의 인터뷰와 설문 조사를 통해 피드백을 수집하라.

분석하기

☐ 고객의 피드백을 검토하라.

☐ 다음 3가지 지표를 검토하라.

- 과업 완성의 소요시간
- 프로세스의 병목 지점
- 구매 규모

☐ 이번 실험에서 발견한 내용을 가지고 다음번 컨시어지 실험에 반영하고 프로세스를 자동화할 지점이 어딘지 파악하라.

비용

규모를 작게 유지하기만 하면 컨시어지 실험은 저렴한 비용으로 진행 가능하다. 기술을 사용하지 않고 수작업으로 모든 것을 만들 수 있기 때문이다. 실험 규모를 확대하거나 실험의 복잡성을 전반적으로 높이게 되면 비용이 증가한다.

준비 시간

컨시어지 실험을 준비하려면 다른 프로토타입 실험에 비해 시간이 좀 더 걸린다. 모든 단계를 직접 계획하고 고객을 섭외해야 하기 때문이다.

진행 시간

컨시어지 실험 진행은 며칠에서 몇 주가 걸리는데 프로세스가 얼마나 복잡한가와 얼마나 많은 고객을 실험에 참여시키는가에 달려 있다. 보통은 다른 프로토타입 실험에 비해 시간이 오래 걸린다.

⚖ ●●●●●
증거의 강도

●●●●●

고객 만족도

컨시어지의 결과에 얼마나 만족했는가를 드러낸 고객의 언급과 피드백을 말한다. 이 피드백에서 나오는 고객 만족도는 강력한 증거다. 가상의 상황이 아니라 직접 고객에게 가치를 전달한 후에 피드백 요청을 하기 때문이다.

●●●●●

구매 건수

컨시어지 실험 도중에 일어난 고객 구매 건수를 말한다. 컨시어지라는 경험을 통해 고객이 기꺼이 지불하고자 하는 가치는 무엇인가? 비록 수작업을 통해 직접 가치를 전달하는 조건으로 얻은 증거지만 구매한 사실 자체가 강력한 증거라고 말할 수 있다.

●●●●●

프로세스를 완료하는 데 드는 시간

리드 타임Lead time은 고객 요청이 접수된 후 주문한 제품/서비스가 전달될 때까지의 시간을 말한다. 한편 사이클 타임Cycle time은 고객의 요청을 처리하는 데 소요되는 시간을 말한다.

컨시어지 실험을 완료하는 데 드는 시간은 아주 중요한 정보다. 주문을 받고 고객에게 가치를 전달하는 데 어떤 단계가 필요한지 직접적으로 알려주기 때문이다.

✂⬡⚙⚒🗄🏷📣🔍◔
필요 역량

디자인/제품/기술/법무/마케팅

제품을 고객에게 수작업으로 전달하려면(즉 컨시어지 하려면) 위의 역량이 필요하다. 고객에게 물리적인 제품/서비스를 제공하느냐 혹은 디지털 형식의 제품/서비스를 전달하느냐에 따라 상황이나 맥락이 매우 달라질 수 있다.

필요조건

시간

컨시어지 실험에 가장 중요한 필요조건은 시간이다. 실험 진행 시간을 충분히 확보하지 못하면 당신과 고객 모두 혼란에 빠질 것이다. 이 실험을 언제 진행할지 확실하게 계획하고 일정을 명확하게 수립해야 사람들의 주의를 집중시킬 수 있다.

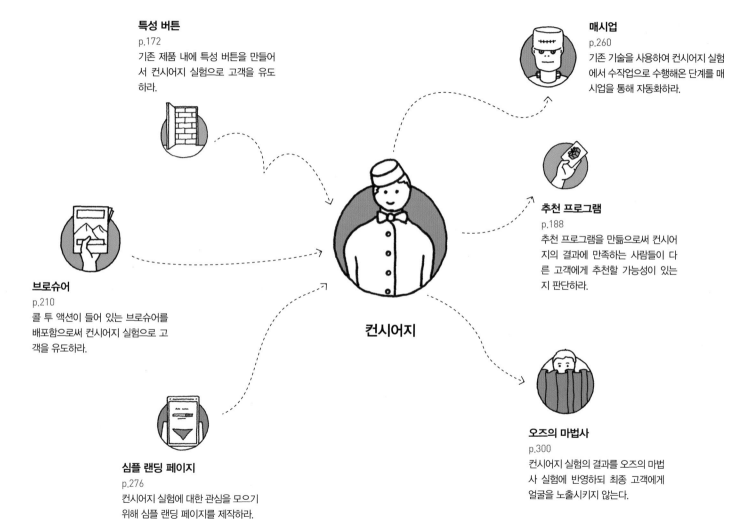

특성 버튼

p.172

기존 제품 내에 특성 버튼을 만들어
서 컨시어지 실험으로 고객을 유도
하라.

매시업

p.260

기존 기술을 사용하여 컨시어지 실험
에서 수작업으로 수행해온 단계를 매
시업을 통해 자동화하라.

브로슈어

p.210

콜 투 액션이 들어 있는 브로슈어를
배포함으로써 컨시어지 실험으로 고
객을 유도하라.

추천 프로그램

p.188

추천 프로그램을 만듦으로써 컨시어
지의 결과에 만족하는 사람들이 다
른 고객에게 추천할 가능성이 있는
지 판단하라.

컨시어지

심플 랜딩 페이지

p.276

컨시어지 실험에 대한 관심을 모으기
위해 심플 랜딩 페이지를 제작하라.

오즈의 마법사

p.300

컨시어지 실험의 결과를 오즈의 마법
사 실험에 반영하되 최종 고객에게
얼굴을 노출시키지 않는다.

컨시어지

주택을 동시에 팔고 사기

리얼터 닷컴Realtor.com

리얼터 닷컴은 캘리포니아주 산타클라라 외곽에 있는 무브Move 사가 운영하는 부동산 전문 웹 사이트다. 이 사이트는 매수자와 매도자들에게 주택 거래 과정에서 필요한 정보와 도구, 전문 서비스를 제공한다.

리얼터 닷컴이 주택을 매도하려는 사람들과 이야기 나누며 흔히 들은 문제는 새집을 구하며 동시에 기존에 살던 집을 파는 타이밍을 잘 맞춰야 한다는 것이었다. 이사하는 사람들은 대개 다른 지역이나 다른 도시, 다른 주로 거주지를 옮기는 경우가 많았다. 리얼터 닷컴이 생각한 아이디어는 그들에게 매수/매도 시장 상황과 전망을 종합하여 나란히 보여주는 것이었다. 이때 이런 질문이 떠오른다. 이 아이디어가 실제로 고객들에게 유용할까? 실제 기능으로 확대, 적용해야 할까?

가설

리얼터 닷컴은 주택 매도자 중 이듬해 안에 거래시장에 내놓을 목적으로 자사 웹 사이트에 접속한 사람은 동시에 주택을 매수하기도 할 거라고 믿었다.

실험

컨시어지를 진행한 후 PDF 파일 제공

담당 부서는 콜 투 액션을 통해 다음과 같은 간단한 컨시어지 실험을 진행했다.

일단 고객이 링크를 클릭하면 주택의 매도/매수 타이밍을 잘 맞출 수 있는 방법이 있다고 강조하는 작은 창을 띄웠다. 그럼 고객은 일련의 질문에 답하며 클릭을 이어갔다. 고객이 이 과업을 완료하면 제품 관리자가 직접 리얼터 닷컴 전체에 흩어진 정보를 종합해 PDF 파일로 만들었다.

담당자는 회원 등록한 사용자들에게 이메일에 이 PDF 파일을 첨부해 개별 발송했다. 또한 그는 도움이 필요하거나 더 많은 것을 알고 싶을 때 연락할 수 있는 링크를 이메일 안에 추가했다.

증거

몇 분 안에 80명의 사용자가 회원 가입함

잠시 후 기대 수준을 빠르게 초과한 결과가 나왔다. 사이트의 통계 데이터에 근거해 담당 부서는 3시간 안에 30건 정도의 회원 가입이 발생할 것으로 예상했다. 하지만 실제로 단 몇 분 안에 80명의 사용자가 회원 가입을 했는데 이 속도는 사이트 접속을 끊는 회원수 발생 속도보다 빨랐다.

통찰

가설 검증: 매도와 매수를 동시에 고민하는 사람이 상당히 많은 것으로 밝혀짐

해당 부서는 컨시어지 테스트에 관련된 문제를 깨달았다. 고객의 높은 호응은 좋은 신호이기는 하지만 그만큼 해야 할 수작업이 처음에 계획한 양보다 훨씬 더 많이 늘어나게 된 것이다. 이러한 유형의 일은 실행 능력을 필요로 한다는 점에 주목할 필요가 있다. 매도와 매수 매물을 동시 추적하려면 약속한 바를 고객에게 전달하기 위한 시간을 적절히 예상하고 확보해야 한다. 일상적으로 처리해야 하는 일의 양이 엄청나게 늘어나면 모든 일을 관리하기가 어려울 수 있다.

조치

앱의 특성들을 꾸준히 테스트함

회원 가입수가 예상했던 규모에 가까이 이르자 담당 부서는 이 앱 내에서 사용자를 대상으로 더 많은 실험을 계속 진행할 수 있겠다는 자신감을 가졌다. 사실 바로 다음에 진행한 실험은 특성 버튼 실험이었는데 '판매 도구'라고 써놓았지만 실제로는 존재하지 않는 탭을 가리키는 링크를 특성 버튼에 포함시켰다. 이때 판매 도구는 매도자에게 특화된 특성을 테스트하기 위한 탭이었다.

검증/상호작용 프로토타입

실물 크기의 프로토타입

고객이 서비스를 보다 실제처럼 경험하도록 실물 크기의 시제품을 만드는 방법이다.

💰 ●●●●● 비용	⚖️ ●●○○○ 증거의 강도
🕐 ●●●●○ 준비 시간	⏱️ ●●●○○ 진행 시간

🔲 ▨ ◑

수용 가능성 · 실현 가능성 · 생존 가능성

실물 크기의 프로토타입은 솔루션의 적용 범위를 확대하기 전에 작은 샘플로 좀 더 충실
도가 높은 솔루션을 고객들에게 테스트하는 데 이상적인 방법이다.

✂️ 🧊 ⚙️ ⚒️ 🗄️ ✒️ 📢 🔍 📊

필요 역량   디자인/제품

준비하기

☐ 솔루션을 지지하는 과거의 증거들을 수집하라.
☐ 당신의 가치 제안을 똑같이 복제한 실제 크기의 시제품을 제작하라.
☐ 고객을 섭외하고 실험 일정을 수립하라.

실행하기

☐ 고객에게 실제 크기의 시제품을 보여라.
☐ 팀원 1명이 인터뷰를 수행하라.
☐ 다른 팀원 1명은 고객 활동, 불만, 혜택, 보디랭귀지 등 고객의 모든 언급을 기록하라.
☐ 고객의 실제 행동을 파악하기 위해 콜 투 액션 링크나 가상 판매를 제시하며 인터뷰를 마무리하라.

분석하기

☐ 팀원들과 함께 인터뷰 기록을 검토하라.
☐ 알게 된 내용을 바탕으로 가치 제안 캔버스를 수정하라.
☐ 가상 판매와 콜 투 액션의 전환율을 계산하라.
☐ 이 실험에서 알게 된 내용을 가지고 다음 실험에서 테스트할 프로토타입을 개선하라.

상호작용 프로토타입

검증

✔️

실험

비용

실물 크기의 프로토타입 실험을 진행하려면 비용이 꽤 소요된다. 어느 정도로 세련되게 할지, 얼마나 큰 규모로 할지에 따라 비용이 달라진다.

준비 시간

준비 시간은 꽤 오래 걸리는데 솔루션의 크기와 복잡성에 달려 있다. 매우 충실한 복제품(프로토타입)을 만들려면 몇 주 혹은 몇 개월이 걸릴 수 있다.

진행 시간

이 실험의 진행 시간은 비교적 짧다. 고객들이 프로토타입과 상호작용하게 함으로써 당신의 가치 제안이 고객 활동, 불만, 혜택에 얼마나 적합한지 이해할 수 있다.

증거의 강도

●●●●○

고객 활동/고객 불만/고객 혜택/고객 피드백

프로토타입이 고객 활동, 불만, 혜택에 대해 얼마나 잘 대응할 수 있는지와 관련된 고객의 언급을 말한다. 고객 활동, 불만, 혜택에 국한하지 말고 고객의 추가적인 언급을 모두 기록하라.

해당 증거의 수준은 비교적 약하다. 그러므로 결론을 보류하고 실제의 시나리오하에서 좀 더 잘 살펴봐야 한다.

●●●●●

가상 판매 성공 건수

구매를 위해 지불 정보를 기입한 사람수를 가격 정보를 조회한 사람수로 나누면 가상 판매의 전환율을 계산할 수 있다. 지불 정보를 제출했다는 것은 아주 강력한 증거다.

●●○○○

이메일을 통한 회원 가입수

제품/서비스가 실제로 출시되면 안내를 받기 위해 자신의 이메일 주소를 제공한 사람의 수를 말한다. 고객의 이메일은 다소 약한 수준의 증거지만 다음 실험 진행에 도움이 된다.

필요 역량

디자인/제품

실물 크기의 시제품을 제작하려면 주로 제품과 디자인 역량이 필요하다. 시제품은 완전한 성능으로 작동되거나 모든 부가기능을 담고 있을 필요는 없지만 고객과 상호작용할 만큼 충분한 충실도를 갖춰야 한다.

필요조건

솔루션에 대한 증거

실물 크기의 시제품을 제작하기에 앞서 그 솔루션이 실제로 고객에게 필요하다는 충분한 증거를 확보해야 한다. 이 말은 고객과 함께 매우 정교한(충실도가 높은) 실험을 진행할 만큼 현재 시장에서 충족시키지 못하는 고객 활동, 불만, 혜택이 존재한다는 증거를 수집하고 도출해야 한다는 뜻이다.

특성 선택 구매

p.242

실물 크기의 시제품에 포함할 특성의
우선순위를 정하라.

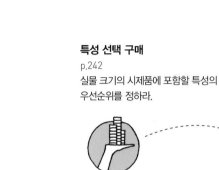

크라우드 펀딩

p.282

보다 더 큰 규모로 솔루션의 수용 가
능성과 생존 가능성을 검증하라.

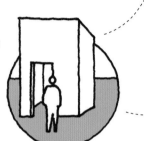
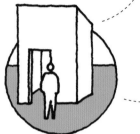

데이터 시트

p.206

실물 크기의 시제품에 포함할 사양을
시각적으로 표현하라.

실물 크기의 프로토타입

설명 동영상

p.216

당신의 가치 제안과 솔루션을 설명하
는 동영상을 좀 더 많은 고객에게 테
스트해보라.

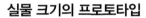

고객 인터뷰

p.122

고객이 시제품을 써보는 동안 인터뷰
를 진행함으로써 고객 활동, 불만, 혜
택이 무엇인지 파악하라.

가상 판매

p.304

고객이 시제품을 써보는 동안 그 솔
루션에 대해 기꺼이 돈을 지불할 의
향이 있는지 파악하라.

273

상호작용 프로토타입

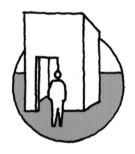

실물 크기의 프로토타입

물리적 공간 검증하기

조쿠Zoku

암스테르담을 근거지로 설립된 조쿠는 깔끔한 로프트 형태의 따뜻한 공간을 상당히 많이 보유한 곳으로서 전문가들로부터 '차세대 에어비앤비'라는 평가를 받는다. 이 기업은 며칠에서 몇 달 정도 도시에 출장 와서 일하는 직장인들에게 살 집을 제공한다. 새로운 시장을 창조할 때면 언제나 그렇듯 조쿠는 리스크가 큰 비즈니스 가정을 테스트하기로 했다.

가설

조쿠는 "출장 온 사람들이 25m² 면적의 작은 아파트에서 몇 주 혹은 몇 개월간 지내고 싶어 한다."고 믿었다.

실험

고객과 함께 거주 공간 테스트

조쿠는 작은 아파트를 실물 크기로 모사한 프로토타입을 만들어 출장 온 직장인들과 함께 테스트함으로써 과연 그들이 몇 주에서 몇 개월간 그와 같은 곳에서 지내기를 바라는지 알아보고자 했다. 조쿠는 150명의 출장자들을 섭외해 실험 장소로 데리고 와서 실물 크기의 모델 아파트를 이용하게 했다.

출장자들은 모델 아파트의 이곳저곳을 다니며 마치 그 안에 살고 있는 듯 행동했다. 조쿠는 물리적 공간 속에서 실험에 참여한 출장자들이 상호작용하는 동안 인터뷰를 진행함으로써 디자인상의 호불호를 파악했다.

증거

공간에 대한 정성적 피드백 수집

사람들은 공간 구성과 환기 기능, 내부 벽 없이 뻥 뚫린 공간에 가장 호의적인 반응을 보였다. 아파트 안에 계단이 있으면 구조상 좀 더 많은 거실 공간을 확보할 수 있다는 것과 계단이 건물 밖에 위치하면 그 공간을 잠자는 곳을 위한 환기 공간으로 활용할 수 있다는 피드백을 얻었다. 유난히 이런 증거는 한 번에 4~5명씩 그룹을 지어 테스트할 때 드러났다.

통찰

공간에 대한 경험이 공간의 크기보다 더 많은 의미를 알려줌

이 실험을 통해 조쿠는 시제품에 대한 미묘한 차이를 이해할 수 있었다. 마치 테트리스나 레고 블록을 짜맞추듯 일반적인 모든 공간 요소(침실, 수납 공간, 욕실, 주방)를 깔끔하게 배치하면 부수적 공간(기능적 요소)과 주요 공간(가구를 놓고 몸을 움직일 거주 공간)이 뚜렷하게 구분되었다.

여러 번에 걸쳐 검증을 진행하는 동안 조쿠는 '공간에 대한 경험'은 공간의 크기와 관련이 없고 가구 배치(침실 공간에 설치한 셔터)와 커다란 창, 멋진 조명으로 연출되는 깔끔한 인상에 긍정적으로 영향을 받는다는 사실을 깨달았다.

조치

청소 서비스로 공간을 테스트함

실물 크기의 프로토타입 테스트에서 알게 된 내용을 통해 조쿠는 청소 서비스를 적용하여 테스트를 재차 진행했다. 이를 통해 그들은 서비스와 관련된 문제, 특히 복층에 위치한 침실의 문제를 살펴볼 수 있었다.

상호작용 프로토타입

검증/콜 투 액션

심플 랜딩 페이지

콜 투 액션과 함께 당신의 가치 제안을 명확하게 표현하는 간단한 디지털 웹 페이지를 만드는 방법이다.

⊖ ●●○○○
비용

⚖ ●●○○○
증거의 강도

🕐 ●●○○○
준비 시간

⏱ ●●●○○
진행 시간

✂🎲⚙⚒🗄🏷📢🔍📊
필요 역량　디자인/제품/기술

🎛 ✉ ◀

수용 가능성·실현 가능성·생존 가능성

심플 랜딩 페이지는 가치 제안이 고객 세그먼트의 반응을 불러일으키는가를 판단하는 데 이상적인 방법이다.

준비하기

☐ 업계에서 일반적으로 통용되는 템플릿이나 레이아웃을 선택하라.

☐ 저작권이 없는 고품질의 사진을 확보하여 페이지 디자인에 활용하라.

☐ 당신의 브랜드를 강조하는, 짧고 기억하기 쉬운 도메인을 구매하라. 원하는 도메인이 이미 다른 사람의 소유라면 그 이름 앞에 'try'나 'get'과 같은 동사를 붙인 단어를 사용해 도메인을 정하라.

☐ 가치 제안을 표현하는 문장을 큰 글씨(헤드라인 수준의 서체 크기)로 페이지 상단에 위치시켜라.

☐ 가치 제안 문구 바로 아래에 콜 투 액션(예를 들어 '이메일 회원 가입')을 위치시켜라.

☐ 고객 불만, 솔루션, 고객 해택을 페이지 중간 정도에 위치시켜라.

☐ 분석 도구를 통합시키고 그것이 잘 작동하는지 확인하라.

☐ 로고, 브랜드, 연락처, 서비스 조건terms of service, 쿠키cookie, 개인정보 보호 정책 등과 같은 웹 사이트의 필요조건이 잘 들어가 있는지 확인하라.

실행하기

☐ 랜딩 페이지를 웹에 공개하라.

☐ 랜딩 페이지로 트래픽 발생을 유도하라.

분석하기

☐ 분석 도구가 내놓은 지표를 검토하라.
  • 얼마나 많은 사람이 랜딩 페이지를 조회했는가?
  • 얼마나 많은 사람이 이메일 주소를 통해 회원 가입했는가?
  • 얼마나 많은 사람이 클릭이나 스크롤을 하면서 페이지에서 시간을 보내고 참여했는가?

☐ 유입 경로별로 트래픽의 차이는 어떠한가? 다른 경로보다 특정 소셜 미디어 광고나 이메일 캠페인을 통해 더 많은 고객이 회원 가입을 했는가? 그 이유는 무엇이라고 생각하는지 각각 내용을 파악하라.

☐ 이를 통해 알게 된 내용을 바탕으로 가치 제안을 개선하고 회원 가입한 사람들에게 연락해 인터뷰를 준비하라.

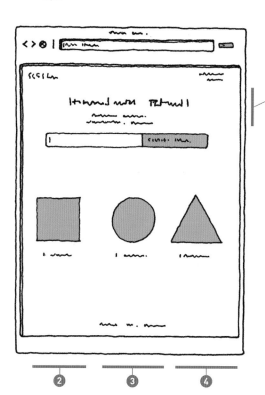

작성 Tip

❶ 가치 제안은 가치 맵에서 가져온다. 외부와 단절된 상태에서 가치 제안을 만들지 마라. 랜딩 페이지를 통한 가치 제안 테스트는 가치 맵 내의 가설을 입증 혹은 반증하는 훌륭한 방법이다.

❷ 고객 불만은 고객 프로파일에서 가져온다. 상위 3개의 고객 불만을 캔버스에서 가지고 와서 설명과 함께 랜딩 페이지의 왼쪽 하단에 위치시켜라.

❸ 솔루션은 가치 맵상의 제품/서비스에서 가져온다. 사이트 방문자는 제품/서비스의 가치 제안을 어떻게 실질적으로 구현해 제공할 것인지 알고자 한다. 페이지의 하단 중간에 제품/서비스를 위치시켜라.

❹ 고객 혜택은 고객 프로파일에서 가져온다. 상위 3개의 고객 혜택을 캔버스에서 가지고 와서 설명과 함께 랜딩 페이지의 오른쪽 하단에 위치시켜라.

비용

랜딩 페이지의 비용은 비교적 저렴한 편으로 디지털 제작 도구가 많이 발전되었고 사용하기에도 매우 편리하다. 랜딩 페이지는 잠재 고객을 대상으로 광범위하게 가치 제안을 테스트할 수 있는 가장 저렴한 방법이다.

준비 시간

랜딩 페이지 제작은 매우 어려운 편이다. 고객 활동, 불만, 혜택을 짧고 이해하기 쉬운 문장으로 함축시켜야 하기 때문이다. 하지만 랜딩 페이지 디자인에 며칠 이상을 투여하지 않도록 해야 한다.

진행 시간

랜딩 페이지 실험 진행은 랜딩 페이지로 유도할 수 있는 트래픽의 양에 따라 크게 좌우되지만 보통 몇 주 정도 걸린다. 만약 하루당 트래픽이 낮다면(예를 들어 100명 미만 정도) 충분한 정보를 수집하기 위해 좀 더 긴 기간 동안 테스트를 진행해야 한다.

증거의 강도

조회수(방문자수)/페이지에 머문 시간/이메일 회원 가입수

수신된 이메일을 통한 회원 가입과 같은 행동을 조회수로 나누면 전환율을 계산할 수 있다. 이메일 전환율은 산업마다 매우 다양하지만 평균적으로 2~5% 정도다. 초기의 검증 단계에서는 평균보다 높은 10~15%의 전환율을 권장하는데 이에 미치지 못한다면 구상 중인 새로운 제품/서비스를 만들 이유가 없다고 봐야 한다.

이메일 회원 가입은 다소 약한 강도의 증거인데 모든 사람이 이메일 계정을 가지고 있고 약간만 관심이 있어도 공짜로 이메일 주소를 알려주는 경향이 있기 때문이다. 구독을 취소하거나 원치 않는 이메일을 정크 폴더로 보내는 것 역시 어렵지 않다는 점도 고려해야 한다.

필요 역량

디자인/제품/기술

랜딩 페이지 실험을 하려면 고객에게 가치를 명확하고 간결한 문장으로 소통할 줄 알아야 한다. 해당 역량이 없으면 거짓음성을 얻을 리스크가 있다. 당신에게 이 능력이 없다고 좌절하지는 마라. 시중에는 전문적인 스타일의 템플릿을 제공하는 랜딩 페이지 서비스가 많이 있기 때문이다. 그런 템플릿을 드래그 앤드 드롭drag-and-drop하여 쉽게 랜딩 페이지를 제작할 수 있다.

필요조건

트래픽

랜딩 페이지 실험이 잘 이뤄지려면 보통 방문자수가 하루에 100명 정도는 되어야 한다. 다음 6가지 방법을 써서 랜딩 페이지로 들어오는 트래픽을 유도하라.

- 온라인 광고
- 소셜 미디어 캠페인
- 이메일 캠페인
- 기존 트래픽의 리다이렉션
- 입소문
- 토론 포럼

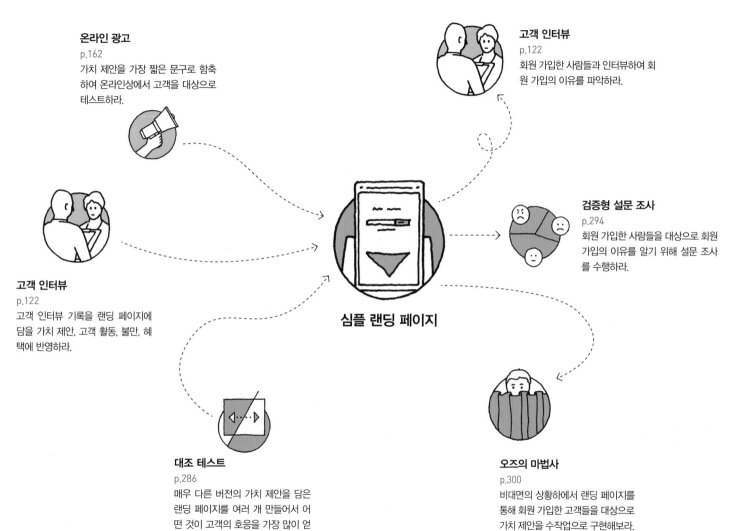

온라인 광고

p.162

가치 제안을 가장 짧은 문구로 함축
하여 온라인상에서 고객을 대상으로
테스트하라.

고객 인터뷰

p.122

회원 가입한 사람들과 인터뷰하여 회
원 가입의 이유를 파악하라.

고객 인터뷰

p.122

고객 인터뷰 기록을 랜딩 페이지에
담을 가치 제안, 고객 활동, 불만, 혜
택에 반영하라.

검증형 설문 조사

p.294

회원 가입한 사람들을 대상으로 회원
가입의 이유를 알기 위해 설문 조사
를 수행하라.

심플 랜딩 페이지

대조 테스트

p.286

매우 다른 버전의 가치 제안을 담은
랜딩 페이지를 여러 개 만들어서 어
떤 것이 고객의 호응을 가장 많이 얻
는지 확인하라.

오즈의 마법사

p.300

비대면의 상황하에서 랜딩 페이지를
통해 회원 가입한 고객들을 대상으로
가치 제안을 수작업으로 구현해보라.

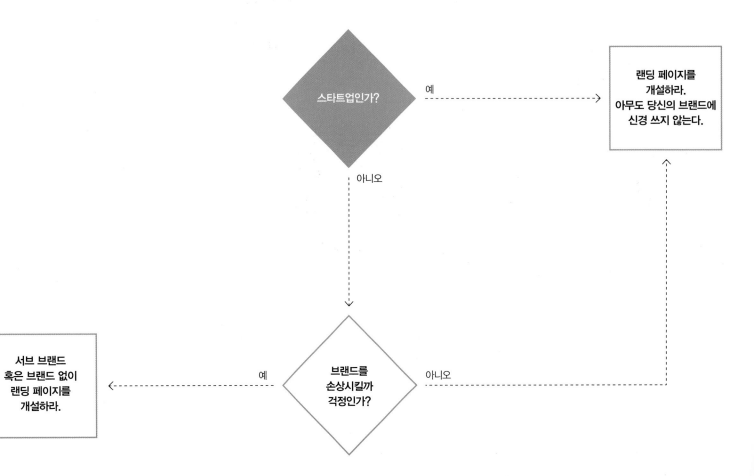

스타트업인가?

예

랜딩 페이지를
개설하라.
아무도 당신의 브랜드에
신경 쓰지 않는다.

아니오

브랜드를
손상시킬까
걱정인가?

예

아니오

서브 브랜드
혹은 브랜드 없이
랜딩 페이지를
개설하라.

브랜딩에 관한 우려

당신이 거대기업의 일원이라면 랜딩 페이지에 담을 브랜딩은 어려운 결정이 될 수 있다. 스타트업이라면 크게 주목을 끌지 않고서도 자신들의 브랜드만 담을 가지고 테스트할 수 있는 이점이 있다. 만약 사람들이 스타트업의 랜딩 페이지에 접속해 회원 가입을 한다면 이는 스타트업의 브랜드 때문이 아니다. 그보다 스타트업이 제시하는 아이디어가 자신들의 문제를 해결할 솔루션이라고 인식하기 때문이다.

만약 일반기업이 랜딩 페이지의 첫 화면 중앙에 브랜드가 노출된 것으로 개설하고자 한다면 일이 어렵게 진행될지도 모른다. 브랜딩과 마케팅 조사를 하느라 몇 개월까지는 아니지만 보통 몇 주 정도 프로세스가 늦어질 테니 말이다.

일반적으로 사람들은 브랜드의 명성 때문에 랜딩 페이지를 방문하여 무엇이 있는지 살펴보는 경향이 있다. 그렇기에 가치 제안에 매우 관심이 높은 사람들이 누구인지 파악하기 위해 모든 트래픽을 샅샅이 조사하기가 어렵다.

이런 경우에 비즈니스 아이디어를 테스트하려면 서브 브랜드를 만들거나 새로운 회사를 설립하라. 그렇게 하면 브랜딩 외에 무엇이 사람들의 회원 가입을 유도하는지에 대해 불필요한 논쟁 없이 보다 신속하게 일을 진행시킬 수 있다. 단 이 방식의 단점은 기존의 고객 확보 채널을 활용할 수 없다는 점이다. 말하자면 트래픽을 유도하기 위해 광고 진행, 입소문 유도, 소셜 미디어 등 자체적으로 고객을 확보해야 한다는 의미다.

✔

☐ 고객 인터뷰에서 나온 문구를 헤드라인에 사용하라.

☐ 회원 가입한 사람들과 접촉하여 고객 인터뷰가 가능한지 물어라.

☐ 고품질의 사진과 동영상을 사용하라.

☐ 짧은 도메인명을 사용하라.

✘

☐ 전환율을 높이려고 가짜 추천글을 올리지 마라.

☐ 아직 만들지 않은 제품에 '품질'이라는 라벨을 붙이지 마라.

☐ 제품에 대한 비현실적인 주장을 하지 마라.

☐ 부정적이거나 거슬리는 어조를 피하라.

검증/콜 투 액션

크라우드 펀딩

보통 인터넷을 통해 다수의 사람을 대상으로 각자 어떤 비즈니스 프로젝트나 벤처에 소액의
돈을 투자하게 하는 방법을 말한다.

비용 ●●●●●	증거의 강도 ●●●○○

수용 가능성·실현 가능성·생존 가능성

크라우드 펀딩은 가치 제안을 신뢰하는 고객들로부터 새로운 비즈니스 벤처에 대한 투자
를 받는 데 이상적인 방법이다.

크라우드 펀딩은 새로운 비즈니스 벤처가 실현 가능한지를 판단하는 데 이상적인 방법
은 아니다.

준비 시간 ●●●●○	진행 시간 ●●●●○

필요 역량   디자인/제품/재무/마케팅

준비하기

□ 펀딩의 목표액을 설정하라. 그 금액이 제품 제작의 각 과정에서 어떻게 쓰일지 구체적이고 실질적으로 결정하라.

□ 기존 크라우드 펀딩 플랫폼을 선택하거나 자체적으로 크라우드 펀딩 웹 사이트를 구축하라.

□ 크라우드 펀딩을 알리는 동영상을 제작하라. 사용자가 자사 제품에 투자를 결정하게 하려면 동영상의 품질은 높아야 한다.

□ 가치 제안 문구를 동영상 하단에 큰 글씨로 나타내라.

□ 동영상 오른편에 명확한 문구로 제품 펀딩을 위한 콜 투 액션을 위치시켜라.

□ 가치 제안 문구 아래에 고객 불만, 솔루션, 고객 혜택을 위치시켜라.

□ 투자 약정을 위한 링크와 특전 등을 포함시켜라.

실행하기

□ 크라우드 펀딩 캠페인을 대중에 공개하라.

□ 페이지로 트래픽 발생을 유도하라.

□ 소셜 미디어나 캠페인용 웹 페이지에 고객의 댓글이나 질문이 올라오면 즉각 대응하거나 답하라.

분석하기

□ 얼마나 많은 약정을 받았는지, 투자자 각각의 약정 금액은 얼마인지, 모금액이 펀딩 목표에 도달했는지를 검토하라.

□ 목표액에 도달하지 못했다면 그 이유를 파악한 다음 캠페인을 재차 실시하라.

□ 목표액에 도달했다면 소셜 미디어와 이메일을 통해 약정자(후원자)들에 대한 프로세스를 적극적으로 진행하라.

□ 유입 경로별로 전환율은 어떠한가? 예를 들어 특정 소셜 미디어나 이메일 캠페인을 통해 약정자를 많이 모았다면 제품이 출시되어 판매될 경우 고객 확보를 위해 어떤 경로에 집중해야 할지 기억해둬라.

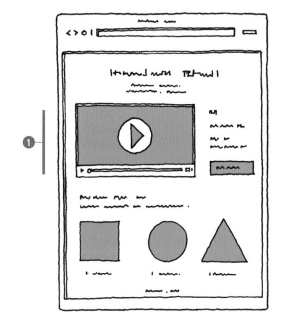

✓

□ 크라우드 펀딩 플랫폼이 수수료로 가져가는 커미션 비율을 나타내라.

□ 펀딩 목표액에 도달하지 못했다면 후원자들에게 금액을 환불해줘라.

□ 투자한 펀드가 어떻게 사용될지, 소요 비용의 세부 항목을 구체적이고 투명하게 밝혀라.

✗

□ 너무 많은 특전을 제시해서 제품을 만들 시간에 특전을 제공하느라 시간을 다 써버린다.

□ 제품을 만드는 데 필요한 금액보다 더 많은 돈을 모으려고 욕심을 부린다.

□ 동영상의 품질이 좋아야 한다는 점을 무시한다.

□ 제품의 혜택에 대해 비현실적인 주장을 한다.

283

콜 투 액션

作成 Tip

 ① 동영상으로 최대 조회수를 유발할 만한 이야기를 전달해야 한다. 당신의 솔루션이 **고객 프로파일**에서 설정한 고객 세그먼트의 고객 활동, 불만, 혜택을 어떻게 해결할지를 보여라.

② **고객 불만**은 고객 프로파일에서 가져온다. 상위 3개의 고객 불만을 설명과 함께 크라우드 펀딩 캠페인 페이지의 왼쪽 하단에 위치시켜라.

③ **솔루션**은 가치 맵에서 가져온다. 크라우드 펀딩의 잠재 후원자들이 솔루션을 잘 이해할 수 있도록 크라우드 펀딩 캠페인 페이지의 중앙 하단에 위치시켜라.

④ **고객 혜택**은 고객 프로파일에서 가져온다. 상위 3개의 고객 혜택에 대해 설명을 더해 크라우드 펀딩 캠페인 페이지의 오른쪽 하단에 위치시켜라.

비용

크라우드 펀딩에 드는 비용은 보통 동영상 제작, 마케팅, 물품 수급, 캠페인 기간에 따라 결정된다. 이용할 수 있는 크라우드 펀딩 플랫폼이 있다 해도 그 플랫폼은 충분히 세련되고 기능이 충실해야 한다는 점을 명심하라. 그렇지 않으면 고객의 관심을 받지 못한다.

준비 시간

크라우드 펀딩 캠페인의 준비에는 몇 주에서 몇 개월이 걸릴 수 있다. 임팩트 있는 고품질의 동영상을 제작하고 가치 제안을 담은 콘텐츠를 만들어 고객에게 제공할 가격 할인과 특전의 구조를 짜는 것은 결코 쉬운 일이 아니다.

진행 시간

크라우드 펀딩 캠페인이 목표에 어느 정도 도달하려면 통상적으로 30~60일 정도의 진행 시간을 필요로 한다. 이 정도의 짧지 않은 기간이 소요된다고 해서 꼭 대성공을 거두기 힘들다거나 펀딩 목표액에 도달하기 어렵다는 뜻은 아니다. 다만 며칠 안에 펀딩이 완료되는 경우는 상당히 예외적이라는 사실만은 기억하라.

증거의 강도

●●○○○

추천자수/조회수/댓글수/소셜 미디어상의 공유수

위의 증거들은 방문자들의 유입 경로와 그들이 당신의 캠페인에 대해 어떻게 상호작용했는지를 보여준다. 조회, 댓글, 공유는 모두 비교적 약한 강도의 증거지만 정성적 통찰을 얻는 데 유용하다.

●●●●●

약정자수/약정 금액

얼마나 많은 방문자가 투자 약정을 했는지를 보여주는 증거를 말한다. 일반적으로 약정자의 6% 이상이 직접 유입에서 나오고 약정의 2% 이상이 온라인 광고에서 나온다. 펀딩 목표액 달성률이 100% 이상이면 당신의 아이디어는 투자를 받은 것이라 간주된다. 약정자수와 약정 금액은 아주 강력한 증거다. 구매에 대해 그저 말로만 그치지 않고 고객이 직접 지갑을 열었기 때문이다.

필요 역량

디자인/제품/재무/마케팅

크라우드 펀딩에 대한 인기로 크라우드 펀딩 플랫폼들이 대거 출현했다. 따라서 펀딩을 위한 플랫폼을 직접 만들기 위해 내부 개발팀을 동원할 필요는 없다. 하지만 시장에 대한 이해와 함께 고객의 관심을 끄는 특전을 제시하는, 믿을 만한 캠페인을 만들 필요는 있다. 캠페인이 전문적으로 보이려면 디자인 역량이 여기서 큰 역할을 한다. 만약 디자인이 허술하면 가치 제안에 대한 거짓음성의 오류에 빠질 수 있다. 가격 할인 범위와 특전의 구조를 올바르게 짜려면 재무 역량도 큰 역할을 한다. 그래야 캠페인 후에도 지속적인 비즈니스를 구축해나갈 수 있기 때문이다.

필요조건

가치 제안과 고객 세그먼트

크라우드 펀딩 캠페인에 뛰어들기 전에 먼저 명확한 가치 제안을 가지고 있어야 한다. 그래야 그 가치 제안을 고품질의 동영상으로 구현할 수 있고 목표 고객 세그먼트에 알릴 수 있다. 크라우드 펀딩 캠페인을 하면서 동영상이 없는 경우는 거의 없다. 동영상이 없으면 성공률은 매우 낮다. 또 목표로 하는 고객이 설정돼 있어야 하는데 그렇지 않으면 사람들을 캠페인으로 접근을 유도하기가 상당히 어려울 것이다.

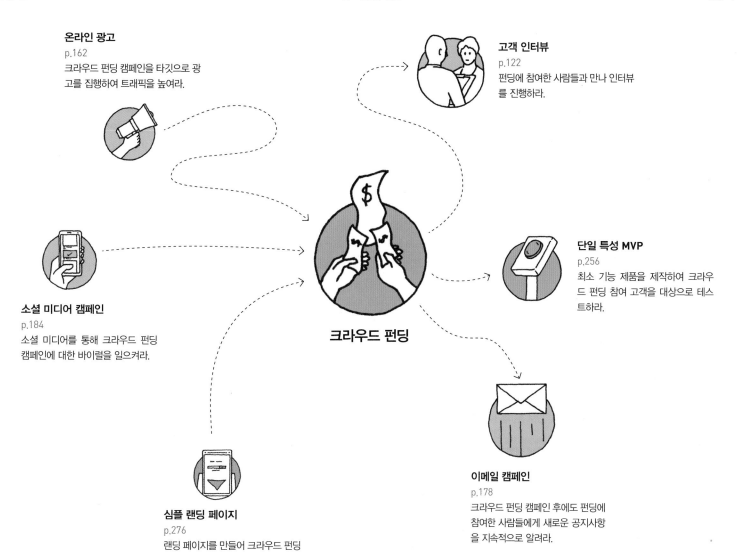

온라인 광고

p.162

크라우드 펀딩 캠페인을 타깃으로 광
고를 집행하여 트래픽을 높여라.

고객 인터뷰

p.122

펀딩에 참여한 사람들과 만나 인터뷰
를 진행하라.

소셜 미디어 캠페인

p.184

소셜 미디어를 통해 크라우드 펀딩
캠페인에 대한 바이럴을 일으켜라.

단일 특성 MVP

p.256

최소 기능 제품을 제작하여 크라우
드 펀딩 참여 고객을 대상으로 테스
트하라.

크라우드 펀딩

심플 랜딩 페이지

p.276

랜딩 페이지를 만들어 크라우드 펀딩
캠페인으로 트래픽을 유도하라.

이메일 캠페인

p.178

크라우드 펀딩 캠페인 후에도 펀딩에
참여한 사람들에게 새로운 공지사항
을 지속적으로 알려라.

285

콜
투
액
션

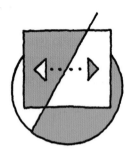

검증/콜 투 액션

대조 테스트

대조 테스트는 제품/서비스의 2가지 버전(대조군 A와 비교군 B)을 비교하여 어떤 것이 더 좋은
결과를 내는지 판단하는 방법을 말한다.

⬯ ●●○○○
비용

⚖ ●●●○○
증거의 강도

🎛 ⧖ ◉

수용 가능성·실현 가능성·생존 가능성

대조 테스트는 서로 다른 버전의 가치 제안, 가격, 특성이 각각 고객의 호응을 얼마나 이끌
어내는지 비교하는 데 이상적인 방법이다.

🕐 ●●○○○
준비 시간

⏱ ●●●○○
진행 시간

✂ ◈ ⚙ ⚒ 🗄 ✎ 📢 🔍 ◔

필요 역량   디자인/제품/기술/데이터

준비하기

☐ 개선하고자 하는 고객의 행동(예: 지정 경로로 유입시키기)을 정하라.

☐ 대조군 A를 만들어라.

☐ 대조군 A의 기준치를 정하고 이를 기록하라.

☐ 비교군 B를 만들어라.

☐ 비교군 B로부터 얻기 바라는 개선율을 설정하라.

☐ 고객 샘플의 규모와 신뢰 수준을 설정하라.

실행하기

☐ 트래픽의 50%를 대조군 A에, 나머지 50%는 비교군 B에 무작위로 배정되도록 하여 대조 테스트를 진행하라.

분석하기

☐ 설정한 샘플 규모에 도달하면 결과치를 검토하고 해당 신뢰 수준에 따라 얼마나 유의미한 결과인지 판단하라.

☐ 유의미한 결과인지 판단했는가?

• 그렇다면 대조군 A를 비교군 B로 교체하라.

• 그렇지 않다면 추가로 다른 비교군을 가지고 대조 테스트를 재차 진행하라.

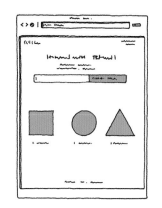
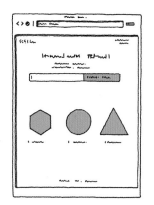
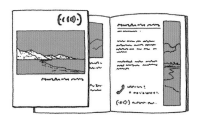

☐ 고객 인터뷰 때 나온 언급을 사용하여 가치 제안에 대한 대조 테스트를 진행하라.

☐ 이 실험을 통해 전환된(회원 가입을 했거나 제품을 구매한) 사람들에게 연락하여 그런 결정을 내린 이유를 파악하라.

☐ 신뢰 수준에 도달하려면 필요한 샘플 규모가 어느 정도인지 판단하기 위해 '대조 테스트 계산기'Split Test calculator를 사용하라.

☐ 근본적으로 서로 다른 아이디어를 대상으로 초기에 대조 테스트를 진행하라. 작은 규모로 이뤄지는 점진적인 테스트보다 더 많은 통찰을 얻을 수 있다.

✗

☐ 잠정적으로 나온 결과가 만족스럽거나 불만족스럽다는 이유로 조기에 대조 테스트를 중단한다.

☐ 수치가 떨어지길 원치 않는 핵심 성과지표 항목은 측정을 계속하지 않는다.

☐ 한꺼번에 너무 많은 대조 테스트를 진행하거나 다른 실험들과 동시에 대조 테스트를 진행한다.

☐ 첫 번째 대조 테스트가 놀라운 결과를 보이지 않으면 그냥 포기한다.

287

콜 투 액션

비용

대조 테스트의 비용은 비교적 저렴하다. 별다른 프로그래밍 없이 디지털 도구를 사용해 대조 테스트를 진행할 수 있다. 스크립트를 복사하여 페이지나 앱에 붙여넣기를 한 다음 대조 테스트를 위한 환경을 설정하면 된다. 이런 작업은 드래그 앤드 드롭, 타이핑 등으로 이루어지기 때문에 워드 프로세서를 사용하는 것과 비슷하다. 단 비즈니스 아이디어가 고객 맞춤식의 하드웨어를 제작하는 것이라면 대조 테스트의 비용은 올라간다. 고객에게 테스트 받기 위해 2가지 버전의 물리적 형태를 만들어야 하기 때문이다.

준비 시간

대조 테스트의 준비 시간은 비교적 짧다. 특히 기존의 대조 테스트 도구를 적용할 수 있는 디지털 제품일 경우에는 더욱 그렇다. 2가지 버전을 물리적으로 만들어야 하는 경우엔 시간이 좀 더 걸릴 수 있다.

진행 시간

대조 테스트의 진행 시간은 보통 며칠에서 몇 주 정도다. 어떤 것의 성과가 더 좋은지 통찰을 얻고 통계적으로 유의미한 데이터를 얻으려면 이 정도의 기간이 필요하다.

증거의 강도

트래픽/대조군 A에서의 행동
대조군 A의 전환율

행동(전환)을 취한 사람의 수를 대조군 A에 유입된 사람의 수로 나누면 대조군 A의 전환율이 된다. 가능하면 과거 데이터를 사용해 기준점으로 삼을 대조군 A의 전환율이 얼마인지 예상하라.

비교군 B에서의 행동
비교군 B의 전환율

행동(전환)을 취한 사람의 수를 비교군 B에 유입된 사람의 수로 나누면 비교군 B의 전환율이 된다. 전환율 차원에서 비교군 B에 원하는 측정 가능한 효과를 설정하라.

이러한 증거는 어느 정도 강력하다고 말할 수 있다. 고객이 대조 테스트에 참여하고 있음을 인지하지 못하기 때문이다. 최소한 80%의 신뢰 수준으로 테스트를 진행할 수 있다. 98%의 신뢰 수준이 이상적이지만 테스트 대상에 따라 신뢰 수준은 달라질 수 있다. 테스트 과정을 가이드 받으려면 온라인에 있는 대조 테스트 계산기의 도움을 받아라.

필요 역량

디자인/제품/기술/데이터

무엇을 테스트할지, 대조군 A에서 기대하는 기준점은 얼마인지, 비교군 B에서 나타나야 할 개선 수준은 어느 정도인지 등을 설정하려면 위의 역량들이 요구된다. 테스트 주제에 적합하도록 제품/서비스를 시각적으로 잘 디자인해야 하는데 그렇지 못하면 거짓음성의 오류에 빠질 수 있다. 또한 제품이 소프트웨어라면 그것을 다룰 만한 기술을 어느 정도는 가지고 있어야 한다. 마지막으로 결과를 분석하여 다음 실험에 반영할 수 있어야 한다.

필요조건

상당량의 트래픽

대조 테스트를 통해 믿을 만한 증거를 도출하려면 상당한 양의 트래픽이 필요하다. 유입된 사람을 무작위로 대조군 A 혹은 비교군 B로 나눠 아이디어를 제시해야 한다. 만약 트래픽이 별로 없으면 통계적으로 유의미한 결과를 얻는 데 너무 많은 시간이 소요되어 어떤 것이 더 나은지 결론을 내기가 어려울 것이다.

검증
실험

이메일 캠페인

p.178

이메일, 제목, 문구, 이미지를 테스트하여 무엇이 독자로부터 파일을 열거나 클릭하도록 유도하는지 파악하라.

심플 랜딩 페이지

p.276

서로 다른 가치 제안과 콜 투 액션을 테스트하여 전환율을 개선하는 방법을 모색하라.

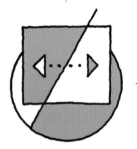

대조 테스트

고객 인터뷰

p.122

고객과 인터뷰하여 그들이 왜 당신의 제품/서비스에 관심을 보이고 전환하게 됐는지를 밝혀라.

고객 인터뷰

p.122

인터뷰에서 나온 언급을 가지고 어떤 요소가 더 전환율을 높이는지 대조 테스트하라.

온라인 광고

p.162

온라인 광고를 통해 서로 다른 이미지나 문구를 테스트하여 무엇이 광고 연결율을 높이는지 밝혀라.

브로슈어

p.210

서로 다른 이미지와 가치 제안을 테스트함으로써 어떤 것이 전환율을 가장 높이는지 판단하라.

검증/콜 투 액션

사전 판매

제품/서비스의 실구매가 가능하기 전에 사전에 진행되는 판매를 말한다. 가상 판매와 달리
제품/서비스가 출하되는 시점에 금전적인 거래가 이뤄진다.

🪙 ●●●○○ 비용	⚖️ ●●●●● 증거의 강도
🕐 ●●○○○ 준비 시간	⏱️ ●●●○○ 진행 시간

✂️ 📦 🔬 ⚒️ 🗄️ 🏷️ 📢 🔍 📊
필요 역량 디자인/재무/영업

🏢 ⤼ ◔

수용 가능성·실현 가능성·생존 가능성

사전 판매는 대중에 제품/서비스를 출시해 보이기 전에 소규모로 시장 수요를 가능해보
는 데 이상적인 방법이다.

준비하기

□ 심플 랜딩 페이지를 제작하라.

□ 랜딩 페이지에 가격 옵션을 삽입하라.

□ 가격 옵션 하나를 클릭하면 "제품이 아직 출시되지 않았습니다."라는 문구와 함께 결제 정보 입력 양식이 있는 팝업창을 띄워라. 제품이 출하될 때 등록된 카드로 비용이 결제된다는 사실을 알려라.

□ 웹 분석 도구를 통합시키고 올바르게 작동하는지 확인하라.

실행하기

□ 랜딩 페이지를 대중에게 공개하라.

□ 랜딩 페이지로 트래픽 발생을 유도하라.

분석하기

□ 다음 6가지 지표를 검토하라.

• 얼마나 많은 사람이 가격 옵션을 조회했나?

• 얼마나 많은 사람이 가격 옵션을 클릭했나?

• 얼마나 많은 사람이 결제 정보를 입력했나?

• 얼마나 많은 사람이 출하될 때 결제가 이뤄지는 사전 판매 버튼을 클릭했나?

• 얼마나 많은 사람이 중도에 이탈했나?

• 유입 경로별로 얼마나 많은 사람이 당신의 랜딩 페이지에 전환되어 들어왔는가?

□ 이 실험으로 알게 된 사항을 가지고 제품/서비스의 생존 가능성을 가늠하고 가치 제안과 가격 옵션을 조정하라.

작성 Tip

• 가격 옵션은 비즈니스 모델 캔버스의 수익원에서 가져오라.

비용

사전 판매 비용은 비교적 저렴하나 가상 판매와 달리 거래를 처리하고 제품을 출하하는 데 추가적인 비용이 든다. 만약 POS_{point\ of\ sale} 시스템을 사용하고자 한다면 하드웨어나 소프트웨어를 구매할 필요가 있다. 또한 대부분의 지불 시스템은 월초에 판매 금액의 일정 비율(2~3%)을 월 수수료 명목으로 부과한다.

준비 시간

사전 판매의 준비 시간은 비교적 짧다. 제품을 출하할 때가 다가오면 결제 정보를 수취하고 처리하기 위한 준비 정도가 필요하다.

진행 시간

사전 판매의 진행 시간은 며칠 혹은 몇 주 가량 걸린다. 목표로 한 특정 대상(고객)에게 구매를 고려할 충분한 시간을 주어야 한다. 사전 판매는 보통 오래 지속되지 않는다. 결제 서비스 제공 업체는 구매 후 20일 안에 제품 출하를 요구할지 모른다.

증거의 강도

조회수/구매수

구매한 사람의 수를 가격을 조회한 사람수로 나누면 구매 전환율을 계산할 수 있다. 구매수는 강력한 수준의 증거다. 제품이 시중에 풀리기 전에 선지불하는 것이기 때문이다.

구매 포기 건수

사람들이 구매 신청을 진행하다가 중간에 나가버릴 경우, 즉 장바구니에 제품을 그냥 놔두고 사이트를 떠날 때를 '구매 포기'라고 말한다.

구매 포기율은 구매를 완료한 사람수를 구매 프로세스에 돌입했던 사람수로 나눈 다음 그 값을 1에서 빼면 산출된다.

구매 프로세스에서 이탈한 사람수는 강력한 증거다. 구매 프로세스나 제품/서비스 구성에 불편함이 있거나 제시한 가격이 적절치 않음을 뜻하기 때문이다.

필요 역량

디자인/재무/영업

사전 판매를 진행하려면 가격 옵션을 설정할 수 있어야 한다. 또한 목표 대상에게 꼭 맞는 방식으로 판매를 설계해야 한다. 끝으로 영업 역량이 있어야 하는데 현장에서 직접 사람들을 응대하며 사전 판매를 진행하는 경우 더욱 그렇다.

필요조건

수행 능력

사전 판매는 가상 판매와 다르다. 결제 정보를 수집하고 처리하는 등 실제로 판매를 행하는 것이기 때문이다. 이 말은 최종 솔루션을 늘 염두에 두어야 하고 적어도 고객에게 전달할 최소 기능 제품을 가지고 있어야 한다는 의미다. 고객에게 약속을 지킬 능력이 없다면 사전 판매를 조급하게 진행하지 마라.

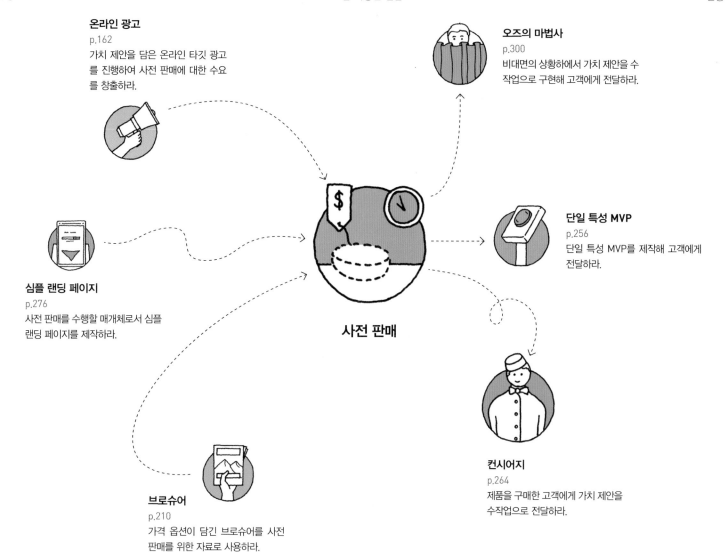

온라인 광고

p.162

가치 제안을 담은 온라인 타깃 광고
를 진행하여 사전 판매에 대한 수요
를 창출하라.

심플 랜딩 페이지

p.276

사전 판매를 수행할 매개체로서 심플
랜딩 페이지를 제작하라.

브로슈어

p.210

가격 옵션이 담긴 브로슈어를 사전
판매를 위한 자료로 사용하라.

사전 판매

오즈의 마법사

p.300

비대면의 상황하에서 가치 제안을 수
작업으로 구현해 고객에게 전달하라.

단일 특성 MVP

p.256

단일 특성 MVP를 제작해 고객에게
전달하라.

컨시어지

p.264

제품을 구매한 고객에게 가치 제안을
수작업으로 전달하라.

293

콜투액션

검증/콜 투 액션

검증형 설문 조사

표본 고객에게 특정 주제에 관해 '닫힌' 형태의 질문을 던지는 설문 조사 방법을 말한다.

⬭ ●●○○○
비용

⚖ ●●○○○
증거의 강도

🕐 ●●○○○
준비 시간

⏱ ●●●○○
진행 시간

🎛 ▨ ◕

수용 가능성·실현 가능성·생존 가능성

검증형 설문 조사는 '만약 해당 제품이 없어지면 고객이 실망하겠는가?' 혹은 '고객이 제품을 다른 고객에게 추천하는가?'에 대해 통찰을 얻기 위한 이상적인 방법이다.

✂ ⬡ ⚙ ⚒ 🗄 ✏ 📢 🔍 ◕

필요 역량 제품/마케팅/연구

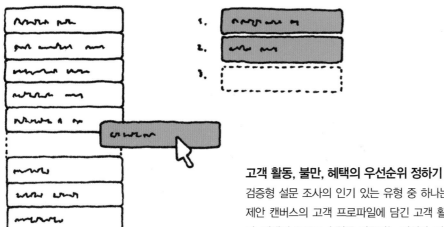

고객 활동, 불만, 혜택의 우선순위 정하기

검증형 설문 조사의 인기 있는 유형 중 하나는 가치 제안 캔버스의 고객 프로파일에 담긴 고객 활동, 불만, 혜택의 중요도 순위를 검증하는 것이다. 팀원들이 워크숍을 통해 이러한 우선순위를 비교적 잘 추측해낼 수 있지만 그 순위가 실제 중요도와 얼마나 일치하는지 확인하려면 회사 밖으로 나가 신속하게 피드백을 얻어야 한다.

요즘 시중에 나온 대부분의 설문 조사 소프트웨어를 사용하면 이런 작업을 쉽게 수행할 수 있는데 한쪽에는 고객 활동, 불만, 혜택이 나열된 목록이 있고 그 옆에는 고객이 (드래그 앤드 드롭 방식으로) 우선순위를 정할 수 있는 방식으로 되어 있다.

누락된 고객 활동, 불만, 혜택 발견하기

우선순위 정하기와 더불어 다음과 같이 각 순위마다 '열린' 형태의 질문을 던지는 발견형 설문 조사를 병행함으로써 미처 생각해내지 못한 것들에 대해 영감을 얻을 수 있다.

- 목록에는 없지만 우리가 질문을 던져야 할 고객 활동은 무엇입니까? 왜 그렇습니까?
- 목록에는 없지만 우리가 질문을 던져야 할 고객 불만은 무엇입니까? 왜 그렇습니까?
- 목록에는 없지만 우리가 질문을 던져야 할 고객 혜택은 무엇입니까? 왜 그렇습니까?

검증형 설문 조사의 다른 유형들

검증형 설문 조사는 보통 하나의 질문에 '닫힌' 형태의 피드백을 받는 간단한 조사다. 이런 방식으로 고객에게 다음과 같은 가정들을 검증 받을 수 있다.

- 고객 만족도customer satisfaction, CSAT
- 고객 노력 점수customer effort score, CES
- 브랜드 인지도Brand awareness

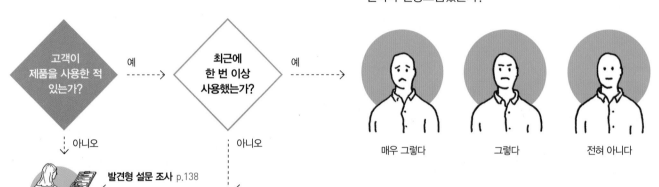

션 엘리스 테스트 Sean Ellis Test
"더 이상 이 제품을 사용할 수 없다면
얼마나 실망스럽겠는가?"

고객이
제품을 사용한 적
있는가?

예 →

최근에
한 번 이상
사용했는가?

예 →

아니오 ↓

아니오 ↓

매우 그렇다   그렇다   전혀 아니다

발견형 설문 조사 p.138

션 엘리스 테스트

션 엘리스 테스트라 불리는 설문 조사가 있는데 명칭은 이 테스트를 만든 그로스해킹 Growth-hacking 전문가 션 엘리스 Sean Ellis의 이름을 딴 것이다. 그가 선택한 방법은 '결핍'이라는 개념을 통해 제품의 수용 가능성을 측정하는 것이다.

션 엘리스 테스트가 던지는 핵심 질문은 이것이다.
"더 이상 이 제품을 사용할 수 없다면 얼마나 실망스럽겠는가? 매우 그렇다, 그렇다, 전혀 아니다 중 무엇인가?"

이때 '매우 그렇다'와 '그렇다'에 해당하는 답변 비율, 즉 션 엘리스 테스트 점수가 40%가 되어야 '제품/시장 적합성'에 도달했다고 말할 수 있다. 만약 고객이 당신의 제품이 없어져도 무관심하거나 신경 쓰지 않는다면 제품의 수용 가능성에 문제가 있는 것이다. 시장 적합도를 확인하기 전까지는 확대 생산을 고려하지 마라. 아무도 원치 않는 제품을 대량 생산하느라 돈을 낭비할 수 있기 때문이다.

션 엘리스 테스트를 진행할 때는 전체적인 상황이 중요하다. 예를 들어 고객이 가치 제안을 경험하자마자 바로 테스트를 진행하는 것은 부적절하다. 고객이 제품을 충분히 경험하지 않은 상황이기에 왜곡된 데이터를 얻을 수 있기 때문이다. 충분히 사용해보지 못했는데 어떻게 제품에 대한 실망 여부를 판단할 수 있겠

는가? 또 해당 제품을 최근 6개월 동안 사용하지 않은 사람들에게 이 설문 조사를 실시한다면 오래전에 마음이 떠난 고객들은 설문 조사에 응하지 않을 것이다. 그러므로 과거 2주 동안 적어도 2번 이상 자사 제품을 경험한 고객들을 대상으로 이 설문 조사를 진행할 것을 권한다.

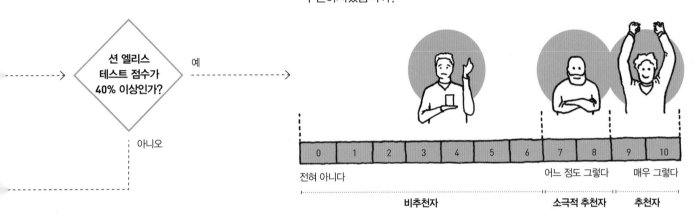

순추천지수 Net Promoter Score, NPS

"이 제품을 친구나 동료에게 어느 정도로
추천하시겠습니까?"

션 엘리스
테스트 점수가
40% 이상인가?

예

아니오

0 1 2 3 4 5 6 7 8 9 10

전혀 아니다   어느 정도 그렇다   매우 그렇다

비추천자   소극적 추천자   추천자

순추천지수

순추천지수는 가장 일반적인 설문 조사 중 하나로, 전 세계의 조직들이 널리 사용한다. 순추천지수 설문 조사의 핵심 질문은 이렇다.

"이 제품을 친구나 동료에게 어느 정도로 추천하시겠습니까? 0점(전혀 아니다)부터 10점(매우 그렇다)까지 점수를 준다면 얼마입니까?"

다음의 공식으로 순추천지수를 계산한다.

추천자 비율 − 비추천자 비율 = 순추천지수

션 엘리스 테스트와 마찬가지로 이 설문 조사를 고객에게 보여줄 때의 상황이 중요하다. 고객이 자신의 친구나 동료에게 당신의 제품을 기꺼이 추천하려면 그전에 먼저 제품을 통해 의미 있는 무언가를 경험해봐야 한다. 제품을 사용해본 적 없는 고객에게 추천 여부를 알려 달라는 것은 어불성설이다. 그러므로 션 엘리스 테스트를 먼저 실시한 다음 순추천지수 테스트를 진행하라.

제품이 없어져도 실망하지 않는 사람들이 어림짐작으로 추천한 결과를 가지고 비즈니스 규모를 성급히 확대하지 않기를 바란다.

비용

검증형 설문 조사의 비용은 그리 크지 않다. 고객에게 접근할 수 있는 채널을 이미 가진 상황에서 진행하기 때문이다. 요즘에는 팝업창이나 이메일을 통해 고객이 특정 행동을 취하면 자사 웹 사이트로 도달하게 해주는 도구와 서비스가 많다.

준비 시간

검증형 설문 조사의 준비는 비교적 신속하게 이뤄지는데 구성 과정에 몇 시간 혹은 하루 정도면 충분하다.

진행 시간

검증형 설문 조사를 배포할 수 있는 충분한 채널이 있다면 수천 명의 응답을 받는 데 1~3일 정도밖에 걸리지 않는다. 목표 대상에게 접근하기 어려운 상황이라면 충분한 응답을 수렴하는 데 몇 주가 걸릴 수 있다.

증거의 강도

●●○○○

더 이상 제품 사용이 어렵다면 얼마나 실망할 것인가?
실망 비율

실망 비율이 40% 이상 된다면 비즈니스의 확장을 긍정적으로 고려해볼 만한 이상적인 점수다. 40%가 되지 않으면 사람들을 끌어모으는 속도만큼 그들을 놓치고 말 것이다. 설문 조사의 데이터는 다소 약한 증거지만 제품이 사라질 수 있음을 주지시킴으로써 좀 더 나은 답변을 얻을 수 있다.

●○○○○

제품을 주변인에게 얼마나 추천하겠는가?
추천자 비율

산업에 따라 다르지만 추천자 비율이 0% 이상이면 기본적으로 나쁘지 않다고 간주된다. 온라인을 통해 업계의 기준을 검색해보라. 순추천지수 설문 조사 데이터의 증거는 션 엘리스 테스트보다 약하다. 상황 가정을 통해 추천 여부를 묻는 것이기 때문이다.

●●○○○

고객 활동, 불만, 혜택의 우선순위
고객 프로파일과 비교할 때의 정확도

80% 이상을 목표로 하라. 그렇지 않으면 비즈니스 전체 전략에 미치는 파장이 클 것이다. 조금 약한 수준의 증거이긴 하지만 관여도가 더 높은 테스트를 진행하기 전에 거쳐야 하는 중요한 단계라 말할 수 있다.

필요 역량

제품/마케팅/연구

검증형 설문 조사를 진행하려면 질문, 어투, 구조를 세심하게 구성하는 능력이 필요하다. 검증형 설문 조사는 기존 고객을 목표로 하기 때문에 데이터상의 잡음을 줄일 수 있도록 특정 세그먼트와 하위 세그먼트를 규명할 줄 알아야 한다.

필요조건

정량적 기초 자료

검증형 설문 조사를 한다는 것은 제품/서비스의 상황, 가격 혹은 특성에 대해 응답할 고객이 존재함을 뜻한다. 고객의 응답을 받으려면 기초 자료가 있어야 하는데 이를 토대로 정량적으로 고객의 응답을 측정할 수 있다.

기존 고객 채널

검증형 설문 조사를 한다는 것은 기존 고객이 있다는 뜻이고 그 고객에게 다가가기 위해 기존 채널을 활용할 수 있다는 의미다. 기존 채널은 웹 사이트이거나 이메일일 수도 있고 우편물이나 배포물과 같은 오프라인 방식일 수도 있다.

심플 랜딩 페이지

p.276

기존의 랜딩 페이지에 설문 조사를 게시함으로써 목표 대상이 쉽게 설문에 응할 수 있게 하라.

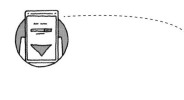

추천 프로그램

p.188

검증형 설문 조사에서 파악한 내용을 추천 프로그램 설계에 반영하라.

단일 특성 MVP

p.256

고객에게 검증형 설문 조사를 진행하기 전에 단일 특성 MVP를 통해 반복적으로 가치를 전달하라.

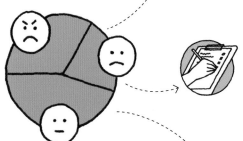

검증형 설문 조사

발견형 설문 조사

p.138

검증형 설문 조사의 점수가 낮을 경우 발견형 설문 조사를 수행함으로써 충족시키지 못하는 고객 니즈를 더 파악하라.

오즈의 마법사

p.300

비대면의 상황하에서 검증형 설문 조사를 진행하기 전에 수작업을 통해 고객에게 가치를 전달하라.

고객 인터뷰

p.122

검증형 설문 조사의 점수를 낮게 매긴 사람들을 인터뷰함으로써 충족시키지 못하는 고객 니즈가 무엇인지 파악하라.

299

콜투액션

검증/시뮬레이션

오즈의 마법사

기술에 의존하기보다 수작업을 통해 고객 경험을 창조하고 가치를 전달하는 방법을 말한다.
이 실험의 이름은 동명의 영화 제목에서 따온 것으로 장막 뒤에 있는 사람들이 고객의 요청
을 처리하는 상황을 연출하는 방식이기 때문이다. 컨시어지와 달리 고객에게 직접 얼굴을 보
이지 않는 비대면의 상황에서 진행된다.

● ●●○○○
비용

⚖ ●●●●●
증거의 강도

🕐 ●●●○○
준비 시간

⏱ ●●●○○
진행 시간

🀫 ▶ ◉

수용 가능성·실현 가능성·생존 가능성

오즈의 마법사는 가치를 창조하고 포착하여 고객에게 가치를 전달하기 위해 필요한 단계
를 직접적으로 파악하는 데 이상적인 방법이다.
오즈의 마법사는 제품이나 비즈니스를 확대하는 데 이상적인 방법은 아니다.

✂ ⬡ ⚙ ⚒ 🗄 ✎ ◁ 🔍 🍰

필요 역량   디자인/제품/기술/법무/마케팅

자동화와 수작업 간의 임계치 정하기

오즈의 마법사는 성급하게 솔루션의 규모를 확대하는 오류를 막기 위한 방법 중 하나다. 자동화를 도입해야 할 때와 모든 과정을 수작업으로 처리해도 되는 때를 잘 파악할 것을 권한다.

최종 고객에게 수작업으로 가치를 창조하고 전달하는 데 15분 정도가 걸린다면 다음 4가지 질문을 던져보라.

1. 매일 얼마나 많은 고객 요청을 수작업으로 처리할 수 있는가?
2. 고객 요청을 각각 처리하는 데 드는 비용은 얼마인가?(비용 구조)
3. 대부분의 고객이 얼마를 지불하는가?(매출 흐름)
4. 이런 과업들을 자동화하는 것이 비용효과적이려면 고객 요청의 양은 얼마 이상이어야 하는가?

비즈니스 현장에서 많은 기업가가 성급하게 솔루션을 자동화하고 그에 따라 조급하게 규모를 확대하는 일이 여러 차례 목격된다. 수작업으로 가치를 전달할 수 있는 경계가 어디까지인지 파악해두면 고객 요청량이 임계치를 넘기 전까지는 규모를 확대하지 않아도 된다. 임계치를 넘겨 자동화를 추진하는 기업도 있지만 임계치에 도달하지 못하는 기업도 많다. 후자의 기업이라면 한발 물러나서 전략을 재평가하기를 권한다.

준비하기

□ 제품을 수작업으로 만들기 위한 단계를 계획하라.

□ 모든 주문과 단계를 추적하기 위해 상황판을 만들어라.

□ 각 단계가 잘 이뤄지는지 확인하기 위해 내부적으로 먼저 테스트하라.

□ 웹 분석 도구를 통합하고 그것이 올바르게 작동하는지 확인하라.

실행하기

□ 오즈의 마법사 실험을 위해 주문을 접수하라.

□ 오즈의 마법사 실험을 수행하라.

□ 각 주문의 진행 단계를 상황판에 업데이트하라. 각 과업을 완료하는 데 드는 시간을 기록하라.

□ 인터뷰와 설문 조사를 통해 고객으로부터 만족 여부에 관한 피드백을 수집하라.

분석하기

□ 만족 여부에 관한 고객의 피드백을 검토하라.

□ 다음 3가지 지표를 검토하라.
  • 과업 완료에 소요된 시간
  • 프로세스상 지연된 부분
  • 구매 규모

□ 이 실험에서 알게 된 내용을 가지고 다음에 진행할 오즈의 마법사 실험을 개선하고 프로세스의 어느 지점을 자동화할지 살펴보라.

비용

오즈의 마법사 실험을 작은 규모로 간단하게 유지하기만 한다면 저렴한 비용으로 진행할 수 있다. 기술을 거의 적용하지 않고 수작업으로 모든 일을 수행하면 되기 때문이다. 실험 규모를 확대하거나 전체적으로 복잡한 방식을 도입한다면 비용이 증가한다.

준비 시간

오즈의 마법사 실험을 준비하는 데 드는 시간은 다른 프로토타입 실험에 비해 조금 더 길다. 모든 과정을 수작업으로 진행해야 하고 고객을 섭외해야 하기 때문이다.

진행 시간

오즈의 마법사 실험을 진행하려면 며칠에서 몇 주 정도가 소요될 수 있는데 이는 프로세스가 얼마나 복잡한가와 얼마만큼 많은 고객을 실험에 참여시키는가에 달려 있다. 다른 프로토타입 실험에 비해 일반적으로 더 오랜 시간 동안 진행된다.

⚖️ ●●●●●

증거의 강도

●●●●●

고객 만족도

실험의 아웃풋을 받은 후 얼마나 만족했는지에 관한 고객의 언급과 피드백을 말한다. 이때 고객 만족도는 강력한 증거다. 가상의 상황이 아닌 제품/서비스의 가치를 고객에게 직접 전달한 후에 바로 피드백을 요청한 것이기 때문이다.

●●●●●

구매 건수

이 실험에서 고객이 제품/서비스를 구매한 건수를 말한다. 수작업을 통한 가치 전달에 대해 고객은 기꺼이 얼마를 지불할 것인가? 수작업으로 가치를 전달했다 하더라도 구매 건수는 강력한 증거다.

●●●●●

프로세스를 완료하는 데 소요된 시간

리드 타임은 고객이 요청한 후 주문한 제품/서비스가 전달될 때까지의 시간을 말한다.

사이클 타임은 고객의 요청을 처리하는 데 소요되는 시간을 말한다. 사이클 타임에는 요청을 접수 받기 전까지 한가로이 앉아 있는 시간은 포함되지 않는다.

이 실험을 완료하는 데 드는 시간은 매우 강력한 증거다. 주문을 받고 고객에게 가치를 전달하는 데 필요한 각 단계에 대한 직접적인 정보를 알려주기 때문이다.

✂️🧊🎲⚒️🗄️🔖📡🔍📊

필요 역량

디자인/제품/기술/법무/마케팅

제품을 만들어 고객에게 직접 전달하려면 위의 역량이 필요하다. 이때 고객에게 물리적인 특성의 제품/서비스를 제공하는가, 아니면 디지털 특성의 제품/서비스를 전달하는가에 따라 상황과 맥락이 매우 달라질 수 있다.

필요조건

시간

오즈의 마법사 실험에 가장 중요한 필요조건은 시간이다. 컨시어지 실험과 마찬가지로 실험을 진행하기 위한 시간을 충분히 확보할 필요가 있다.

또한 과업을 수행하는 사람이 뒤에 숨을 수 있도록 '커튼'을 준비해야 한다. 커튼은 일종의 비유인데, 말하자면 가장 일반적인 도구가 심플 랜딩 페이지나 고객이 요청하고 가치를 전달 받는 디지털 인터페이스다.

특성 버튼

p.172

기존 제품 내에 특성 버튼을 만들어
서 오즈의 마법사 실험으로 고객 참
여를 유도하라.

매시업

p.260

기존의 기술들을 엮어서 오즈의 마
법사 실험의 수작업 단계를 자동화
하라.

브로슈어

p.210

콜 투 액션이 포함된 브로슈어를 배
포함으로써 오즈의 마법사 실험으로
고객 참여를 유도하라.

추천 프로그램

p.188

추천 프로그램을 만들어서 오즈의
마법사 실험 결과에 만족한 사람들
이 다른 고객에게 추천할 가능성을
판단하라.

오즈의 마법사

심플 랜딩 페이지

p.276

심플 랜딩 페이지를 만들어서 오즈의
마법사 실험에 대한 관심을 끌어라.

크라우드 펀딩

p.282

크라우드 펀딩 캠페인을 진행함으로
써 모든 단계를 자동화한 확장 가능
제품 scalable product에 대해 투자를 유치
하라.

검증/시뮬레이션

가상 판매

결제 정보를 받지 않은 조건으로 제품 판매를 진행하는 방법을 말한다.

⬭ ●●○○○
비용

⚖ ●●●●○
증거의 강도

🕐 ●●○○○
준비 시간

⏱ ●●●○○
진행 시간

✂🧊⚙⚒🗄🖋📢🔍📊
필요 역량   디자인/재무/영업

▦ ⧖ ◔
수용 가능성·실현 가능성·생존 가능성

가상 판매는 제품의 가격 포지션을 결정하는 데 이상적인 방법이다.

오프라인 소매점

준비하기

☐ 정교한 시제품을 제작한다.

☐ 점장 및 점원들과 실험 기간 및 특징을 자세히 소통함으로써 종업원들이 진행 과정을 잘 이해하고 참여하게 한다.

실행하기

☐ 전략적으로 상점의 가장 좋은 매대에 시제품을 진열한다.

☐ 어떤 사람들이 제품을 살펴보고 집어 들어 장바구니에 담는지 관찰하고 기록하라.

☐ 고객이 구매하기 전이나 구매하려 하는 순간 접근해 해당 제품은 아직 판매가 가능하지 않음을 설명하라.

☐ 제품이 판매 가능할 때 안내 목적의 연락을 취해도 좋은지를 묻고 여타 제품이 아닌 해당 제품을 선택한 이유에 대해 피드백을 받아라.

☐ 불편을 드려 죄송하다는 의미로 고객에게 상품권을 선물하라.

분석하기

☐ 고객 피드백 기록을 검토하라.

☐ 다음 4가지 사항을 검토하라.

• 얼마나 많은 고객이 제품을 살펴봤는가?

• 얼마나 많은 고객이 제품을 장바구니에 넣었는가?

• 얼마나 많은 고객이 구매를 원했는가?

• 얼마나 많은 고객이 제품 출시를 안내해달라며 연락처를 제공해주었는가?

☐ 이 실험에서 알게 된 내용을 가치 제안과 제품/서비스 디자인 개선에 반영하라.

이메일 회원 가입을 통한 온라인 매장

준비하기

☐ 심플 랜딩 페이지를 제작하라.

☐ 가격 옵션을 삽입하라.

☐ 가격 옵션을 클릭하면 "아직 제품이 준비되지 않았습니다."라는 내용의 팝업창을 띄워라. 해당 창에 이메일 회원 가입란을 삽입하라.

☐ 웹 분석 도구를 통합하고 올바르게 작동하는지 확인하라.

실행하기

☐ 페이지를 대중에 홍보하라.

☐ 페이지의 트래픽을 유도하라.

분석하기

☐ 다음 5가지 지표를 검토하라.

• 얼마나 많은 고객이 가격 옵션을 살펴봤는가?

• 얼마나 많은 고객이 가격 옵션을 클릭했는가?

• 얼마나 많은 고객이 이메일 주소로 회원 가입을 했는가?

• 얼마나 많은 고객이 도중에 사이트를 이탈했는가?

• 얼마나 많은 고객이 유입 경로별로 페이지에 유입되었는가?

☐ 이 실험에서 알게 된 내용으로 제품의 생존 가능성을 판단하고 가치 제안 및 가격 옵션을 조정하라.

작성 Tip

• 가격 옵션은 비즈니스 모델 캔버스의 수익원 파트에서 가져오라.

시뮬레이션

비용

가상 판매 비용은 비교적 저렴하다. 최종 제품이 아닌 미완성품으로 가격만 테스트하는 것이기 때문이다. 하지만 목표 대상(고객)들에게 실제 판매 제품으로 인식될 정도로는 정교하게 만들 필요가 있기 때문에 당신의 솔루션을 디지털 방식으로 혹은 물리적인 환경에서 제시하려면 어느 정도의 비용이 든다.

준비 시간

가상 판매를 위한 준비 시간은 비교적 짧은데 이는 몇 시간 혹은 며칠 안에 가치 제안을 위한 믿음직한 플랫폼을 만들 수 있다는 뜻이다.

진행 시간

가상 판매를 진행하는 시간은 며칠 혹은 몇 주 정도다. 특정 대상에게 초점을 맞춰 솔루션을 제시하고 그들에게 구매를 고려할 충분한 시간을 제공해야 한다.

증거의 강도

●●○○○

조회수/구매 클릭수

구매 버튼을 클릭한 사람수를 가격을 조회한 사람수로 나누면 '구매 전환율'을 계산할 수 있다.
구매 클릭수는 후속 이메일과 결제 신청 건만큼은 아니지만 비교적 강력한 증거다.

●●●○○

구매를 위한 이메일 회원 가입수

이메일 회원 가입수를 가격을 조회한 사람수로 나누면 '구매 이메일 전환율'을 계산할 수 있다.

●●●●●

결제 정보 제출 건수

결제 정보를 입력한 사람수를 가격을 조회한 사람수로 나누면 '구매 결제 전환율'을 구할 수 있다.
결제 정보 제출 건수는 매우 강력한 증거다.

필요 역량

디자인/재무/영업

가상 판매를 수행하려면 가격 옵션을 정하기 위한 재무 모델링 기술이 필요하다. 즉 목표 대상에게 적합하도록 판매 상황을 설계할 줄 알아야 한다. 마지막으로 영업 역량이 요구되는데, 특히 가상 판매를 현장에서 대면 상태로 진행할 때는 더욱 그렇다.

필요조건

가격 책정 전략

가상 판매 실험을 진행하기 전에 어느 정도 수치 분석을 할 필요가 있다. 고객에게 얼마를 지불할 것인지를 단순히 물어서는 안 된다. 그들은 그런 질문에 올바른 대답을 하지 못한다. 대신 하나의 판매 가격 혹은 여러 개의 가격 옵션을 제시해줘야 한다. 터무니없이 낮은 가격을 제시하면 전달할 수 없는 것에 대해 '거짓 양성'false positives의 결과를 얻을 것이다. 그러므로 가상 판매의 증거가 가치를 지니려면 비용 구조를 철저히 파악하는 데 노력해야 한다.

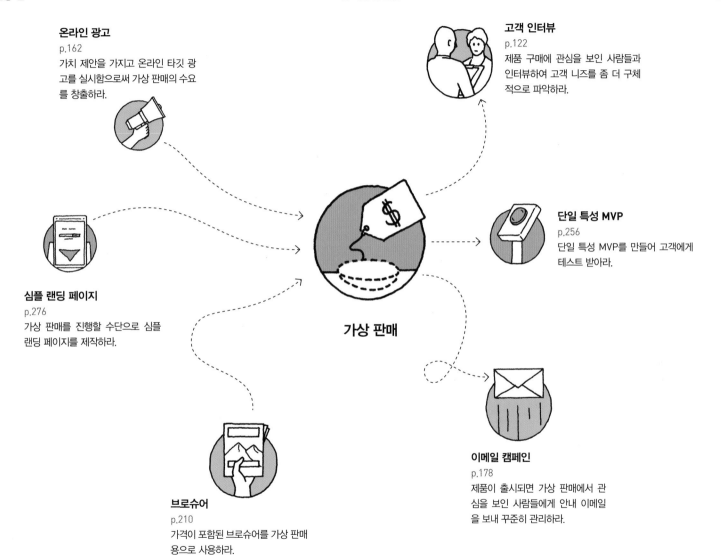

온라인 광고

p.162

가치 제안을 가지고 온라인 타깃 광
고를 실시함으로써 가상 판매의 수요
를 창출하라.

심플 랜딩 페이지

p.276

가상 판매를 진행할 수단으로 심플
랜딩 페이지를 제작하라.

브로슈어

p.210

가격이 포함된 브로슈어를 가상 판매
용으로 사용하라.

가상 판매

고객 인터뷰

p.122

제품 구매에 관심을 보인 사람들과
인터뷰하여 고객 니즈를 좀 더 구체
적으로 파악하라.

단일 특성 MVP

p.256

단일 특성 MVP를 만들어 고객에게
테스트 받아라.

이메일 캠페인

p.178

제품이 출시되면 가상 판매에서 관
심을 보인 사람들에게 안내 이메일
을 보내 꾸준히 관리하라.

307

시뮬레이션

가상 판매

자동 포스팅

버퍼Buffer

버퍼의 공동 창업자인 조엘 개스코인Joel Gascoigne이 9년 전 자신의 침실에서 이 회사를 창업했을 때 그는 사람들이 자신의 소셜 미디어 스케줄링 서비스에 돈을 지불할 거라고는 확신하지 못했다.

당시 소셜 미디어 운영자들은 수작업으로 여러 개의 소셜 미디어 플랫폼에 각각 접속하여 글을 올리곤 했다. 그들은 달력과 알림 장치를 사용해 시간대별로 접속 및 게시 행위의 효과적 시점을 통지받곤 했다. 실제로 이 방식은 썩 훌륭하지 못했는데, 특히 한밤중에 더 그랬다.

버퍼의 앱은 다른 소셜 미디어 플랫폼으로 전면 확대하기 전에 트위터에 대한 스케줄링 서비스를 시작으로 문제 해결에 나섰다. 조엘은 심플 랜딩 페이지에 '계획 및 수수료' 버튼을 추가해 버퍼 앱의 수용 가능성을 가볍게 테스트하기로 했다. 이 버튼을 클릭하면 "아직 서비스가 준비 중입니다."라는 메시지와 함께 이메일 회원 가입란이 삽입된 팝업창이 떴다. 몇몇 사람이 이메일 주소를 제출한 것을 확인하고 조엘은 사람들이 어느 정도 관심을 보이곤 있지만 더 많은 증거를 수집해야 한다고 생각했다.

가설

사람들이 트위터에 글을 적정한 때에 자동으로 게시해주는 서비스에 매달 수수료를 지불할 것이라고 믿는다.

조엘은 몇몇 사람이 수수료 정보도 모르는 상황에서 서비스 신청 메일을 보냈다는 것만으로는 이 가설의 참, 거짓을 판단할 수 없었다. 그는 서비스의 생존 가능성을 알고자 했다.

실험

서비스의 생존 가능성을 판단하기 위해 여러 가지 조건의 월 수수료 옵션을 테스트하다.

조엘은 랜딩 페이지에 다음 3개의 수수료 옵션을 제시해 서비스의 생존 가능성을 테스트했다.

- 무료 = 1일 1개 트윗, 대기열에 5개 트윗
- 표준(월 5달러) = 1일 10개 트윗, 대기열에 50개 트윗
- 프리미엄(월 20달러) = 1일 트윗 수와 대기 트윗 수 무제한

'계획 및 수수료' 버튼을 누르면 위의 3가지 옵션이 나타났다.

사람들이 옵션 하나를 골라 클릭하면 "버퍼 앱은 아직 준비 중입니다."라는 메시지와 함께 이메일 회원 가입 양식이 나타났다. 수수료 옵션은 웹 분석 도구와 통합되어 있었기 때문에 조엘은 어떤 수수료 옵션을 선택한 사람이 최종적으로 회원 가입을 했는지 분석할 수 있었다.

증거

월 5달러가 적정하다는 신호가 포착되다.

이 테스트를 통해 월 5달러 옵션이 가장 큰 인기를 끈다는 사실을 알게 되었다. 이 옵션은 무료 옵션과 월 20달러 옵션에 비해 이메일 회원 가입을 가장 많이 유도해냈다.

통찰

사람들은 기꺼이 지불하려 한다.

월 5달러 옵션이 가장 인기가 많다는 데이터를 통해 사람들이 버퍼 앱에 얼마나 가치를 느끼는지 분명해

졌다. 그들은 하루에 기껏 1개의 트윗을 올리려고 스케줄링 서비스를 필요로 하지는 않았다. 그럴 바에는 직접 로그인해서 트윗을 게시하면 그만이기 때문이다. 또한 무제한으로 트윗을 올리고 싶어하지도 않았다. 소셜 미디어 운영자들은 팔로워가 게시물을 스팸으로 여기길 원치 않았기 때문이다. 가장 적합한 옵션은 하루에 5개의 트윗을 올리는 것이었고 이런 번거로운 일을 대신해주는 서비스에 한 달에 5달러면 적정하다고 생각한 것이다.

조치

버퍼 앱을 구축해야 한다는 증거를 확보하다.

버퍼 앱 수요에 대한 증거와 통찰을 얻은 후 조엘은 본격적으로 앱을 구축하기로 결정했다. 그는 이 테스트를 통해 알게 된 바를 통해 서비스를 출시할 때의 가격 옵션을 구성했다. 초기에 조엘은 각 고객의 결제를 수작업으로 처리했다. 현재 버퍼의 사용자는 세계적으로 수십만 명에 달하고 버퍼는 매달 154만 달러의 매출을 벌어들인다.

시뮬레이션

검증/시뮬레이션

의향서

간단하면서 짧고 명료한 양식의 법적 구속력이 없는 계약을 체결하는 방법을 말한다.

비용	⚖ ●●○○○○ 증거의 강도
⊘ ●○○○○ 준비 시간	⏱ ●●○○○ 진행 시간

수용 가능성·실현 가능성·생존 가능성

의향서는 핵심 파트너와 B2B 고객 세그먼트를 평가하는 데 이상적인 방법이다.
의향서는 B2C 고객 세그먼트에 대해서는 이상적인 방법이 아니다.

필요 역량   제품/기술/법무/재무

시뮬레이션

준비하기

☐ 의향서의 목표 대상을 정의하라. 당신의 비즈니스에 이미 지식을 가지고 있는 대상이 좋다.

☐ 당신의 비즈니스에 가장 적정한 의향서 양식이 무엇인지 조사하라. (예: B2B 고객 대 B2B 핵심 파트너)

☐ 의향서 양식을 만들어라.

실행하기

☐ 의향서를 목표 대상(고객)에게 보여라.

☐ 팀원 1명이 인터뷰를 진행하라.

☐ 다른 팀원 1명은 고객의 언급, 고객 활동, 불만, 혜택, 보디랭귀지를 기록하라.

분석하기

☐ 팀원들과 인터뷰 기록을 검토하라.

☐ 얼마나 많은 사람이 의향서를 보고 서명했는가?

☐ 서명한 사람들과 소통을 계속 유지하면서 비즈니스 아이디어를 추진하라.

기본적인 의향서 양식 예시

[내 이름]
[직책]
[직장명]
[직장 주소]

[일자]

[고객 이름] 님께
[직책]
[직장명]
[직장 주소]

안녕하십니까? [고객 이름] 님.
[비즈니스명] 파트너십에 대한 비구속적 의향서를 제출합니다.

[내 이름] 드림

비용

의향서 실험 비용은 비교적 저렴하다. 의향서 분량이 보통 1~2페이지에 불과하기 때문이다. 또 온라인에서 의향서 양식을 무료로 다운로드 받을 수 있는데 약간의 돈을 지불해 변호사의 도움을 받을 수도 있다.

준비 시간

의향서 준비 시간은 몇 시간이면 충분하다. 변호사의 도움을 받는다 해도 하루면 된다.

진행 시간

수취인이 의향서 진행에 동의하느냐 아니냐가 핵심 사항으로 이 실험의 진행 시간은 짧은 편이다.

⚖️ ●○○○○

증거의 강도

●●○○○

의향서 발송수/의향서 조회수/의향서 서명수

의향서 수용률은 의향서 서명수를 의향서 발송수로 나누어 파악할 수 있다.

의향서 서명수는 법적 효력은 없으나 구두로만 "파트너가 되겠다/제품을 구매하겠다."라고 하는 것보다 강력한 증거라고 할 수 있다.

●○○○○

고객 피드백/파트너 피드백

고객 및 파트너의 언급

피드백은 약한 수준의 증거지만 정성적 통찰을 얻는 데는 도움이 된다.

필요 역량

제품/기술/법무/재무

의향서를 만들려면 비록 법적 효력을 갖는 서류는 아니지만 기본적인 법률 지식을 갖고 있는 것이 도움이 된다. 파트너에게 의향서를 제출하는 경우 필요한 핵심 활동이나 핵심 자원을 상세하게 설명할 수 있어야 한다. B2B 고객에게는 가치 제안과 가격 구조를 명확하게 밝힐 수 있어야 한다.

필요조건

사전에 우호적 관계 형성 완료

사전에 우호적 관계가 형성되어 있지 않으면, 즉 당신의 가치 제안과 비즈니스에 대한 기본적인 공감대가 형성되어 있지 않은 고객들을 대상으로 의향서 테스트를 진행하지 않기를 권한다. 아무에게나 이메일로 의향서를 무작위로 보내는 것으로는 반응을 전혀 기대할 수 없기 때문이다. 의향서 준비를 위한 사전 미팅을 진행하고 미팅 중 혹은 미팅 후에 바로 의향서를 발송하라.

파트너 및 공급자 인터뷰

p.130

파트너 및 공급자와의 인터뷰를 통해
의향서를 만들기 전에 그들의 역량을
잘 파악하라.

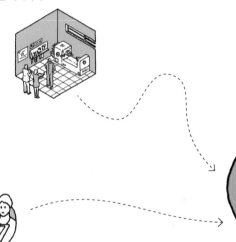

고객 인터뷰

p.122

고객 인터뷰 기록을 의향서의 구조를
잡는 데 반영하라.

의향서

단일 특성 MVP

p.256

의향서를 수용한 비즈니스 파트너
나 고객과 함께 단일 특성 MVP를
만들어라.

사전 판매

p.290

솔루션을 대중에 공개하기 전에 의
향서를 수용한 고객에게 사전 판매
하라.

실물 크기의 프로토타입

p.270

실물 크기의 프로토타입을 만들어 고
객에게 테스트 받아라.

313

시뮬레이션

의향서

정원사들에게 보내는 의향서

트라이브 스마트 시스템Thrive Smart Systems

트라이브 스마트 시스템은 사람들에게 최신 관개 기술을 제
공하기 위해 설립된 기업이다. '스마트 관개'를 제공하는 이
기업의 무선 통신 시스템은 시간과 비용을 절약하는 데 많은 도움
을 준다.

공동 창업자인 세스 뱅거터Seth Bangerter와 그랜트 로베리Grant Rowberry는 제품 개발을 완료하기 전에 사람들이 자신들의 제품을 구매할 것인지 알고 싶어했다. 많은 사람들, 특히 정원사들이 '얼마나 많이 구매할 것이냐'는 질문에 '많이' 혹은 '생산하는대로 몽땅' 사겠다고 답하며 엄청난 관심을 표했다. 이런 반응은 꽤 고무적이었지만 세스와 그랜트는 실제로 얼마나 많은 고객이 기꺼이 구매할 것인지 그 정확한 숫자가 알고 싶었다.

그들은 관심을 가진 고객들에게 구매를 위한 의향서를 받기로 했다. 그들이 구매하기 원하는 양을 숫자로 정확하게 기입하도록 하겠다는 의도였다. 세스와 그랜트는 필수 요소를 담아 의향서 양식을 만들기로 계획했다. 즉 잠재 고객이 구입할 트라이브 제품의 개수를 기입하면 의향서 위에 그 숫자가 표기되도록 했다. 트라이브는 이 양식을 '의향서 입력 폼'이라고 불렀다.

가설

20개의 의향서로 테스트 기간 동안 2만 5천 달러의 매출을 창출할 수 있다고 믿는다.

실험

고객에게 의향서 작성을 요청한다.

세스와 그랜트는 관심을 가진 고객들에게 얼마나 많은 개수를 구입하고자 하는지를 의향서로 작성해달

라고 요청함으로써 자신들의 가설에 대한 테스트를 시작했다.

몇 개의 의향서를 받아본 후 그들은 의향서 양식을 만들어서 제품 구매에 관심을 보인 사람들에게 돌렸다.

증거

구매 금액이 5만 달러를 초과하다.

트라이브는 광고 없이 잠재 고객들에게 직접 양식을 완성해달라고 요청함으로써 5만 달러 이상의 매출을 창출할 수 있었다.

통찰

기대와 현실

이 실험을 통해 고객들이 구두로 구매하겠다며 언급한 제품 개수가 의향서에 기입한 제품 개수보다 훨씬 많다는 사실을 발견했다. 1천 개를 사겠다고 말한 사람들은 의향서에 300개를 구입하겠다고 썼다. 또 100개를 사겠다고 답한 사람들은 겨우 15~20개를 구매하겠다고 썼다.

이를 통해 세스와 그랜트는 사람들의 구매 과정에 대한 통찰을 얻었다. 의향서가 법적 효력은 없다 하더라도 질문 양식이 담긴 종이에 글을 쓰게 하면 고객들이 이를 실제 (구매) 상황처럼 여겼던 것이다.

조치

의향서 방식을 반복하기

의향서 실험을 통해 세스와 그랜트는 2가지 버전으로 의향서를 개선했다. 하나는 최종 제품을 구매하고자 하는 사람들을 위해 '구매 약속'을 보장하도록 했고 다른 하나는 베타 테스트에 참여하고자 하는 사람들을 위해 '테스트 합의'에 대한 내용을 담았다.

검증/시뮬레이션

팝업 스토어

일반적으로 유행에 민감한 제품이나 계절 제품을 판매하기 위해 일시적으로 소매점을 여는
방법을 말한다.

⬭ ●●●●○
비용

⚖ ●●●○○
증거의 강도

🕐 ●●●○○
준비 시간

⏱ ●●○○○
진행 시간

🔲 ◣ ◔
수용 가능성·실현 가능성·생존 가능성

팝업 스토어는 고객이 실제로 구매를 할 것인지 확인하기 위해 고객과 대면으로 상호작용
하며 테스트하는 데 이상적인 방법이다.
팝업 스토어는 B2B 비즈니스에 대해서는 이상적인 방법이 아니다. 팝업 스토어 대신 컨
퍼런스에 부스를 설치하는 방법을 고려하라.

✂ 📦 ⚙ ⚒ 🗄 ✒ 📢 🔍 📊

필요 역량   디자인/제품/법무/영업/마케팅

준비하기

☐ 위치를 섭외하라.

☐ 임대, 라이센스, 허가, 보험 등 필요한 사항을 확보하라.

☐ 고객 경험을 디자인하라.

☐ 어떻게 운영할 것인지에 관한 실행 계획을 수립하라.

☐ 오픈 날짜를 고객에게 홍보하라.

실행하기

☐ 팝업 스토어를 개점하라.

☐ 고객에게 얻은 증거를 수집하라.

☐ 팝업 스토어를 폐점하라.

분석하기

☐ 팀원들과 함께 다음 2가지를 검토하라.

   • 사람들이 호감을 보인 것은 무엇인가?

   • 사람들을 구매에 회의적이게 만든 것은 무엇인가?

☐ 얼마나 많은 상호작용이 발생했는지 다음 2가지를 검토하라.

   • 고객으로부터 이메일을 수집했는가?

   • 팝업 스토어에서 가상 판매, 사전 판매 혹은 실제 판매를 성공적으로 수행했는가?

☐ 이 실험으로 알게 된 내용을 다음 팝업 스토어 실험에 반영하라.

317

시뮬레이션

 ● ● ● ● ○

비용

팝업 스토어의 규모는 보통 작지만 충실도가 떨어지는 다른 실험에 비해 비용이 더 많이 든다. 비용의 대부분은 공간을 대여하고 광고하는 데 쓰이며 위치와 접근 편이성에 따라 비용이 달라질 수 있다. 실험을 위해 상점의 여유 공간을 제공하겠다는 점주를 찾을 수 있다면 비용을 줄일 수 있다. 비즈니스 거래를 수행하기 위해 필요한 라이센스, 허가, 보험을 마련하는 데 추가 비용이 들 수 있다.

 ● ● ● ○ ○

준비 시간

팝업 스토어의 준비 시간은 며칠 혹은 몇 주가 걸릴 수 있는데 어떤 지역이 가능한가에 따라 다르다. 적합한 직원을 고용하고 상점의 외양을 갖추려면 팝업 스토어는 전문적으로 보일 필요가 있다. 만약 목표 고객을 모을 수 있는, 유동 인구가 아주 많은 지역이 아니라면 광고를 통해 수요를 창조할 필요가 있다.

 ● ● ○ ○ ○

진행 시간

팝업 스토어의 진행 시간은 보통 몇 시간에서 며칠 정도로 짧다. 팝업 스토어의 목적은 빨리 학습하고 결과를 분석해 행동을 취하는 것이기 때문이다.

⚖ ● ● ○ ○ ○

증거의 강도

● ● ○ ○ ○

방문 고객수/이메일 회원 가입수

매장을 방문해 이메일 주소를 제공한 사람수를 가지고 전환율을 계산할 수 있다.

고객 피드백

제품/서비스에 대한 피드백을 해달라는 요청에 따라 고객이 언급한 내용을 말한다.

방문 고객수, 이메일 주소, 피드백은 다소 약한 수준의 증거지만 정성적인 통찰을 얻는 데 도움이 된다.

● ● ● ● ●

사전 판매 건수/모의 판매 건수/실제 판매 건수

매장을 방문해 결제를 약속하거나 결제를 진행한 사람수를 가지고 전환율을 계산할 수 있다.
판매 건수는 고객이 당신의 제품을 원한다는 강력한 수준의 증거다.

필요 역량

디자인/제품/법무/영업/마케팅

팝업 스토어를 설치하고 운영하려면 라이센스, 허가, 임대, 보험 계약을 맺기 위한 법적 전문성이 필요하다. 매장을 홍보하기 위해 온라인 마케팅 기술이 필요하고 고객과의 상호작용을 위해 판매 경험 역시 요구된다.

필요조건

유동 인구

팝업 스토어는 고객에게 한정된 시간 동안 꼭 필요로 하는 제품을 제공하겠다는 의도를 기초로 한다. 이 방법으로 수요를 창출하려면 다음 4가지의 수단으로 매장을 광고하여 사람들을 끌어당겨야 한다.

- 온라인 광고
- 소셜 미디어 캠페인
- 이메일 캠페인
- 입소문

온라인 광고

p.162

팝업 스토어를 알리는 온라인 광고를 집행하여 지리적으로 가까운 목표 고객들의 방문을 유도하라.

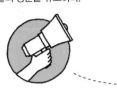

사전 판매

p.290

팝업 스토어에서 구매 의사를 밝힌 건에 대해 결제 정보를 수집하되 제품이 출하될 때 결제를 진행하라.

가상 판매

p.304

팝업 스토어에서 고객과 가상 판매를 진행하여 그들의 관심을 판단하라. 이때 결제 정보를 수집하지 말고 시간을 내준 것에 대해 보상을 통해 감사의 뜻을 전하라.

고객 인터뷰

p.122

길거리에서 잠재 고객과 인터뷰하라. 그들이 적합한 고객으로 판단된다면 팝업 스토어로 안내하라.

팝업 스토어

소셜 미디어 캠페인

p.184

소셜 미디어를 사용해 팝업 스토어로 고객 방문을 유도하라.

컨시어지

p.264

수작업으로 고객이 실험 프로세스에 참여하도록 도우면서 제품을 전달하라.

319

시뮬레이션

팝업 스토어

임시 판매를 통한 학습

토폴로지 아이웨어Topology Eyewear

토폴로지 아이웨어는 증강현실 앱을 통해 사이즈와 스타일이 맞는 '고객 맞춤형' 안경을 제작함으로써 안경 피팅 문제를 해결하고자 했다. 즉 고객이 셀카를 찍으면 자신의 얼굴과 여러 다양한 스타일의 안경이 얼마나 어울리는지 가상의 이미지로 확인한 후 자신의 얼굴에 맞게 특별히 제작된 안경을 구매할 수 있었다. 새로운 혁신이 늘 그렇듯 리스크가 큰 가설을 테스트할 필요가 있었다.

증강현실 기술은 제대로 작동했지만 토폴로지 아이웨어는 실제 고객에 적용했을 때 어떤 장애물이 있는지 테스트하고자 했다.

가설

토폴로지는 많은 사람이 안경 피팅에 문제가 있음을 인지하고 있고 잠재 솔루션으로서 하이테크적 접근 방식을 환영하리라 믿는다.

실험

회사 밖으로 나와 팝업 스토어 운영하기

토폴로지는 샌프란시스코 유니온스트리트에 위치한, 공간의 절반이 비어 있는 매장을 하루만 임대하기로 하고 임시로 회사 이름을 '알케미 아이웨어'Alchemy Eyewear로 쓰기로 했다. 그리고 전용 공간의 느낌을 주기 위해 포스터와 전단지 제작을 의뢰했다. 마케팅 책임자인 크리스 게스트Chris Guest는 거리로 나가 행인들에게 접근해 안경에 대해 질문을 던지고는 팝업 스토어에 잠깐 들어왔다 가라고 권했다. 고객이 매장에 들어오면 토폴로지의 직원들은 고객에게 안경을 사용할 때의 문제를 질문했고 문제에 관한 고객의 언급을 있는 그대로 받아 적었다. 그런 다음 자신들의 솔루션을 소개하며 고객의 반응과 질문을 기록했다. 토폴로지는 기본적인 얼굴 이미지를 사용한 앱을 먼저 시연해 보였고 마찬가지로 이에 대한 고객의 반응과 질문을 기록했다. 직원들은 고객에게 얼굴을 스캔해도 되는지 허락을 받은 다음 직접 고객의 얼굴로 앱을 이용해볼 것을 권했다.

스캔된 얼굴이 앱에 로딩되면 고객에게 혼자 스캔하는 법을 안내해주었고 이때 나오는 고객의 질문을 기록하고 답했다. 고객이 자신의 얼굴에 어울리는 디자인을 선택하면 직원들은 시안을 저장해 따로 전달해주겠다고 말하며 고객의 이메일 주소를 받을 수 있는지 물었다.

증거

길거리에서 발견한 얼리어답터들

이 실험의 효과를 별로 기대하지 않았음에도 불구하고 토폴로지 직원들은 팝업 스토어 오픈 후 2시간만에 4개의 안경을 평균 400달러의 가격으로 판매했다.

반면 이메일 회원 가입으로 이어진 전환율은 너무 적어서 유의미한 데이터로는 볼 수 없었지만 구매 과정 중 가장 큰 이탈이 어느 단계에서 발생하는지 살피는 데 도움이 되었다.

통찰

고객들은 자신의 안경 피팅에 문제가 있음을 알고 있었지만 그 이유는 알지 못했다.

4개의 안경밖에 판매하지 못했지만 이를 통해 얻은 통찰은 매우 가치 있는 것이었다.

토폴로지는 사람들이 객관적인 상태는 잘 알고 있지만 그것을 문제라고는 잘 인식하지 못하는 것 같다는 사실을 발견했다. 즉 안경 피팅에 문제가 있는지 질문을 던지면 대부분의 사람이 "아니오."라고 답하는데 막상 안경이 코 아래로 흘러내리거나 너무 꽉 끼거나 얼굴 측면이나 콧등에 빨갛게 자국이 남지 않는지 물으면 대부분 "그렇다."고 대답한다는 걸 포착한 것이다. 고객은 피팅이 별로라는 증상은 알고 있었지만 그 이유에 대해서는 생각해보지 않았던 것이다. 이 통찰은 이후 오랫동안 토폴로지의 마케팅 메시지의 방향을 결정했다.

조치

고객의 의견 반영하기

고객의 언급은 회사의 목적과 비전 설정에 영감을 주며 브랜딩의 핵심으로 자리를 잡았다.

토폴로지는 이 실험의 교훈을 추후에도 여러 차례 진행한 가치 제안, 포지셔닝, 마케팅을 테스트하기 위한 팝업 스토어 운영에 반영했다. 그들은 일대일로 1천 명이 넘는 고객과 만나 피드백을 얻었다.

검증/시뮬레이션

익스트림 프로그래밍 스파이크

기술 혹은 디자인 측면에서 잠재적 솔루션이 존재하는지를 탐색하기 위해 간단한 소프트웨어 프로그램을 만드는 방법을 말한다. 실험명에 쓰인 스파이크_{spike}라는 말은 암벽 등반과 철도용 대못에서 유래된 것으로, 여기서 스파이크는 '잠시 멈췄다가 수행해야 할 필수 과업'을 말하며 이런 방식으로 해야 실제로 테스팅 진행을 계속할 수 있다.

⬭ ●●○○○	⚖ ●●●●●
비용	증거의 강도
🕐 ●○○○○	⏱ ●●○○○
준비 시간	진행 시간

필요 역량　제품/기술/데이터

🗠 ⧖ ◕

수용 가능성·실현 가능성·생존 가능성

익스트림 프로그래밍 스파이크는 당신의 솔루션이 실현 가능한지를 신속하게 평가하는 데 이상적인 방법이다.

익스트림 프로그래밍 스파이크는 솔루션의 규모(범위)를 확대하는 데 이상적인 방법은 아니다. 보통 한 번 사용하고 나면 폐기되고 나중에 다시 만들어진다.

준비하기

☐ 수용 기준을 정의하라.

☐ 스파이크가 적용될 기간을 설정하라.

☐ 시작일과 종료일을 계획하라.

실행하기

☐ 수용 기준에 도달하기 위한 코드를 작성하라.

☐ 코드의 방향 찾기와 필수 테스트 진행을 도와줄 사람과 공동으로 프로그래밍할 것을 진지하게 고려하라.

분석하기

☐ 다음 3가지 부분에 대해 발견한 내용을 서로 공유하라.

  • 성능
  • 복잡도
  • 아웃풋

☐ 수용 기준에 성공적으로 도달했는지 판단하라.

☐ 이 실험으로 알게 된 내용을 통해 향후 필요한 솔루션을 자체 구축하거나 빌리거나 구입하라.

비용

익스트림 프로그래밍 스파이크 실험의 비용은 비교적 저렴하며, 특히 솔루션 전체를 구축하는 것에 비하면 매우 싼 편이다. 결국 솔루션이 실현 가능한지를 알아내기만 하면 되기 때문이다.

준비 시간

이 실험의 준비 시간은 보통 1일 정도다. 어떤 방법을 가용한 것인지와 어떤 기술 전문성을 갖춘 사람이 이미 시행해봤는지 여부 등을 조사하려면 이 정도의 시간이 필요하다.

진행 시간

이 실험의 진행 시간은 일반적으로 1일에서 2주 정도 소요된다. 기간이 더 오래 걸릴 수 있는 경우는 특정 솔루션의 실현 가능성을 테스트하는 데 매우 집중해야 하는 때다.

증거의 강도

⚖ ●●●●●

●●●●●

수용 기준

스파이크에 설정된 수용 기준에 충분히 도달했는지 판단하라. 즉 코드가 해당 과업을 수행하며 필요한 아웃풋을 도출했는가에 대한 결과를 살펴봐라.

●●●●●

권고

스파이크를 담당한 사람들은 소프트웨어를 사용할 경우의 학습곡선이 얼마나 가파른지와 그것이 솔루션을 만드는 목적에 얼마나 부합하는지에 관해 권고해주곤 한다.

스파이크는 강력한 수준의 증거를 도출한다. 큰 규모의 솔루션을 대표하는 코드를 가지고 테스트를 하기 때문이다.

필요 역량

제품/기술/데이터

솔루션이 어떻게 가치 제안을 만들어내는지 명확하게 소통하려면 제품에 관한 지식을 갖춰야 한다. 속도와 품질에 관한 팀원들의 질문과 고객의 기대에 대응하기 위해서다. 데이터 역량은 스파이크에 대한 시각화 혹은 분석치 해석이 필요할 때 도움이 된다. 가장 중요한 역량은 기술과 소프트웨어로, 보통 스파이크는 다음에 행할 행동에 신호를 보내는 코드로 이뤄져 있기 때문이다.

필요조건

수용 기준

스파이크를 수행하기 전에 수용 기준과 기간을 명확하게 설정해야 한다. 그래야 모든 사람이 테스트를 시작하기 전에 목표를 분명하게 이해할 수 있다. 만약 이 사항들을 체크하지 않는다면 결코 끝나지 않을 연구 프로젝트가 될지도 모른다.

파트너 및 공급자 인터뷰

p.130

수작업으로 스파이크를 만들기 전에
파트너 및 공급자와 인터뷰함으로써
그들의 역량을 파악하라.

단일 특성 MVP

p.256

단일 특성을 가진 최소 기능 제품을
만들어 고객에게 테스트하라.

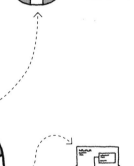

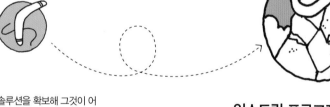

부메랑

p.220

경쟁사의 솔루션을 확보해 그것이 어
떻게 작동하는지, 어떤 기술이 사용
되는지 연구하라.

익스트림 프로그래밍 스파이크

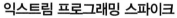

데이터 시트

p.206

솔루션에 어떤 사양을 포함시켜야
하는지에 관해 데이터 시트를 작성
하라.

시뮬레이션

Mindset

마인드셋

"과거에 많은 성공을 거둔 사람일수록
자신의 가정을 덜 비판적으로 검증한다."

비노드 코슬라 Vinod Khosla
벤처캐피털리스트

4.1 — 실험의 함정 피하기

개요

실험의 함정

최고의 실험 계획을 수립했더라도 항상 그대로 이루어지는 것은 아니다. 실제로 수년 동안 실험을 디자인하고 진행하고 분석하면서 이 사실을 깨달을 수 있었다. 실험 계획 수립 능력은 신속하게 실험을 진행할 줄 알게 되면서 더욱 능숙해진다. 여기서는 초기에 규명할 수 있는 일반적인 실험의 함정들을 소개한다. 먼저 시도된 다양한 실험 진행 가운데 나온 실수로부터 얻은 교훈들이므로 꼭 명심하기 바란다.

시간 함정

테스트 과정에 충분한 시간을 할애하지 않는다.

✗

— 투자한 만큼 얻는 법이다. 비즈니스 아이디어를 테스트하는 데 충분한 시간을 할애하지 않으면 좋은 결과를 얻을 수 없다. 여러 실험을 수행하고 아이디어를 테스트하는 데 소요되는 시간을 적게 잡는 경우가 허다하다.

✓

☐ 매주 테스트하고 학습하고 조정하기 위한 시간을 별도로 마련하라.

☐ 가설에 관해 파악하고자 하는 바에 따라 주별 목표를 설정하라.

☐ 작업 과정과 결과를 시각화하여 어떤 과업이 갑자기 중단되고 차단되었는지 분명하게 파악하라.

분석 마비

바로 테스트하고 즉각 조정해야 하는데 지나치게 오래 생각한다.

✗

— 기본적으로 좋은 아이디어와 콘셉트가 중요하지만 회사 밖으로 나가 테스트하며 아이디어를 수정하려 하기보다는, 너무나 많은 조직이 대체로 지나치게 오랜 시간 동안 궁리만 하느라 시간을 낭비한다.

✓

☐ 분석 작업의 기간과 시간 제한을 명확하게 설정하라.

☐ 가역적 결정과 비가역적 결정을 구분하라. 가역적 결정에는 신속하게 행동하고 비가역적 결정에는 좀 더 시간을 들여라.

☐ 의견만으로 논쟁을 벌이지 마라. 증거에 기반해 논쟁하고 결정하라.

비교 대상이 없는 데이터/증거

데이터는 많은데 비교할 대상이 없다.

✗

— 가설 수립, 실험 디자인, 지표 설정을 엉성하게 진행하는 조직들이 매우 많다. 이런 오류에 빠지면 비교할 대상이 없는 무의미한 데이터를 만들 뿐이다. (예: 정확히 동일한 고객 세그먼트를 대상으로 테스트하지 않는다거나 완전히 다른 맥락하에서 테스트한다.)

✓

☐ 테스트 카드를 사용하라.

☐ 테스트 주제, 실험의 맥락, 정밀한 지표를 명확하게 설정하라.

☐ 반드시 실험 진행에 참여하는 모든 사람을 실험 설계의 일부라고 간주하라.

약한 수준의 데이터/증거

사람들의 행동이 아니라 그들의 말만 가지고 판단한다.

확증편향

가설에 부합하는 증거만을 믿는다.

적은 양의 실험

매우 중요한 가설인데도 실험을 한 번만 진행한다.

학습 및 조정 실패

증거로부터 통찰과 행동(조치)방향을 이끌어내지 못한다.

테스트 아웃소싱

테스트를 자체적으로 진행해야 하는데도 외부에 의뢰한다.

✕
— 설문 조사와 인터뷰를 실행한 것만으로 만족하는 데 그쳐 고객들이 실제 상황에서 어떻게 행동하는지 깊게 파고드는 데 실패하는 경우가 종종 있다.

✓
□ 사람들이 말하는 것을 있는 그대로 믿지 마라.
□ 콜 투 액션 실험을 진행하라.
□ 가능한 한 실제 상황에 가까운 조건하에서 테스트해 증거를 도출하라.

✕
— 가설과 충돌하는 증거를 폐기하거나 간과하는 경우가 많다. 즉 자신의 예상이 옳다는 착각에 자주 빠지곤 한다.

✓
□ 색다른 관점을 전달 받도록 데이터 분석 과정에 다른 사람들을 참여시켜라.
□ 당신의 믿음에 반하는 여러 가설을 수립하라.
□ 각 가설에 대해 여러 번의 실험을 진행하라.

✕
— 가설을 검증하려면 얼마나 많은 실험을 수행해야 하는지를 제대로 아는 조직은 별로 없다. 중요한 가설인데도 단 한 번의 실험으로 도출한 약한 수준의 증거에 기반해 결정을 내리곤 한다.

✓
□ 중요 가설에 대해서는 실험을 여러 번 진행하라.
□ 약한 증거와 강력한 증거를 분명하게 구분하라.
□ 불확실성을 줄임으로써 증거 수준을 높여라.

✕
— 몇몇 팀은 테스트에 너무나 몰입한 나머지 가장 중요한 목표가 무엇인지 망각하는 오류를 범한다. 목표는 테스트 자체가 아니라 증거와 통찰을 기반으로 의사결정을 내리는 것이고 아이디어가 비즈니스화되어 나아가게 하는 것이다.

✓
□ 결과를 분석하고 통찰을 얻고 아이디어를 수정하기 위한 별도의 시간을 마련하라.
□ 상세한 테스트 과정과 '빅 픽처' 아이디어 사이에서 항상 균형을 잘 잡아야 한다. 둘 사이에 어떤 패턴을 관찰하고 있는가? 그것은 중요한 패턴인가?
□ 의식적으로 궁극적 목표에 집중하기 위해 노력하라. 아이디어를 비즈니스로 나아가게 하고 있는지 스스로 질문하라.

✕
— 테스트를 아웃소싱하는 것은 그리 현명한 선택이 아니다. 아이디어를 테스트하고 학습하고 수정하려면 신속하고 반복적인 실험이 중요하다. 의뢰 받은 곳에서는 그와 같은 결정을 내릴 수 없으므로 적기를 놓치고 에너지만 소모할 위험이 있다.

✓
□ 외부에 맡기려고 모아둔 자원을 내부 팀원들에게 전환하라.
□ 전문적인 테스터들로 팀을 구성하라.

실험의 함정 피하기

"모든 것을 알지 못한다는 사실을 깨닫고 이미 성취한 것에 안주하지 않으며
계속해서 학습하고 관찰해야 한다는 점을 깨달으려면 우리는 겸손해져야 한다.
그렇지 않으면 스타트업들이 분명 우리 자리를 차지하고 말 것이다."

쉐어 왕Cher Wang
HTC 공동 창업자

제4부 — 마인드셋

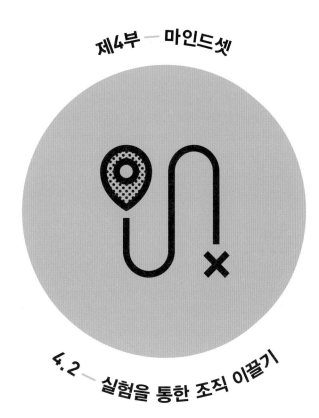

4.2 — 실험을 통한 조직 이끌기

비즈니스 모델 개선

언어

기존의 비즈니스 모델을 개선하려는 리더라면 자신의 언어와 말투를 잘 살필 필요가 있다. 아마도 당신이 리더가 된 이유는 지식과 경험을 겸비한 전문가이기 때문일 것이다.

비즈니스 모델에 대한 실험을 통해 팀을 이끌려면 당신의 의견 남용이 의도치 않게 팀원들의 권리를 빼앗을 수 있다는 사실을 명심하라. 당신은 그저 자신의 의견을 말했을 뿐인데도 팀원들은 자신의 의사결정 권한을 빼앗겼다고 느낄지 모른다. 그럼 그들은 당신이 시키기만을 기다릴 것이다. 이것은 그리 바람직한 상황은 아니다.

책임

책임은 많은 조직에서 종종 부정적인 의미를 함축한 말로 받아들여지는데 그렇게 느끼지 않아도 된다. 또 요구되는 재품/서비스의 특성(기능)을 일정에 맞춰 출시해야 한다는 책임감에 사로잡힐 필요는 없다. 비록 특성이 중요하긴 하지만 그것은 아웃풋일 뿐 성과가 아니다. 특성과 일정이 아니라 비즈니스의 성과에 집중해야 한다(실제로 그게 더 중요하다)는 점을 기억하라. 팀원들은 실험이 어떻게 진행되고 그 실험이 비즈니스 성과에 어떻게 연결되는가에 관해 사람들에게 설명할 줄 알아야 한다. 리더의 임무는 그런 설명을 원활하게 할 수 있는 환경을 조성하는 것이다.

퍼실리테이션

비즈니스 모델을 개선하면서 팀원들과 어떻게 상호작용하는가 역시 중요하다. 조직의 상급 리더로 자리할수록 퍼실리테이션 기술이 매우 중요하다는 사실을 깨달을 것이다.

당신의 리더십 향상을 위해 퍼실리테이션 과정을 수강할 것을 권한다. 비즈니스를 개선하기 위한 여러 가지 옵션이 많다면 퍼실리테이션을 통해 몇 가지 실험을 선별하라. 어떤 접근 방식이 비즈니스에 최적인지 증거를 통해 밝혀라.

- ☐ "우리가, 우리를, 우리의…."
- ☐ "이런 비즈니스 성과를 어떻게 달성할 것인가?"
- ☐ "2~3가지의 추가적인 실험을 고려해볼 수 있을까?"

✘

- ☐ "내가, 나를, 나의…."
- ☐ "출시일까지 이 특성(기능)을 완성해내라."
- ☐ "이것은 우리가 진행해야 할 유일한 실험이다."

비록 직관이 완벽하지 않더라도 그것을 통해 결론에 도달하라. 그런 다음 자신이 옳지 않음을 증명하라. 즉 강력한 의견을 제시하되 그 의견에 얽매이지 마라.
—폴 새포Paul Saffo

비즈니스 모델 창조

강력한 의견을 내되 얽매이지 않기

새로운 비즈니스 모델을 창조하려면 실험과 함께 그 아이디어가 옳지 않을 수 있다는 개방적 사고가 필요하다. 이렇게 생각하기 위한 한 가지 방법은 저명한 미래학자 폴 새포가 제시한 '강력한 의견을 내되 얽매이지 않기'라는 접근 방식을 채택하는 것이다. 즉 가설을 제시하되 그것이 옳지 않을 수 있다는 점을 수용해야 한다. 무조건 자신의 가설이 옳다는 증명만 하려고 한다면 인지적 편향에 빠지기 쉽다.

예를 들어 이해관계자들과의 인터뷰 결과를 검토하는 자리에서 팀원들은 자신들이 테스트한 결과와 각자의 의견을 공유할 것이다. 만약 리더가 답을 먼저 제시하고 자신의 의견에 반하는 모든 데이터를 무시하면 그 회의는 모두에게 매우 불만족스러운 자리가 될 것이다. 결국 리더가 구축하고자 애쓰는 '실험 문화'가 무너지고 말 것이다.

 ✔

☐ "우리가 알아내고자 하는 목표는 무엇인가?"

☐ "진보를 위해 제거할 수 있는 장애물들은 어떤 것들인가?"

☐ "이 문제를 다르게 접근할 수는 없을까?"

☐ "지금까지 발견한 놀라운 교훈은 무엇인가?"

✘

☐ "나는 그 데이터를 신뢰하지 않는다."

☐ "나는 여전히 우리 생각이 좋은 아이디어이고 어떻게든 구현해야만 한다고 생각한다."

☐ "의미가 있으려면 1천 명의 고객과 이야기를 나눌 필요가 있다."

☐ "내년 말까지 이것은 1천 500만 달러 규모의 비즈니스가 되어야 한다."

리더의 실천법

실현 가능한 환경을 조성하라
:프로세스, 지표, 문화

비즈니스 아이디어 테스트에 있어 리더십의 핵심 역할은 '바람직한 환경을 조성하는 것'이다. 팀원들에게 충분한 시간과 자원을 제공하여 아이디어를 꾸준하게 테스트하도록 하라. 리더는 기존의 비즈니스 프로세스 및 지표와는 다른, 차별적인 테스트 프로세스와 지표를 적절하게 수립할 필요가 있다. 리더는 팀원들에게 결정을 내리고 신속하게 행동할 재량권을 주면서 한편으로 물러나 있을 필요가 있다.

장애물을 제거하고 문호를 개방하라
:고객 접근 수단, 브랜드, 무형자산, 기타 자원

리더는 팀원들이 비즈니스 아이디어를 테스트하는 과정에서 맞닥뜨리는 내부적인 장애물들, 예를 들어 내부 전문가 부족이나 특별한 자원에 접근할 수 없는 문제와 같은 장애물을 제거해야 한다. 필요한 경우 고객에게 문호를 개방할 수도 있다. 새로운 아이디어를 테스트하는 쉬운 방법 중 하나가 고객을 테스트에 끌어들이는 것인데 이를 실제로 행하는 기업이 별로 없다는 건 놀라운 일이 아닐 수 없다.

증거를 의견보다 우선하라
:의사결정 방식을 변화시켜라.

리더는 종종 자신의 오랜 경험과 폭넓은 성과를 기반으로 단독으로 결정을 내리곤 한다. 그러나 혁신과 기업가정신에 있어서 과거의 경험은 미래를 직시하지 못하게 만들고 변화에 적응하지 못하게 만들 수 있다. 테스트에서 나온 증거가 의견을 압도해야 한다. 리더의 역할은 리더 자신의 취향이 아니라 증거에 기반해 아이디어에 대한 설득력 있는 사례를 만들도록 팀을 독려하는 것이다.

답을 주기보다 질문을 던져라
:팀의 성장과 아이디어의 발전을 돕는다.

리더는 실제 세상에서 성공 가능한 가치 제안과 비즈니스 모델을 개발하도록 팀원들을 독려해야 하는데 이를 위해 질문력을 향상시킬 필요가 있다. 또한 리더는 가치 제안과 비즈니스 모델에 관한 아이디어를 구현하려는 팀원들에게 실험, 증거, 통찰, 패턴에 관한 질문을 끊임없이 던져야 한다.

리더 육성하기

반 발짝 앞서 팀원들을 이끌라

리더는 팀원들을 자신의 뒤에 남겨두지 말아야 한다. 팀원들과 여정을 함께해야 한다. 팀원이 궁극적으로 도달해야 할 곳이 어디인지 생각한 후에 뒤를 돌아보라. '그들은 어떻게 그곳에 다다를 것인가?' '그러기 위해 어떤 단계를 밟아야 할까?' 작은 트릭이지만 이런 상상은 효과가 있다. 리더는 팀원이 가야 할 곳과 그 길로 팀원을 유도하는 방법에 대해 자신만의 직감을 가져야 한다. 일대일 면담, 사후 회의, 우연한 대화 등 어떤 수단이든 동원해서 팀원들이 첫발을 떼도록 가이드할 수 있는 기회를 만들어라.

조언을 하기 전에 맥락을 이해하라

리더는 팀원들에게 조언하기 전에 적극적으로 경청하고 전체 맥락을 이해해야 한다. 팀원들이 하고 싶은 말을 다 할 때까지 기다리는 연습을 하라. 대화가 잠시 중단되면 우선 조언을 하기 전에 자신이 팀원들의 말을 잘 이해하고 있는지 확인하는 질문을 던져라. 답을 이미 알고 있다는 이유로 흥분하며 팀원들의 말을 가로막지 마라. 그렇게 되면 설익은 조언을 하기 쉽고 근거 없는 결론을 내리고 만다.

"나는 모른다."라고 말하라

"나는 모른다." 이 간단한 말은 리더의 마음속에 공포를 불어넣을 수 있다. 리더들에게 마지막으로 이 말을 직원들 앞에서 언제 했는지 물어보면, 그들은 "웬걸요. 바로 어제 그랬어요!"라는 대답부터 "절대 한 적이 없습니다."라는 대답까지 여러 가지 반응을 보인다. 이때 후자의 대답은 문제가 된다. 조직을 이끄는 사람으로서 언제나 해답을 가지고 있어야 한다는 압박감을 상상해보라. 리더라고 해서 해답을 이미 가지고 있을까? 그렇지 않다. 혁신과 기업가정신의 문화를 구축하는 데 있어 리더가 모든 해답을 가지고 있는 듯 행동하는 것은 불행한 결과를 초래할 수 있다. 팀원들은 실험을 진행하고 자신들만의 증거를 도출하는 방법을 학습하기만 하면 바로 진실을 꿰뚫어볼 것이다. 설상가상으로 리더는 '틀린 것으로 판명났다'는 사실 때문에 자신의 리더십이 흔들린다고 느낄 것이다. 알지 못하는 상황에 처할 때면 "나는 모른다."라고 말하기를 연습하라. 이렇게 말하면 팀원들은 리더가 모든 해답을 알지 못하고 그럴 필요도 없다는 사실을 이해하기 시작할 것이다. "나는 모른다."라는 말을 하고 난 후에 "당신은 어떻게 접근하면 좋을 것 같은가?" 혹은 "우리가 어떻게 해야 한다고 생각하는가?"라고 물어라. "나는 모른다."라는 말은 리더가 취해야 할 행동의 본보기가 된다.

"나쁜 시스템은 항상 좋은 사람을 무너뜨릴 것이다."

에드워즈 데밍 Edwards Deming
미국 경제학자, 경영컨설턴트

4.3 — 실험하는 조직 만들기

사일로 조직 vs 다기능팀

현재 기업들이 조직 구조를 형성하는 방법 중 상당수는 산업시대에 뿌리를 두고 있다. 그 당시에 사람들은 자동차와 같은 제품을 조립하기 위해 공장을 설립했다. 자동차 제조를 여러 개의 과업으로 세분화하고 조립 공정을 구성하여 종업원들에게 똑같은 과업을 반복적으로 수행하도록 했다. 솔루션을 이미 알고 있다면 이런 방식은 효과를 발휘하는데 솔루션을 효율적으로 제공하기 위한 방법을 쉽게 분석할 수 있기 때문이다. 오늘날의 많은 조직이 이런 방식을 따르고 있다. 프로젝트를 수립하고 이를 각각의 과업으로 세분한 다음 여러 부서에 배정한다. 기능에 따라 조직을 구성하는 방식은 문제와 솔루션을 잘 알고 있는 경우 그리고 아무것도 바뀌지 않는 경우에 효과적일 수 있다.

하지만 우리는 지난 수십 년 동안 사전에 솔루션을 알고 있는 경우가 드물다는 점을, 특히 소프트웨어 분야에서는 더욱 그렇다는 점을 알게 되었다. 세상은 빨리 변한다. 정말로 빠르다. 그렇기에 솔루션이 알려져 있고 아무것도 바뀌지 않는다는 가정은 오늘날의 시장에서는 발붙일 곳이 없다. 이것이 바로 기능적인 구분이 철저한 전통적 조직 구조 모델로부터 좀 더 애자일_{agile}하고 다기능적인 조직 구조로 전환하는 이유다. 새로운 비즈니스 아이디어를 테스트하려 한다면 속도와 민첩성은 필수다. 다기능팀은 전통적 팀보다 더욱 신속하게 적응할 수 있다. 많은 조직에서 작고 전문적이며 다기능적 팀들이 거대한 사일로팀들을 능가하곤 한다.

마인드셋

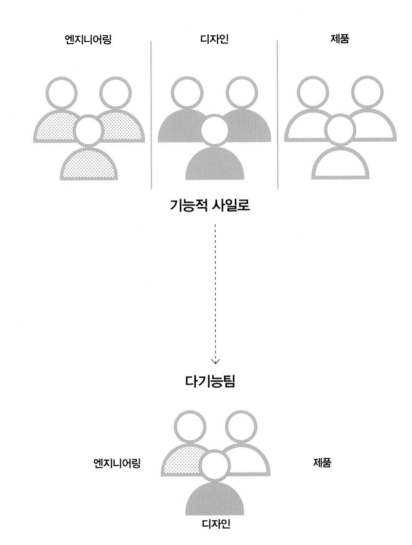

벤처캐피털리스트처럼
사고하기

조직에서 발견되는 또 다른 구식 모델은 '투자 예산'에 관련된 것이다. 많은 조직이 여전히 과거의 대대적인 연간 예산 수립 방식을 고수하고 있다. 이 방식은 조직의 민첩성을 심각하게 제한하고 그릇된 행동을 장려하고 만다. 예를 들어 어떤 부서가 예산을 모두 소진하지 않으면 다음 회계년도의 예산은 삭감될 가능성이 크다. 이 때문에 영향력이 큰 중요한 활동이 아니라 매 예산 주기 말에 돈을 한 푼도 남기지 않는 의미 없는 활동에 예산이 사용되는 오류가 발생한다.

연간 예산 수립 방식은 '타석'에 나갈 기회를 또한 제한한다. 타석에 여러 번 서야 한 번의 대형 홈런이 아니더라도 안타를 훨씬 더 자주 칠 수 있는데 말이다. 이것이 벤처캐피털 커뮤니티로부터 조직이 배워야 하는 점이다. 아래에 제시했듯 애석하게도 대부분의 조직이 팀에게 여유를 줄 인내심과 의지가 다소 미흡한 것이 사실이다.

	시간	팀	체제
벤처캐피털 펀딩	8~12년	20~30개의 스타트업	불간섭주의
혁신 예산	1~3년	5~10개의 내부 스타트업	직접 관여

혁신의 포트폴리오

최근 여러 조직이 연간 예산 수립 방식이 아니라 벤처캐피털적인 방식을 채택하고 있다. 일련의 비즈니스 아이디어에 점진적인 투자를 진행하고 성공을 거둔 아이디어에는 투자를 늘리는 데 도움이 되기 때문이다. 또한 타석에 나갈 기회를 늘려주므로 한두 번의 대박보다는 '유니콘'(10억 달러 이상의 가치가 있는 신생 기업—옮긴이)을 발견할 기회 역시 높여준다.

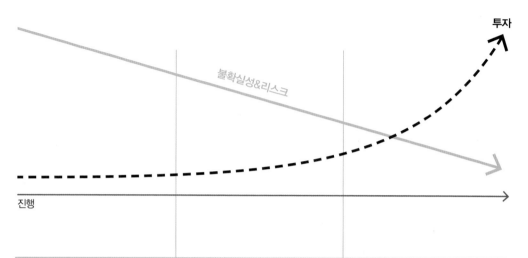

투자

불확실성&리스크

진행

	시작	출시	성장
투자 규모	5만 달러 미만	5만~50만 달러	50만 달러 이상
팀 규모	1~3명	2~5명	5명 이상
팀원 1명당 투여 시간	20~40%	40~80%	100%
프로젝트 수	많음	중간	적음
목표	고객, 상황(맥락), 고객의 지불 의지에 대한 이해	고객 관심과 수익 창출의 가능성 증명	제한된 규모로 모델을 증명
핵심성과지표	• 시장 규모 • 고객의 증거 • 문제/솔루션 적합도 • 기회의 규모	• 가치 제안에 대한 증거 • 재무적 증거 • 실현 가능성에 대한 증거	• 제품/시장 적합성 • 인수 및 유지에 대한 증거 • 비즈니스 모델의 적합성
실험의 영역	50~80% 0~10% 10~30%	30~50% 10~40% 20~50%	10~30% 40~50% 20~50%

수용 가능성
실현 가능성
생존 가능성

투자 위원회

벤처캐피털리스트 스타일의 투자 방법에서 또 하나의 중요한 측면은 프로세스의 진행 방향을 가이드하는 리더들로 소규모 투자 위원회를 설치하는 것이다. 위원회의 위원들은 팀이 시작, 출시, 성장 단계에 이르기까지 방향을 잘 잡도록 도와야 하는데 이를 위해서는 예산 수립에 관한 의사결정 권한을 가질 필요가 있다. 이러한 투자 의사결정은 일반적으로 월간 이해관계자 검토 미팅(96~97페이지 참조)에서 이뤄진다. 이해관계자 검토 미팅을 매월 개최할 것을 권장하지만 투자 의사결정은 비즈니스 벤처의 특징에 따라 보통 3~6개월의 간격으로 이뤄진다. 여기에 투자 위원회를 설치할 때의 가이드라인을 몇 가지 소개한다.

위원회 설계하기

- 3~5명의 위원: 위원회 규모를 비교적 작게 유지하라. 그래야 의사결정을 빨리 내리고 빨리 실행할 수 있다.
- 외부 위원: 외부 위원 혹은 외부의 기업가를 참여시키는 것을 고려해보라. 포트폴리오에 참신한 관점을 제공 받을 수 있다.
- 의사결정 권한: 승인 및 예산 수립에 관해 의사결정을 내릴 수 있는 위원을 포함시켜라.
- 기업가적 마인드: 위원들이 모두 기업가 경력을 가질 필요는 없지만 기꺼이 현재의 상황에 도전하고자 하는 사람이어야 한다. 보수적인 위원들이 많으면 새롭고 혁신적인 성장을 초기부터 방해할 것이다.

업무 약정서 만들기

위원회가 구성되면 팀을 불러 자신들의 아이디어와 의견을 발표하기에 전에 먼저 위원회 운영을 위한 업무 약정서를 만들라. 다음과 같은 규칙을 수립하고 합의하라.

- 필수 참석: 위원들의 각자 일정이 빡빡하겠지만 이해관계자 검토 미팅을 반드시 우선해야 한다. 그렇지 않으면 팀원들은 자신들의 계획이 과연 중요한지 의심할 것이다.
- 회의에서 반드시 결정 내리기: 팀원들은 회의 결과를 살펴보고 계속 진행해도 되는지 판단하게 된다. 반드시 팀원들과 함께 결정을 내린 다음에 회의를 끝내라.
- 이기심을 배제하라: 검토 회의에서 의견 개진은 장려할 사항이지만 증거에 따라 자신의 의견이 틀린 것으로 증명된다면 기꺼이 수용할 줄 알아야 한다. 팀원들은 위원들 앞에서 어떤 실험을 진행했고 어떻게 개선하고 발전시킬지를 설명한다. 위원들의 임무는 듣는 것이지, 그런 설명을 일일이 따지는 것이 아니다.

환경 조성하기

투자 위원회는 팀 환경(26~27페이지 참조) 조성에 일부분 책임이 있다. 위원회의 도움이 없으면 팀은 다기능적으로 활동하는 바람직한 행동을 오래 유지하지 못할 것이다.
위원회는 팀 내에 다음의 6가지 측면에서 장애물이 있는지 지속적으로 살피겠다는 계획을 수립해야 한다.

- 시간
- 멀티태스킹
- 투자
- 지원
- 접근 권한
- 진행 방향

Afterword

후기

용어 설명

린 스타트업 Lean Startup
제작, 테스트, 학습을 지속적으로 반복함으로써 제품 개발의 낭비와 불확실성을 줄이는 고객 개발 프로세스로서 에릭 리스가 제시한 접근 방식.

비즈니스 모델 Business Model
가치를 창조하고 전달하기 포착하는 방법에 관한 합리적 근거.

비즈니스 모델 캔버스 Business Model Canvas
비즈니스 모델을 설계하고 테스트하고 구축하고 수익성 있고 규모 있게 관리하기 위한 전략 경영 도구.

가치 제안 Value Proposition
제품과 서비스로부터 기대할 수 있는 혜택.

가치 제안 캔버스 Value Proposition Canvas
제품과 서비스를 설계, 테스트, 제작, 관리하는 전략적 관리 도구. 비즈니스 모델 캔버스에 완전하게 통합된다.

가치 맵 Value Map
가치 제안 캔버스의 왼쪽 부분을 이루는 비즈니스 도구. 제품과 서비스가 고객 불만을 경감시키고 고객 혜택을 창조하여 가치를 만들어내고 있는지를 명시적으로 표현한 것.

고객 프로파일 Customer Profile
가치 제안 캔버스의 오른쪽 부분을 이루는 비즈니스 도구로서 당신이 가치를 전달해야 할 고객 세그먼트(혹은 이해관계자)의 활동, 불만, 혜택을 시각화하는 도구.

가치 제안 설계 Value Proposition Design
모든 생애주기에 걸쳐 가치 제안을 설계, 테스트, 구축, 관리하는 프로세스.

환경 맵 Environment map
가치 제안과 비즈니스 모델을 설계하고 관리하는 과정에서 전체 상황과 맥락을 펼쳐 보이는 전략적 예상 도구.

적합성 Fit
가치 맵의 요소들이 고객 활동, 불만, 혜택에 부합되고 고객의 상당수가 자신들의 활동, 불만, 혜택을 충족시키기 위해 가치 제안을 수용할 때를 말함.

팀 맵 Team Map
스테파노 마스트로지아코모가 고안한, 효과적인 미팅과 대화를 위해 팀원들 간의 정렬을 제고하는 시각적 도구.

B2B
Business to business의 약자. 사업체끼리 이뤄지는 제품이나 서비스 거래.

B2C
Business to consumer의 약자. 사업체와 소비자 사이에 이루어지는 제품이나 서비스 거래.

1인 기업가_{Solopreneur}
1인으로 활동하는 기업가. Solo Entrepreneur의 약자.

분산팀_{Distributed team}
팀원들이 지리적으로 멀리 떨어져 분산되어 있는 팀.

핵심성과지표_{Key Performance Indicators, KPIs}
성공을 위해 목표에 얼마나 효과적으로 달성하고 있는지를 보여주는 측정 가능한 가치.

이해관계자_{Stakeholder}
당신의 비즈니스에 영향을 끼칠 수 있고 동시에 영향을 받을 수 있는 정당한 관심을 지닌 사람.

가정_{Assumption}
'참'이라고 믿는 언급이나 사실. 지지하는 증거 없이 당연히 그럴 것이라 여기는 것을 가리킴.

가설_{Hypothesis}
당신의 아이디어가 부분적으로 혹은 전적으로 효과를 발휘하려면 '참'일 필요가 있는 전략, 비즈니스 모델, 가치 제안에서 유래된 믿음.

검증_{Validate}
가설이 합법적이거나 근거가 충분하거나 정당하다는 것을 확정하는 과정.

증거_{Evidence}
실험에서 도출하거나 현장에서 수집한 데이터. 비즈니스 가설, 고객에 대한 통찰, 가치 제안, 비즈니스 모델, 환경에 대한 믿음을 입증하거나 반증하는 근거.

실험_{Experiment}
증거를 도출함으로써 가치 제안이나 비즈니스 모델을 입증 혹은 반증하는 절차. 비즈니스 아이디어의 리스크와 불확실성을 줄이기 위한 절차.

학습 카드_{Learning Card}
연구와 실험으로부터 통찰을 포착하기 위한 전략적 학습 도구.

테스트 카드_{Test Card}
연구와 실험을 설계하고 구조화하기 위한 전략적 테스트 도구.

지표_{Metrics}
추적하고 평가하는 데 사용되는 정량적 측정치.

조치_{Action}
비즈니스 아이디어의 리스크를 테스트를 통해 제거한 다음에 진행하는 단계. 즉 테스트를 폐기할지, 전환할지, 반복할지 아니면 계속할지에 관한 결정.

연관성 분류_{Affinity sorting}
연관성에 따라 아이디어들을 그룹이나 주제별로 분류함으로써 아이디어와 데이터를 정리하는 데 쓰이는 방법.

전환_{Conversion}
광고를 접한 고객이 당신의 비즈니스에 가치 있는 행동을 취할 때를 가리킴.

아이디어 도출_{Ideation}
그룹 토론을 통해 아이디어를 도출하고 소통하는 과정.

충실도_{Fidelity}
시제품(프로토타입)이 제품이나 서비스를 정교하게 표현하는 정도. 시제품의 정밀도와 기능성 수준을 가리킨다.

최소 기능 제품_{Minimum Viable Product, MVP}
하나 혹은 그 이상의 가설을 입증/반증하기 위해 특별히 고안된 하나의 가치 제안을 모델화한 제품.

제품과 서비스_{Products and Services}
은유적으로 말하면 가치 제안을 담아 만들어 당신의 상점에 진열한 아이템.

상황판_{Progress Board}
비즈니스 모델과 가치 제안 설계 프로세스를 관리/모니터링하고 성공적인 가치 제안과 비즈니스 모델을 향하도록 추적하기 위한 전략적 관리 도구.

콜 투 액션_{Call to action, CTA}
상대방에게 행동을 취하도록 촉발시키는 장치. 하나 이상의 가설을 테스트하기 위한 실험에서 사용.

프로토타이핑(시제품화)_{Prototyping}
대안적인 가치 제안과 비즈니스 모델의 수용 가능성, 실현 가능성, 생존 가능성을 파악하기 위해 저렴하고

347

개략적인 모델을 신속히 제작하는 방법.

일일 스탠드 미팅 Daily Standup
프로젝트 진행 상황을 공유하기 위해 매일 개최하는 짧은 회의. 애자일 방법론 Agile Method에서 유래.

시간 한계 Time Box
애자일 방법론에서 유래된 용어로서 어떤 과업이 완료되어야 할 시간적 한계를 설정한 것.

점 찍기 투표 Dotvoting
자신들이 좋아하는 의견 옆에 점을 찍거나 스티커를 붙여 투표하는 방식. 이때 스티커 수와 점을 찍을 수 있는 수는 제한됨.

민족지학 Ethnography
사람들의 일상생활과 활동에 관한 연구.

반복적 접근 방식 Iterative approach
실제와 가까운 결과를 도출하기 위해 사이클을 반복하는 과정.

수용 가능성 Desirability
고객이 당신의 제품이나 서비스를 원하는가? 당신의 가치 제안이 목표로 하는 문제의 솔루션을 고객이 얼마나 원하는가를 가리킴.

생존 가능성 Viability
제품이나 서비스로 이익을 창출할 수 있는가? 제품이나 서비스로부터 비용보다 큰 매출을 창출할 수 있

다는 가능성.

실현 가능성 Feasibility
제품이나 서비스를 구현할 수 있는 가능성. 제품이나 서비스를 구현하기 위해 자원과 인프라를 확보할 수 있는 가능성.

가정 매핑 Assumptions mapping
수용 가능성, 생존 가능성, 실현 가능성에 대한 가정들을 명시적으로 써본 다음에 결정하는 방법.

고객 활동 Jobs to be done
고객이 자신의 업무와 생활에서 행해지길 원하고 기대하는 것들.

고객 개발 Customer development
비즈니스 모델의 기초가 되는 가설들을 고객 및 이해관계자들과 지속적으로 테스트함으로써 사업의 리스크와 불확실성을 줄이는, 스티브 블랭크가 고안한 4단계 프로세스.

CSAT
고객 만족도 customer satisfaction의 약자.

고객 혜택 Customer gains
고객이 기대하거나 희망하거나 꿈꾸거나 소유해야 하는 결과와 혜택.

고객 통찰 Customer insight
더 나은 가치 제안과 비즈니스 모델을 설계하는 데 도

움이 되는, 고객을 이해하는 데 도움이 되는 크고 작은 깨달음.

고객 불만 Customer pains
고객이 원하는 것을 잘할 수 없게 만드는 여러 가지 장애물 혹은 피하고 싶은 나쁜 결과나 리스크.

혜택 창출 방안 Gain creators
제품과 서비스가 고객 혜택을 어떻게 창조하는가와 고객이 자신들이 필요로 하거나 기대하거나 희망하거나 꿈꾸는 결과와 혜택을 획득하도록 어떻게 돕는가를 묘사한 것.

불만 해소 방안 Pain Relievers
고객이 자신의 활동을 완료하지 못하게 만드는 나쁜 결과, 리스크, 장애물을 줄이거나 제거함으로써 제품과 서비스가 고객 불만을 경감하도록 만드는 방법.

감사의 말

내 아내인 엘리자베스의 사랑과 도움이 없었다면 이 책은 만들어지기가 불가능했을 것이다. 그녀는 든든한 버팀목이 되어 이 책을 쓰는 내내 나에게 용기를 북돋아 주었다. 내 아이들은 내게 집중할 시간과 사랑을 선사하며 이 책을 쓰는 동안 큰 도움이 되었다. 캐서린, 이자벨라, 제임스. 나를 응원해준 세 아이에게 고맙다는 말을 전한다. 이토록 사랑스러운 아이들의 아빠인 게 어찌 행운이 아닐 수 있을까?

특히 공저자인 알렉산더 오스터왈더에게 감사하고 싶다. 그는 이 책 전체를 통해 탁월한 리더십과 통찰을 보여주었다. 이 어마어마한 노력의 결과물을 그와 함께 이룰 수 있었던 건 기쁨이자 영광이다. 그리고 주말에도 일하는 등 오랜 시간을 쏟아 이토록 아름답게 디자인된 책을 만들어 준 앨런 스미스와 스트래티저의 모든 구성원에게 고마움을 전한다.

이 책은 거인들의 어깨가 있었기에 쓸 수 있었다. 수년간 나의 사고에 크고 작은 영향을 끼친 모든 사람에게 감사 말씀을 드린다. 이 책이 존재할 수 있는 건 그들 덕분이다. 그들은 누구나 볼 수 있도록 자신들의 생각을 숨김없이 공개할 만큼 용감한 사람들이다.

나는 아이디어를 현실화시키는 데 지속적으로 용기를 준 다음의 모든 이에게 고맙다는 말을 전한다. 에릭 리스, 스티브 블랭크, 제프 고셀프, 조시 세이던, 기프 콘스터블 Giff Constable, 재니스 프레이저 Janice Fraser, 제이슨 프레이저 Jason Fraser, 애시 모리아 Ash Maurya, 로라 클레인 Laura Klein, 크리스티나 워드케 Christina Wodtke, 브랜트 쿠퍼 Brant Coopr, 패트릭 블라스코비츠 Patrick Vlaskovits, 케이트 루터 Kate Rutter, 텐데이 비키 Tendayi Viki, 베리 오라일리 Barry O'Reilly, 멜리사 페리 Melissa Perri, 제프 패튼, 샘 맥어피 Sam McAfee, 테레사 토레스 Teresa Torres, 마티 케이건 Marty Cagan, 션 엘리스, 트리튼 크로머 Tristan Kromer, 톰 루이 Tom Looy, 켄트 벡 Kent Beck.

책이 눈 깜짝할 사이에 뚝딱 만들어진 것처럼 보일지 모르지만 우리는 최선을 다해 반복적으로 우리가 쓴 글을 테스트했다. 나는 초기에 이 책의 내용을 교정하는 데 도움을 주고 피드백을 준 모든 이들에게 감사하고 싶다. 바로 여러분들의 통찰이 지금의 이 책을 구성하는 데 도움이 되었다.

—데이비드 블랜드, 2019.

나는 특별히 스티브 블랭크에게 감사하고 싶다. 그는 기업가정신에 대한 저명한 사상가 중 한 사람이고 나의 좋은 친구이자 멘토다. 그가 고안한 고객 개발 프로세스, 린 스타트업 운동 전체에 대한 기초와 함께 그의 개인적인 격려가 없었더라면 이 책은 콘셉트는 훌륭하나 현실감은 떨어지는, 비즈니스 계획의 그저 그런 버전에 불과했을 것이다. 스티브의 생각, 경험 그리고 그가 쓴 "당장 건물 밖으로 뛰어나가 고객과 함께 아이디어를 테스트하라."는 글은 내 사고방식의 상당 부분을 형성하는 기초가 되었다. 이 책의 많은 아이디어는 그의 아름다운 목장에서 함께 산책하며 나눴던 길고 긴 대화에서 나왔다.

—알렉산더 오스터왈더, 2019.

함께 만든 사람들

디자인
앨런 스미스 Alan Smith
창업가, 탐험가, 디자이너

앨런은 호기심과 창의력을 통해 질문을 던지고 그 질문의 답을 단순하고 시각적이며 실용적인 도구로 전환하곤 한다. 그는 올바른 도구가 사람들에게 더 높은 곳을 향하게 하고 의미 있는 위업을 달성하려는 자신감을 준다고 믿는다.
그는 알렉산더 오스터왈더와 함께 스트래티저를 공동 창업했다. 이 기업의 책, 도구, 서비스는 전 세계 유수의 기업들에게 사랑받고 있다.

strategyzer.com

디자인
트리시 파파다코스 Trish Papadakos
디자이너, 사진가, 크리에이터

트리시는 런던의 센트럴세인트마틴에서 디자인 석사 학위를, 토론토의 요크 셰리든 조인트 프로그램 York Sheridan Joint Program에서 디자인 학사 학위를 받았다. 그녀는 자신의 모교에서 디자인을 가르쳤고 저명한 에이전시에서 일했으며 직접 몇 번 창업하기도 했으며 현재는 스트래티저와 함께 4번째로 협업 중이다.

@trishpapadakos

디자인

크리스 화이트 Chris White
편집 디자이너

크리스는 이 프로젝트가 성공하도록 막판에 합류해 상당한
힘이 되어 주었다. 앨런과 트리시는 이 점에 감사하고 있다.

일러스트

오언 포머리 Owen Pomery
삽화

올바른 아이디어를 지속적으로 소통하려 한 오언의 인내심과
의지에 깊이 감사함을 느낀다.

owenpomery.com

아이콘 디자인

비 패리어스 b Farias
협력

노운 프로젝트 Noun Project의 비 패리어스가 만든 다음의 아이
콘을 이 책에 썼다.
팀, 전구, 보고서 남용, 플라스크, 시각화, 기어, 망원경, 체크박
스, 해골, 목적지, 종이 노트, 대시보드, 좋아요, 클립보드, 파이
차트, 화학 책, 지도 핀, 트로피, 학사모.

thenounproject.com/bfarias

한국어판 옮긴이

유정식

경영컨설턴트이자 인사 및 전략 전문 컨설팅 회사인
인퓨처컨설팅 대표다. 포항공과대학교(포스텍) 산업경
영공학과를 졸업하고 연세대학교에서 경영학 석사 학
위를 받았다. 기아자동차, LG CNS를 거쳐 글로벌 컨
설팅 회사인 아서앤더슨과 왓슨와이어트에서 전략과
인사 전문 컨설턴트로 경력을 쌓았다. 인퓨처컨설팅
을 설립한 이후에는 시나리오 플래닝, HR 전략, 경영
전략, 문제 해결력 등을 주제로 국내 유수 기업과 공
공기관을 대상으로 컨설팅과 교육을 진행하고 있다.
15년간 블로그 '인퓨처컨설팅&유정식'을 운영 중이며
2020년 4월부터는 경영 전문 주간지 《주간 유정식》
을 발행하고 있다.
지은 책으로 《나의 첫 경영어 수업》 《착각하는 CEO》
《전략가의 시나리오》 《빌 게이츠는 왜 과학책을 읽을
까》 《당신들은 늘 착각 속에 산다》 등이 있으며, 옮긴
책으로 《최고의 팀은 왜 기본에 충실한가》 《하이 아
웃풋 매니지먼트》 《피터 드러커의 최고의 질문》 《에
어비앤비 스토리》 《디맨드》 《창작의 블랙홀을 건너는
크리에이터를 위한 안내서》 등이 있다.

351

색인

Testing Business Ideas